Jenny Erpenbeck

Gehen, ging, gegangen

Roman

Ernst Klett Sprachen
Stuttgart

Diese Ausgabe folgt der 2015 beim Albrecht Knaus Verlag erschienenen Originalausgabe. Orthografie und Interpunktion wurden unverändert übernommen, da die Autorin in einigen Aspekten bewusst von den Regeln der Rechtschreibreform von 1996/2006 abweicht.

1. Auflage 1 5 4 3 2 1 | 2021 20 19 18 17
Alle Drucke dieser Auflage sind unverändert und können im Unterricht nebeneinander verwendet werden.
Die letzte Zahl bezeichnet das Jahr des Druckes.
Internetadresse: www.klett-sprachen.de / www.lektueren.com

Redaktion: Stefan Hellriegel
Annotationen: Dr. Katrin Wilhelm
Layoutkonzeption: Sandra Vrabec
Gestaltung und Satz: Satzkasten, Stuttgart
Umschlaggestaltung: Greta Göttrup
Titelbild: as_seen/photocase.de
Autorenfoto S. 302: Katharina Behling
Druck und Bindung: Medienhaus Plump GmbH, Rheinbreitbach
Printed in Germany

ISBN 978-3-12-666920-7

9 783126 669207

Inhalt

Für Wolfgang
Für Franz
Für meine Freunde

Gott schuf das Volumen, der Teufel die Oberfläche.
(Wolfgang Pauli)

Auch wenn es mich sehr stört, muss ich eine große Hemmung überwinden, um ein Insekt zu töten. Ich weiß nicht, ob es Mitleid ist. Ich glaube nicht, nein. Vielleicht einfach ein Sichgewöhnen an Zusammenhänge. Und ein Versuch, sich einzufügen in Zusammenhänge, die existieren, Einverständnis.
(Heiner Müller)

In the end, we will remember not the words of our enemies, but the silence of our friends.
(Martin Luther King)

1

Vielleicht liegen noch viele Jahre vor ihm, vielleicht nur noch ein paar. Es ist jedenfalls so, dass Richard von jetzt an nicht mehr pünktlich aufstehen muss, um morgens im Institut zu erscheinen. Er hat jetzt einfach nur Zeit. Zeit, um zu reisen, sagt man. Zeit, um Bücher zu lesen. Proust. Dostojewski.* Zeit, um Musik zu hören. Er weiß nicht, wie lange es dauern wird, bis er sich daran gewöhnt hat, Zeit zu haben. Sein Kopf jedenfalls arbeitet noch, so wie immer. Was fängt er jetzt mit dem Kopf an? Mit den Gedanken, die immer weiter denken in seinem Kopf? Erfolg hat er gehabt. Und nun? Das, was Erfolg genannt wird. Seine Bücher wurden gedruckt, zu Konferenzen wurde er eingeladen, seine Vorlesungen waren bis zuletzt gut besucht, Studenten haben seine Bücher gelesen, sich Stellen darin angestrichen und zur Prüfung auswendig gewusst. Wo sind die Studenten jetzt? Manche haben Assistenzstellen an Universitäten, zwei oder drei sind inzwischen selbst Professoren. Von anderen hat er lange nichts mehr gehört. Einer hält freundschaftlichen Kontakt zu ihm, ein paar melden sich von Zeit zu Zeit.
So.
Von seinem Schreibtisch aus sieht er den See.

Richard kocht sich einen Kaffee.
Er geht mit der Tasse in der Hand in den Garten und sieht nach, ob die Maulwürfe neue Hügel aufgeworfen haben.
Der See liegt still da, wie immer in diesem Sommer.
Richard wartet, aber er weiß nicht, worauf. Die Zeit ist jetzt eine ganz andere Art von Zeit. Auf einmal. Denkt er. Und dann denkt er, dass er, natürlich, nicht aufhören kann mit dem Denken. Das Denken ist ja er selbst, und ist gleichzeitig die Maschine, der er unterworfen ist. Auch wenn er ganz allein ist mit seinem Kopf, kann er, natürlich, nicht aufhören mit dem Denken. Auch, wenn wirklich kein Hahn danach kräht, denkt er.

---

* Marcel Proust (1871–1922) und Fjodor M. Dostojewski (1821–1881), französischer bzw. russischer Autor umfangreicher Romanwerke.

Er stellt sich einen kurzen Moment lang vor, wie ein Hahn mit dem Schnabel in seiner Abhandlung über den »Begriff der Welt im Werk von Lukrez«* blättert.
Er geht wieder ins Haus zurück.
Er überlegt, ob es für das Jackett zu warm ist. Braucht er überhaupt ein Jackett, wenn er allein in seinem Haus herumgeht?

Vor Jahren, als er durch Zufall erfuhr, dass seine Geliebte ihn betrog, half ihm nichts anderes über die Enttäuschung hinweg, als die Enttäuschung in Arbeit zu verwandeln. Monatelang war das Verhalten dieser Geliebten Gegenstand seiner Untersuchungen gewesen. Beinahe hundert Seiten hatte er geschrieben, um alles, was zu diesem Betrug geführt hatte, und auch die Art, wie der Betrug von der jungen Frau ins Werk gesetzt worden war, zu ergründen. Seine Arbeit hatte in Hinsicht auf die Beziehung zu keinem besonderen Ergebnis geführt, denn die Geliebte verließ ihn wenig später endgültig. Aber immerhin hatte er auf diese Weise die ersten Monate nach der Entdeckung, in denen ihm wirklich elend zumute gewesen war, hinter sich gebracht. Das beste Heilmittel gegen die Liebe, wusste ja schon Ovid**, ist die Arbeit.
Nun aber quält ihn nicht die Zeit, die mit einer unnützen Liebe ausgefüllt ist, sondern die Zeit an sich. Vergehen soll sie, aber auch nicht vergehen. Einen kurzen Augenblick hat er die Vision eines zornigen, bunten Hahnes, der mit seinem Schnabel und seinen Krallen ein Buch zerfetzt, dessen Titel ist: »Versuch über das Warten«.

Vielleicht ist eine Strickjacke seiner Situation wirklich angemessener als ein Jackett. Bequemer jedenfalls. Und rasieren müsste er sich jetzt, da er nicht mehr täglich unter Leute geht, eigentlich auch nicht mehr jeden Morgen. Wachsen lassen, was wachsen

* Lukrez (Lucretius): römischer Dichter des 1. Jh. v. Chr., Verfasser des naturkundlichen Lehrgedichts *De rerum naturae (Über die Natur der Dinge)*.
** Ovid: spätantiker römischer Dichter, Verfasser des Lehrgedichtes *Ars amatoria* (»Liebeskunst«) und der Mythendarstellung *Metamorphoses* (»Metamorphosen«, »Verwandlungen«).

will. Einfach nur nicht mehr dagegenhalten, oder ist das schon der Anfang vom Sterben? Das Wachsen der Anfang vom Sterben? Nein, das kann nicht stimmen, denkt er.

Den Mann, der unten im See liegt, haben sie immer noch nicht gefunden. Kein Selbstmord, sondern beim Baden ertrunken. Seit diesem Tag im Juni liegt der See still da. Tag für Tag still. Juni still. Juli still. Und jetzt, bald ist schon Herbst, immer noch still. Kein Ruderboot, keine kreischenden Kinder, kein Angler. Wenn in diesem Sommer irgendwer vom Steg der öffentlichen Badestelle einen Kopfsprung ins Wasser macht, kann es nur ein Fremder sein, der von dem Unglück nichts weiß. Beim Abtrocknen spricht den dann vielleicht eine Ortskundige an, die gerade ihren Hund ausführt, oder ein Fahrradfahrer, der kurz vom Rad steigt, um zu fragen: Sie wissen wohl nicht? Richard hat noch nie so einem Ahnungslosen etwas von dem Unglück gesagt, warum auch, warum jemandem, der nur einen schönen Tag haben will, den Tag verderben. An seinem Zaun spazieren die Ausflügler ebenso heiter, wie sie gekommen sind, auch auf dem Heimweg wieder vorüber. Aber er muss, wenn er an seinem Schreibtisch sitzt, den See sehen.

Er war an dem Tag, als es passierte, in der Stadt. Im Institut noch, obwohl es ein Sonntag war. Besaß noch den Generalschlüssel, den er inzwischen abgegeben hat. Eines dieser Wochenenden, an denen er versuchte, sein Büro nach und nach leerzuräumen. Die Schubladen, die Schränke. Gegen 13.45 Uhr. Da war er gerade dabei, Bücher aus dem Regal, vom Fußboden, vom Sofa, vom Sessel, vom kleinen Tisch zu räumen und in Kartons zu packen. Zwanzig, fünfundzwanzig Bücher unten in jeden Karton, und darauf dann die leichteren Dinge: Manuskripte, Briefe, Büroklammern, Mappen, alte Zeitungsausschnitte. Bleistifte, Kugelschreiber, Radiergummis, die Briefwaage. Zwei Ruderboote seien in der Nähe gewesen, aber keiner von den Insassen habe geglaubt, dass da gerade ein Unglück geschieht. Hätten den Mann winken sehen und es für einen Scherz gehalten. Seien weggerudert sogar, hat er gehört. Wer die Insassen waren, weiß aber keiner. Junge Männer heißt es. Kräftige sogar, die hätten helfen können. Wer genau, weiß aber keiner. Oder hatten vielleicht doch Angst, dass der Mann sie mit hinunterzieht, wer weiß.

Seine Sekretärin hatte angeboten, ihm beim Packen zu helfen. Vielen Dank, aber. Irgendwie schien ihm, als läge allen – auch oder vielleicht gerade denen, die ihn mochten – viel daran, ihn nun so bald wie möglich aus ihrem Gesichtskreis zu schieben. Deswegen hatte er lieber allein gepackt, sonnabends und sonntags, wenn es im Institut ganz still war. Er merkte, dass er viel Zeit brauchte, um all das, was zum Teil seit Jahren unangesehen im Regal oder in einer der Schubladen gelegen hatte, hervorzuziehen und zu entscheiden, ob es in den blauen Sack für den Müll gehörte oder in einen der Kartons, die er nach Hause mitnehmen wollte. Unwillkürlich hatte er in diesem oder jenem Manuskript zu blättern begonnen und dann lesend viertel und halbe Stunden lang mitten im Zimmer gestanden. Die Arbeit eines Studenten über den »11. Gesang der Odyssee«, die Arbeit einer Studentin, in die er einmal ein wenig verliebt gewesen war, über »Bedeutungsebenen in den Metamorphosen von Ovid«.

An einem Tag Anfang August dann hatte es einen Umtrunk und einige Reden anlässlich seiner Emeritierung* gegeben, die Sekretärin, manche Kollegen und auch er selbst hatten Tränen in den Augen gehabt, aber niemand, auch er selbst nicht, hatte wirklich geweint. Jeder wurde ja irgendwann alt. War irgendwann alt. In den Jahren zuvor war es häufig an ihm gewesen, die Abschiedsreden zu halten, oft war er es gewesen, der mit der Sekretärin besprach, wie viele Kanapees**, und ob Wein, ob Sekt, ob Orangensaft oder Wasser. Jetzt hatte irgendwer anders dafür gesorgt. Es würde alles auch ohne ihn gehen. Auch das sein Verdienst. In den letzten Monaten hatte er viele Male mit anhören müssen, wie würdig sein Nachfolger sei, wie glücklich die Wahl, bei der er selbst

* Wechsel eines Professors (dann »Prof. emer.« oder »Emeritus«) in den Ruhestand.
** Partyhäppchen.

noch mitgewirkt hatte, auch er lobte, wenn das Gespräch darauf kam, den jungen Mann, als beträfe die Vorfreude noch ihn selbst, sprach dessen Namen, der bald anstelle seines eigenen Namens im Briefkopf des Instituts zu lesen sein würde, ganz ohne zu zögern aus, ab Herbst würde der Nachfolger seine Vorlesung übernehmen und sich an die Unterrichtspläne halten, die er, jetzt *Emeritus*, noch kurz vor seinem Abtritt geschrieben hatte, für die Zeit, die ohne ihn auskommen würde.

Der Fortgehende selbst muss sein Fortgehen organisieren, das ist so üblich, aber erst jetzt fällt ihm auf, dass er niemals zuvor wirklich verstanden hat, was das eigentlich heißt. Und es auch jetzt nicht versteht. Ebensowenig kann er verstehen, dass der Abschied von ihm für die andern Teil eines Alltags ist, für ihn allein aber tatsächlich ein Ende. Wenn ihm in den letzten Monaten jemand gesagt hatte, wie traurig, wie schade, wie unvorstellbar es sei, dass er bald gehe, war es ihm schwergefallen, die erwartete Rührung zu zeigen, denn das Wehklagen desjenigen, der vorgab, erschüttert zu sein, hieß doch nur, dass der traurige, der unvorstellbare Fakt, dass er ging, jammerschade!, von diesem als etwas Unabwendbares längst akzeptiert worden war.

Von den kalten Platten, die im Institut anlässlich seiner Verabschiedung aufgetischt worden waren, blieben außer der Petersilie nur einige Lachsbrötchen übrig, wahrscheinlich weil bei so einer Hitze mancher dem Fisch misstraute. Der See, der da jetzt vor ihm liegt und glänzt, wusste, scheint ihm, immer schon mehr als er, dessen Beruf doch das Nachdenken ist. Oder war? Für den See ist es einerlei, ob ein Fisch in ihm zerfällt oder ein Mensch.

Am Tag nach dem Empfang hatte die Sommerschließzeit des Instituts begonnen, jener hatte vor, hierhin zu fahren, jener dorthin, nur er hatte keine Reise geplant, denn für ihn war das Ausweiden* seines über die Jahre hinweg gewachsenen Arbeitszimmers nun in die letzte Phase getreten.

* Aus der Jägersprache: Ausnehmen, Entnehmen der Innereien von erlegtem Wild.

Zwei Wochen später standen die Regalbretter mit einer Schnur zusammengebunden an der Wand, waren die gepackten Kartons hinter der Tür aufgestapelt, und bildeten die paar Möbel, die er zu sich nach Haus transportieren lassen würde, in der Mitte des Zimmers einen kleinen, sperrigen Haufen. Ein Besen mit plattgedrückten Borsten war daran angelehnt, eine Schere lag auf dem Fensterbrett neben einem staubigen Briefumschlag, viereinhalb große Müllsäcke standen in einer Ecke, eine Rolle Klebeband lag auf dem Boden, in der Wand steckten noch ein paar Nägel, an denen kein Bild mehr hing. Zuletzt hatte er den Schlüssel für das Institut abgegeben.

Jetzt müsste er hier im Haus für die Möbel die passenden Plätze suchen, die Kartons öffnen und alles, was darin ist, seinem Privathaushalt einverleiben. *Bein zu Bein, Blut zu Blut, auf dass es geleimet sei.* Die Merseburger Zaubersprüche*, jaja. Auch das, was man Bildung nennt, alles, was er weiß und gelernt hat, ist von nun an nur noch sein Privateigentum. Seit gestern steht alles im Keller und wartet. Aber wie sieht so ein Tag aus, der geeignet wäre, mit dem Auspacken zu beginnen? Wie der heutige jedenfalls nicht. Morgen vielleicht? Oder später. Irgendein Tag, an dem er sonst nichts zu tun hat. Ob sich das Auspacken überhaupt lohnt, ist die Frage. Noch lohnt. Wenn er Kinder hätte. Oder wenigstens Neffen und Nichten. So aber ist all das, was seine Frau früher immer seinen *Krempel* genannt hat, nur noch zu seinem eigenen Vergnügen da. Und wenn er irgendwann nicht mehr ist, zu niemandes Vergnügen. Natürlich, irgendein Antiquar wird dann wahrscheinlich die Bücher nehmen, und dieses oder jenes davon, eine Erstausgabe oder ein handsigniertes Exemplar, vielleicht noch einmal einen Liebhaber finden. Einen wie ihn, einen, der noch, während er lebt, *Krempel* anhäufen darf. Und immer so weiter. Aber alles andre? Alles, was um ihn herum ein System bildet und nur sinnvoll ist, solange er seine Wege dazwischen geht, seine Handgriffe macht,

* Althochdeutsche Zaubersprüche; der 2. Spruch ist ein Heilungszauber für ein verletztes Pferd.

sich an dies oder jenes erinnert – all das wird auseinandertreiben und sich verlieren, wenn er nicht mehr ist. Darüber könnte er auch einmal schreiben, über die Schwerkraft, die die leblosen Dinge mit den lebendigen Wesen zu einer Welt verknüpft. Ist er eine Sonne? Er muss aufpassen, dass er nicht irre wird, wenn er jetzt ganze Tage allein ist und mit niemandem spricht.

Aber dennoch.
Der Bauernschrank, an dem eine Leiste fehlt, wird nach seinem Tod ganz sicher nicht mehr in demselben Haushalt stehen wie die Tasse, in der er sich am Nachmittag immer seinen türkischen Kaffee macht, der Sessel, in dem er beim Fernsehen sitzt, wird allabendlich von anderen Händen herumgerückt werden als von denen, die die Schubladen seines Schreibtischs aufziehen, sein Telefon wird mit dem scharfen Messer, mit dem er immer die Zwiebeln schneidet, nicht den Besitzer teilen, und auch nicht sein Rasierapparat. Vieles, was er schätzt, was durchaus noch funktioniert oder ihm einfach gefällt, wird weggeworfen werden. Zwischen der Müllhalde, auf der zum Beispiel sein alter Wecker landen wird, und dem Haushalt dessen, der sich sein Zwiebelmustergeschirr leisten kann, wird es dann eine unsichtbare Verbindung geben, die darin besteht, dass beides einmal ihm gehört hat. Nur weiß natürlich, wenn er nicht mehr lebt, niemand von dieser Verbindung. Oder besteht so eine Verbindung dennoch für alle Zeit, gleichsam objektiv? Und wenn ja, in welcher Maßeinheit ließe sie sich dann messen? Wenn es tatsächlich der durch ihn gestiftete Sinn ist, der seinen Haushalt, von der Zahnbürste bis hin zum gotischen Kruzifix, das an der Wand hängt, in ein Universum verwandelt, stellt sich sofort die nächste grundlegende Frage: Hat Sinn eine Masse?

Richard muss wirklich aufpassen, dass er nicht irre wird. Vielleicht wird es ihm besser gehen, wenn der Tote endlich gefunden ist. Eine Taucherbrille soll der Unglückselige getragen haben. Das könnte lächerlich sein, aber keinen von denen, die das wissen, hat er in diesem Sommer je darüber lachen sehen. Neulich auf dem Dorffest, das trotzdem stattfand, nur ohne Tanz, hatte er den Vorsitzenden des Anglerverbandes mehrmals hintereinander sagen hören: Mit einer Taucherbrille! Mit einer Taucherbrille! Als sei gerade dieses Detail das am schwersten zu ertragende an dem Sterben des Schwimmers, und tatsächlich hatten alle anderen Männer, die mit dem Bierkrug in der Hand auch da standen, darauf lange Zeit nichts erwidert, sondern nur schweigend auf den Schaum in ihrem Bierglas geschaut und genickt.

Auch er wird bis zum Ende das tun, was ihm Spaß macht. Den Kopf voran in die Grube. Nachdenken. Lesen. Und wenn der Kopf irgendwann nicht mehr mitmacht, weiß auch kein Kopf mehr, was fehlt. Es kann dauern, bis der Körper wieder nach oben kommt, wurde gesagt. Beinahe drei Monate dauert es schon. Es kann auch sein, dass er verschwunden bleibt, wurde gesagt. Sich in Algen verfangen hat, oder für immer abgesunken ist in den Schlamm, der am Grunde des Sees angeblich meterdick ist. Ein tiefer See ist es, achtzehn Meter. Nach oben hin lieblich, aber in Wahrheit eine Kluft. Jeder der Anwohner, auch er selbst, schaut mit einem gewissen Zögern seither das Schilf an, mit einem gewissen Zögern die spiegelblanke Oberfläche des Sees an, an windstillen Tagen. Er kann von seinem Schreibtisch aus auf den See sehen. Schön ist der See, so wie in den anderen Sommern, aber damit ist es in diesem Sommer nicht getan. Der See gehört, solange der Tote nicht gefunden und weggebracht ist, diesem Toten. Einen ganzen Sommer lang schon, und bald ist Herbst, gehört der See einem Toten.

2

An einem Donnerstag Ende August versammeln sich zehn Männer vor dem Roten Rathaus in Berlin*. Sie haben beschlossen, heißt es, nichts mehr zu essen. Drei Tage später beschließen sie, nun

* Historisches Rathausgebäude in Berlin-Mitte, in der Nähe des Alexanderplatzes; Sitz des Berliner Senats und des Regierenden Bürgermeisters von Berlin.

auch nichts mehr zu trinken. Ihre Hautfarbe ist schwarz. Sie sprechen Englisch, Französisch, Italienisch. Und noch andere Sprachen, die hierzulande niemand versteht. Was wollen die Männer? Arbeit wollen sie. Und von der Arbeit leben. In Deutschland bleiben wollen sie. Wer seid ihr, werden sie von der Polizei und von Beamten des Senats, die hinzugeholt werden, gefragt. Wir sagen es nicht, sagen die Männer. Das müsst ihr aber sagen, sagen die andern, sonst wissen wir nicht, ob ihr unter das Gesetz fallt und hier bleiben und arbeiten dürft. Wir sagen nicht, wer wir sind, sagen die Männer. Würdet ihr denn, wenn ihr an unserer Stelle wärt, einen Gast aufnehmen, den ihr nicht kennt, sagen die andern. Die Männer schweigen. Wir müssen prüfen, ob ihr wirklich in Not seid, sagen die andern. Die Männer schweigen. Vielleicht, sagen die andern, seid ihr Verbrecher, das müssen wir prüfen. Die Männer schweigen. Oder einfach Schmarotzer. Die Männer schweigen. Wir haben selbst nicht genug, sagen die andern. Es gibt Regeln hier, sagen sie, an die müsst ihr euch halten, wenn ihr bleiben wollt. Und zuletzt sagen sie: Erpressen könnt ihr uns nicht. Die Männer mit schwarzer Hautfarbe aber sagen nicht, wer sie sind. Sie essen nicht, sie trinken nicht, sie sagen nicht, wer sie sind. Sie sind einfach da. Das Schweigen der Männer, die lieber sterben wollen als sagen, wer sie sind, vereint sich mit dem Warten der andern auf Beantwortung all der Fragen zu einer großen Stille mitten auf dem Alexanderplatz in Berlin. Diese Stille hat nichts damit zu tun, dass es am Alexanderplatz durch die Geräusche des Straßenverkehrs und durch die Grabungsarbeiten bei der neuen U-Bahnstation immer sehr laut ist.

Warum kann Richard, der am Nachmittag an den schwarzen und weißen, sitzenden und stehenden Menschen vorbeigeht, dann diese Stille nicht hören?
Er denkt an Rzeszów.
Ein Freund von ihm, ein Archäologe, hat ihm von den Funden bei den Ausschachtungen am Alexanderplatz erzählt und ihn eingeladen, die Grabungen zu besuchen. Zeit hat er ja nun, und im See

schwimmen kann er ohnehin nicht, wegen des Mannes. Weitläufige Keller habe es früher einmal rings um das Rote Rathaus gegeben, hat sein Freund ihm erzählt. Unterirdische Hallen, in denen im Mittelalter ein Markt war. Während die Leute auf eine Verhandlung, auf einen Termin, einen Bescheid warteten, kauften sie ein, im Prinzip nicht anders als heute. Fisch, Käse und Wein, alles, was sich gekühlt besser hält, wurde in diesen Katakomben gehandelt.

So wie in Rzeszów.

Als Student hatte Richard in den sechziger Jahren zwischen zwei Vorlesungen manchmal am Rand des Neptunbrunnens gesessen, Hosenbeine hochgekrempelt, die Füße im Wasser, ein Buch auf dem Schoß. Auch damals waren diese Hohlräume schon in der Tiefe gewesen, nur durch ein paar Meter Erde von seinen Füßen getrennt, ohne dass er davon wusste.

Vor einigen Jahren, als seine Frau noch lebte, hatten sie im Urlaub einmal die polnische Kleinstadt Rzeszów besichtigt, die im Mittelalter ganz und gar untertunnelt worden war. Wie eine zweite, dem flüchtigen Blick verborgene Stadt war dieses Labyrinth unterirdisch gewachsen, spiegelbildlich zu den sichtbaren Häusern über der Erde. Jedes Bürgerhaus hatte durch den eigenen Keller hindurch einen Zugang zu diesem nur von Fackeln erhellten, öffentlichen Markt besessen. Und wenn oben Krieg war, verkrochen die Einwohner des Städtchens sich unten. Später im Faschismus die Juden. Erst die Nazis hatten die Idee gehabt, Rauch in die Gänge zu leiten.

Rzeszów.

Die verschütteten Hallen am Roten Rathaus aber waren sogar den Nazis verborgen geblieben. Nur die Berliner U-Bahn-Tunnel fluteten sie in den letzten Tagen des Weltkriegs. Wahrscheinlich um ihr eigenes Volk zu ersäufen, das vor den Bombenangriffen der Alliierten dorthin geflüchtet war. *Lieber den Hals verrenken, als dem Wirt was schenken.*

Ist einer von den Männern vielleicht schon zusammengebrochen?, fragt eine junge Frau mit einem Mikrofon in der Hand, hinter ihr steht ein Hüne mit Kamera auf der Schulter. Nein, sagt einer der Polizisten. Werden sie künstlich ernährt? Bis jetzt noch nicht, sagt der Polizist, sehen Sie ja. Wurde schon einer ins Krankenhaus eingeliefert? Gestern einer, glaub ich, sagt ein anderer Uniformierter, aber vor meiner Schicht. Können Sie mir vielleicht sagen, in welches? Nein, das dürfen wir nicht. Aber dann krieg ich die Story nicht unter. Tja, sagt der erste, da können wir leider nichts machen. Sie verstehen, sagt die junge Frau, wenn nichts Besondres passiert, kann ich keine Geschichte draus machen. Jaja, das versteh ich. Und dann nimmt mir den Beitrag keiner ab. Der andre: Vielleicht tut sich heute noch was, vielleicht im Laufe des Abends. Die Frau: Ich hab maximal noch eine Stunde. Der Schnitt. Es gibt eine Deadline. Verstehe, sagt der Uniformierte und grinst.

Auch zwei Stunden später auf dem Rückweg zum Bahnhofsgebäude sieht Richard nicht zum Rathaus hinüber, er schaut nach links auf die Fontänen, sieht die treppenförmig angeordneten Bassins, die zum Sockel des Fernsehturms aufwärts führen. Gebaut zu sozialistischen Zeiten, Sommer für Sommer übersprudelt von Wasser, ein Wagnis für glückliche Kinder, die auf den Querstegen mitten hindurch balancierten, ringsherum ihre lachenden, stolzen Eltern, und Kinder wie Eltern von Zeit zu Zeit aufblickend zur silbrigen Kugel des Turms, den Schwindel genießend: Er stürzt! Er stürzt auf uns herunter! Dreihundertfünfundsechzig Meter bis zur äußersten Spitze, die Tage eines ganzes Jahres in Metern gemessen, sagt der Vater, und: nein, er stürzt nicht, das sieht nur so aus, sagt die Mutter den tropfenden Kindern. Der Vater erzählt den Kindern, aber nur, wenn sie wollen, die Geschichte vom Bauarbeiter, beim Bau der Spitze des Turms soll der heruntergefallen sein, aber weil der Turm eben so hoch ist, dauerte der Fall des Bauarbeiters so lange, dass es den Bewohnern der umliegenden Häuser gelang, schnell Matratzen herbeizuschaffen, während der Arbeiter fiel, einen ganzen Stapel Matratzen, während er fiel, fiel und fiel, und der Stapel war genau

fertig, als der Arbeiter nach seinem langen Fall unten ankam, er landete weich darauf – wie die Erbsenprinzessin im Märchen! – und stand vollkommen unverletzt wieder auf. Die Kinder sind froh über das Wunder der Arbeiterrettung, nun aber wollen sie wieder spielen. Bei den Fontänen am Alexanderplatz in Berlin sah die Menschheit Sommer für Sommer schon so heil und zufrieden aus, wie es im allgemeinen erst für die Zukunft versprochen war, für die ferne, vollkommen glückliche Zeit, *Kommunismus* genannt, die irgendwann für alle Menschen erreicht sein würde, nach treppenförmig angeordnetem Fortschritt bis in schwungvolle, kaum zu glaubende Höhen hinein, so in ein-, zwei- oder spätestens dreihundert Jahren.
Wider Erwarten aber war dann der Auftraggeber für die Fontänen, der volkseigene Staat, nach vierzig Jahren plötzlich abhandengekommen, mit dem Staat auch die dazugehörige Zukunft, nur die treppenförmig angeordneten Wasserspiele sprudelten weiter, sprudeln auch jetzt noch Sommer für Sommer in schwungvolle, kaum zu glaubende Höhen hinein, wagemutige, glückliche Kinder balancieren weiterhin quer, bewundert von ihren lachenden, stolzen Eltern. Was erzählt eigentlich so ein Bild, dem die Erzählung abhanden gekommen ist? Wofür werben die glücklichen Menschen heute? Steht die Zeit? Bleibt noch etwas zu wünschen?

Zu den Männern, die lieber sterben wollen als sagen, wer sie sind, haben sich Sympathisanten gesellt. Ein junges Mädchen hat sich zu einem der Schwarzhäutigen im Schneidersitz auf die Erde gesetzt, es unterhält sich leise mit ihm, nickt hin und wieder, und dreht sich dabei eine Zigarette. Ein junger Mann diskutiert mit den Polizisten, die wohnen doch gar nicht hier, sagt der junge Mann gerade, und der Polizist sagt, das wäre auch nicht erlaubt, na eben, sagt der junge Mann. Die schwarzen Männer liegen oder hocken auf dem Boden, manche haben einen Schlafsack unter sich ausgebreitet, andere eine Decke, wieder andere gar nichts. Einen Campingtisch haben sie als Stütze für ein Schild aufgestellt. Das Schild, das daran lehnt, ist eine große weißgestrichene Pappe, auf der in schwarzen Buchstaben steht: *We become visible.* Darunter hat in kleineren grünen Buchstaben jemand mit Filzstift die Übersetzung geschrieben: *Wir werden sichtbar.* Vielleicht der junge Mann oder das Mädchen. Von Richard, der gerade vorbeigeht, sähen die schwarzhäutigen Menschen, würden sie hinschauen, jetzt noch eben den Rücken: Aufrecht strebt da ein Herr dem Bahnhofsgebäude zu, ein Jackett hat er an, trotz der Hitze, nun verschwindet er zwischen den anderen Menschen, von denen manche es eilig haben und genau wissen, wohin sie wollen, andere nur so schlendern, den Stadtplan in Händen, sie wollen den *Alex* besichtigen, das Zentrum des Teils von Berlin, der so lange die *Russische Zone* hieß, *Ostzone* sagen, im Scherz, auch heute noch viele. Im Hintergrund des Gewimmels und eine Etage darüber erhoben, sähen die schweigenden Männer, schauten sie auf, auch die Fenster des Fitnesscentrums, das sich direkt beim Sockel des Turms unter einem kühn gefalteten Vordach befindet. Hinter den Fenstern Menschen auf Fahrrädern, und Menschen, die rennen, sähen, wie diese Menschen Stunde um Stunde auf die riesigen Fenster zufahren und -rennen, als wollten sie, so schnell es nur geht, hierher, zum Rathaus hinüber, zu ihnen, den Schwarzhäutigen, entweder, oder zur Polizei, sich solidarisch erklären, mit den einen oder den andern, und, wenn es sein muss, auf dem Wege dorthin sogar die Fenster zerstoßen und das letzte Stück fliegen oder springen. Aber es versteht sich von selbst, dass die Fahrräder wie auch die Laufbänder fest montiert sind, und die sporttreibenden Menschen sich nur auf der Stelle bewegen, aber nicht vorwärts. Denkbar ist, dass die Trainierenden sehen, was auf dem Platz alles los ist, aber um zum Beispiel zu lesen, was auf dem Schild steht, sind sie sicher zu weit entfernt.

3

Zum Abendbrot macht Richard sich belegte Brote mit Käse und Schinken, dazu Salat. Den Käse gab es heute im Supermarkt, der früher *Kaufhalle** hieß, zu einem Sonderpreis, weil dessen Haltbarkeitsdatum bald abläuft. Er muss nicht sparen, seine Pension reicht hin, aber warum soll er mehr bezahlen als nötig. Zum Salat schneidet er Zwiebeln, sein ganzes Leben schon schneidet er Zwiebeln, aber neulich erst hat er in einem Kochbuch gesehen, wie man die Zwiebel hält, wenn man nicht will, dass sie beim Schneiden wegrutscht. Für alles gibt es eine ideale Form, für die profanen Dinge des Lebens ebenso wie für Arbeit und Kunst. Im Grunde genommen, denkt er, versucht man sein ganzes Leben wahrscheinlich nur, diese Form zu erreichen. Und hat man sie endlich in einigen Dingen erreicht, wird man von der Erde gewischt. Immerhin ist er jetzt schon eine Weile darüber hinaus, mit dem, was ihm gelingt, anderen etwas beweisen zu wollen, es sind ja auch gar keine anderen da. Seine Frau sieht es nicht mehr. Und seine Geliebte hätte sich herzlich wenig für die Kunst, eine Zwiebel zu schneiden, interessiert. Nur er selbst kann sich jetzt noch, wenn ihm etwas gelingt oder er etwas verstanden hat, darüber freuen. Er freut sich. Und seine Freude verfolgt keinen Zweck mehr. Das ist der erste Vorteil davon, dass man allein lebt: Alle Eitelkeit erweist sich als Ballast. Und der zweite: Es ist niemand mehr da, die Ordnung zu stören. Aus altbackenem Brot brät man Würfel für den Salat, um die Teebeutel wickelt man, wenn man sie aus der Kanne herausnimmt, den Faden und presst sie noch einmal fest aus, die Hochstammrosen werden im Winter nach unten gebeugt und mit Erde bedeckt – und so weiter. Die Freude an dem, was am richtigen Platz ist, was nicht verlorengeht, was auf die richtige Weise gehandhabt wird und nicht verschwendet, die Freude an dem, was gelingt, ohne ein anderes am Gelingen zu hindern, ist, so sieht er das, in Wahrheit die Freude an einer Ordnung, die

* DDR-Bezeichnung für »Supermarkt«.

nicht von ihm errichtet, sondern von ihm nur gefunden werden muss, die außer ihm liegt, und ihn gerade deshalb verbindet mit dem, was wächst, fliegt oder gleitet, ihn dafür zwar von manchen Menschen entfernt, aber das ist ihm gleich.

Damals, als seine Geliebte ihn auszulachen begann und dann von seinen Ermahnungen immer öfter gereizt war, hatte er dennoch nicht aufhören können, auf dem einen oder anderen Handgriff, der ihm ein für allemal richtig zu sein schien, zu beharren. Mit seiner Frau war er sich, in dieser Hinsicht zumindest, fast immer einig gewesen. Sie selbst war am Ende des Krieges als deutsches Mädchen von deutschen Tieffliegern in die Beine geschossen worden, als sie vor russischen Panzern davonlief. Hätte ihr Bruder sie damals nicht von der Straße gezogen, hätte sie sicher nicht überlebt. Alles, was man nicht überblickt, ist tödlich, hatte seine Frau so schon mit drei Jahren gelernt. Er selbst war bei der Übersiedlung seiner Familie von Schlesien nach Deutschland* noch ein Säugling gewesen und wäre im Tumult der Abreise beinahe von seiner Mutter getrennt worden, hätte ihn nicht auf dem überfüllten Bahnsteig ein russischer Soldat seiner Mutter über die Köpfe vieler anderer Aussiedler hinweg noch ins Zugabteil hineingereicht. Diese Geschichte war ihm von seiner Mutter so oft erzählt worden, dass er sie beinahe für seine eigene Erinnerung hielt. *Kriegswirren* hatte sie das genannt. Auch sein Vater war wahrscheinlich Erzeuger von Kriegswirren gewesen, als Soldat an der Front in Norwegen und in Russland. Wie viele Kinder hatte sein Vater, selbst fast noch ein Kind, wohl dort von ihren Eltern getrennt? Oder ihren Familien im letzten Moment noch zugereicht? Zwei Jahre später erst hatte der Heimkehrer seine inzwischen nach Berlin übersiedelte Familie wiedergefunden und seinen Sohn zum ersten Mal im Leben gesehen. Suchmeldungen vom Roten Kreuz gab es im Radio noch viele Jahre, da saß der Vater längst schon wieder auf dem Sofa neben der

---

* Schlesien war bis 1945 Teil des Deutschen Reichs. Die dort ansässige deutsche Bevölkerung musste ab 1945 nach Westen fliehen, zunächst auf der Flucht vor der vorrückenden russischen Armee. Da das Gebiet nach dem Krieg Polen eingegliedert wurde, wurden die verbleibenden deutschstämmigen Bewohner zwangsweise umgesiedelt (»Aussiedler«).

Mutter, vor sich ein Stück Bienenstichtorte und eine Tasse echten Bohnenkaffees, da war der in den Kriegswirren beinahe verlorengegangene Säugling längst schon ein Schulkind. Nach dem Krieg fragen konnte das Kind seinen Vater nie. Lass mal, die Mutter, Kopfschütteln, Abwinken, lass mal den Vater in Ruhe. Der Vater einfach nur still. Was wäre aus dem Säugling geworden, wenn der Zug sich zwei Minuten früher in Bewegung gesetzt hätte? Was wäre aus dem Mädchen, Richards späterer Frau, geworden, wenn der Bruder es nicht von der Straße gezogen hätte? Zwischen einem Waisenjungen und einer Toten hätte es jedenfalls, soviel ist sicher, keine Hochzeit gegeben. Störe meine Kreise nicht, soll Archimedes*, mit dem Finger geometrische Figuren in den Sand zeichnend, zu dem römischen Soldaten gesagt haben, der ihn danach erstach. Das Unverwirrte ist nicht selbstverständlich, darüber war Richard sich mit seiner Frau immer einig gewesen. Wahrscheinlich verstand sie deshalb um so viel besser als seine junge Geliebte, worum es ihm ging, wenn er in allem, was ihm begegnete, nach dem wirklich Richtigen suchte. Getrunken hatte sie auch. Aber das war eine andre Geschichte.

Er setzt sich zu Tisch und schaltet den Fernseher ein, in der Abendschau bringen sie Nachrichten aus Stadt und Region: ein Überfall auf eine Bank, der Streik der Flughafenbelegschaft, das Benzin wird wieder teurer, auf dem Alexanderplatz haben sich zehn Männer versammelt, Flüchtlinge offensichtlich, und sind in einen Hungerstreik getreten, einer der Hungerstreikenden ist zusammengebrochen und wurde ins Krankenhaus abtransportiert. Auf dem Alexanderplatz? Man sieht, wie ein Mann auf einer Liege in einen Krankenwagen geschoben wird. Dort, wo Richard heute gewesen ist? Eine junge Journalistin spricht in ein Mikrofon, im Hintergrund hocken und liegen ein paar Gestalten, man sieht einen Campingtisch mit einem Pappschild: *We become visible*. In grüner, kleinerer Schrift darunter: *Wir werden sichtbar*. Warum

* Antiker griechischer Mathematiker. Die zitierten Worte soll er gesprochen haben, als ihn plündernde Soldaten bei einem mathematischen Problem gestört haben.

hat er die Demonstration dann nicht gesehen? Das erste Brot hat er mit Schnittkäse belegt, nun kommt das zweite, mit Schinken. Manchmal schon hat er sich dafür geschämt, dass er Abendbrot isst, während er auf dem Bildschirm totgeschossene Menschen sieht, Leichen von Erdbebenopfern, Flugzeugabstürzen, hier einen Schuh von jemandem nach einem Selbstmordanschlag, dort in Folien gewickelte Körper von Opfern einer Seuche, nebeneinander im Massengrab liegend. Er schämt sich auch heute, und isst trotzdem weiter, wie sonst auch. Als Kind hat er gelernt, was Not ist. Aber deswegen muss er nicht, nur weil ein Verzweifelter heutzutage einen Hungerstreik macht, gleichfalls verhungern. Sagt er sich. Helfen würde das auch nicht dem, der den Hungerstreik macht. Und ginge es dem so gut wie ihm, würde der genauso beim Abendbrot sitzen und essen. Bis ins Alter hinein ist er damit befasst, das protestantische Erbe seiner Mutter abzuschütteln, den Grundzustand der Reue.* Von den Lagern aber hat auch sie nichts gewusst. Angeblich. Was war eigentlich, bevor Luther kam, an der Stelle der Seele, an der sich seither das schlechte Gewissen breitgemacht hat? Eine gewisse Taubheit ist seit dem Thesenanschlag einfach nur Notwehr, wahrscheinlich. Mit der Gabel fährt er in die volle Salatschüssel hinein, und sagt sich, während er kaut, dass es auch gedanklich unsauber wäre, wenn er eines Tages tatsächlich aus Solidarität mit dem oder jenem Armen oder Verzweifelten dieser Welt zu essen aufhörte. Aus dem Käfig der freien Entscheidung käme er ja dennoch niemals hinaus. Eingesperrt in den Luxus, wählen zu können, wäre sein Nichtessen um nichts weniger kapriziös als die Völlerei. Die Zwiebeln im Salat schmecken ihm gut. Frische Zwiebeln. Und die Männer weigerten sich immer noch, ihre Namen zu nennen, sagt eben die junge Frau. Sie scheint um die hungerstreikenden Männer besorgt, sie ist überzeugend besorgt. Ob der besorgte Tonfall inzwischen ein Prüfungsfach ist für Journalisten? Und ob das Bild von dem Mann auf der

* Eine schon in Martin Luthers 95 Thesen (1517) formulierte Grundüberzeugung des protestantischen Christentums ist, dass die Buße von Sünden nur durch aufrichtige Reue, nicht durch gute Taten (wie den Ablasskauf), möglich ist.

Liege überhaupt vom Alexanderplatz stammt? *Summa** hießen im Mittelalter die universalen Nachschlagewerke, in diesen Büchern sah der Stadtplan von Madrid genauso aus wie der von Nürnberg oder Paris – der Stadtplan erzählte nur, dass das, was den oder jenen Namen trug, eine Stadt war. Heute war es vielleicht nicht viel anders. Hatte er so eine Gestalt, die auf einer Liege abtransportiert wird, nicht schon in unzähligen Nachrichtensendungen über die verschiedensten Teile der Welt und anlässlich der verschiedensten Katastrophen gesehen? Warum war es überhaupt von Bedeutung, ob diese Bilder, die in Zehntelsekunden vorüberhuschten, wirklich Ort und Zeit mit dem Schrecken, der die Nachricht hervorgebracht hat, teilten? Konnte ein Bild ein Beweis sein? Und sollte es das? Welche Erzählung lag den beliebigen Bildern heutzutage zugrunde? Oder ging es gar nicht mehr um eine Erzählung? Sechs Menschen seien allein am heutigen Tag in den Gewässern rund um Berlin bei Badeunfällen ertrunken, sagt der Nachrichtensprecher jetzt zum Abschluss, einen *traurigen Rekord* nennt er es und leitet zum Wetter über. Sechs Menschen so wie der Mann, der noch immer unten im See ist. *We become visible.* Warum hat Richard die Männer am Alexanderplatz nicht gesehen?

4

Nachts geht er pinkeln und kann danach nicht mehr schlafen, so wie in den letzten Monaten manchmal. Im Dunkeln liegt er dann da, und schaut seinen Gedanken dabei zu, wie sie auf Abwege geraten. Er denkt an den Mann, der unten im See liegt, ganz am Grund, wo der See selbst im Sommer noch kalt ist. An sein leeres Büro. An die junge Frau mit dem Mikro. Früher, als er noch durchschlafen konnte, hat die Nacht sich wie eine Pause angefühlt. Aber jetzt schon seit längerem nicht mehr. Alles geht immer weiter und hört auch im Dunkeln nicht auf.

* Lat. »Summe, Gesamtheit«; häufig verwendet im Titel humanistischer Enzyklopädien.

Am nächsten Tag mäht er den Rasen, dann isst er Erbseneintopf zum Mittag, dann spült er die Dose aus und macht sich einen Kaffee. Er nimmt eine Kopfschmerztablette. *Schmopfkerzen.* Mit seiner Geliebten hat er früher Witze gemacht und die Worte verdreht. Oder die Tippfehler gesprochen. Aus *alt* wurde auf diese Weise *atl*, aus *kurz kruz* und so weiter. Warum hat er die Männer nicht gesehen? *We become visible.* Von wegen.
Er zieht die Prosaübersetzung der »Odyssee«* aus dem Regal und liest sein Lieblingskapitel, das elfte.
Später fährt er zum Landkaufhaus und bringt das Messer vom Rasenmäher zum Schleifen.
Abends macht er sich Brote, dazu Salat. Er ruft seinen Freund Peter an, den Archäologen, der erzählt ihm davon, wie ein Bagger am Rand der Grabung plötzlich eine moderne Statue auf der Schaufel gehabt hat. Aus der Nazi-Ausstellung »Entartete Kunst«**, sagt er. Stell dir das vor. Da ist im Bombenkrieg vielleicht ein Büro der Reichskulturkammer eingestürzt und der Giftschrank***, sozusagen, ins Mittelalter gefallen. Richard sagt, das ist wirklich unglaublich, und der Freund sagt, die Erde ist voller Wunder. Richard denkt, aber das sagt er nicht, dass die Erde eher wie eine Müllhalde ist, die verschiedenen Zeiten fallen im Dunkeln, den Mund mit Erde gefüllt, übereinander her, die eine begattet die andre, ohne fruchtbar zu sein, und der Fortschritt besteht immer wieder nur darin, dass die, die auf dieser Erde herumgehen, von alldem nichts wissen.

Am nächsten Tag regnet es, deshalb bleibt er zu Hause und räumt endlich einmal den Stapel mit den alten Tageszeitungen auf.

---

* Frühes griechisches Versepos Homers, das die 20-jährige Heimfahrt des Helden Odysseus nach dem Trojanischen Krieg schildert. Odysseus gelingt es immer wieder, durch seine Listen alle Gefahren zu überwinden, die ihm begegnen, etwa den einäugigen Zyklopen Polyphemus (Buch 9). Buch 11 schildert seine Begegnung mit den Geistern der Toten.
** Ausstellung (1937–1941) von modernen Kunstwerken, die nicht dem rassischen Konzept der Nationalsozialisten entsprachen und deshalb verboten wurden.
*** Schrank mit gesperrten, nicht allgemein zugänglichen Medien in Bibliotheken und Archiven.

Er macht einige Überweisungen per Telefon, dann schreibt er eine Einkaufsliste für später.

1 Kilo Zwiebeln
2x Salat
½ Weißbrot
½ Schwarzbrot
1 Butter
Käse, Wurst?
3x Eintopf (Erbsen oder Linsen)
Nudeln
Tomaten

16-er Schrauben
Bootslack
2 Haken

Nach dem Mittagessen legt er sich hin, für zwanzig Minuten. Die Decke aus echtem Kamelhaar, mit der er sich zudeckt, hat ihm seine Frau vor Jahren zu Weihnachten geschenkt.
Um mit dem Auspacken der Kartons im Keller zu beginnen, wartet er lieber einen helleren Tag ab.
Die Studentin, deren Manuskript über die »Bedeutungsebenen in den Metamorphosen von Ovid« er eingepackt hat, hatte manchmal hinter den Händen versteckt sein Seminar verschlafen. Aber die Arbeit, die sie geschrieben hatte, war trotzdem in Ordnung gewesen.
Nachmittags nieselt es nur noch ein wenig, er steigt in sein Auto und fährt in den Supermarkt, *Kaufhalle* hieß das früher, morgen ist Sonntag, er darf nichts vergessen, fährt dann noch ins Landkaufhaus, wegen der übrigen Dinge. Im Landkaufhaus riecht es nach Dünger, Holzspänen und Farbe, Maden zum Angeln gibt es da auch, Taucherbrillen, und Eier, frisch aus dem Dorf.
Taucherbrillen.

Abends, in den Nachrichten aus Stadt und Region, wird eine kurze Meldung gebracht: Die hungerstreikenden Flüchtlinge vom Alexanderplatz seien heute abtransportiert worden. Der Streik sei beendet.
Schade, denkt er. Die Idee, sichtbar zu werden, indem man öffentlich nicht sagt, wer man ist, hatte ihm gefallen. Odysseus hatte sich Niemand genannt, um aus der Höhle des Zyklopen zu entweichen. Wer hat dir das Auge ausgestochen?, fragten den blinden Zyklopen von draußen die anderen Riesen. Niemand, brüllt der Zyklop. Wer schlägt dich? Niemand! Odysseus, der Niemand, dessen sich selbst aufhebenden falschen Namen der Riese herausschreit, klammert sich an den Bauch einer Ziege und entwischt so unentdeckt aus der Höhle des menschenfressenden Ungeheuers.
Das Schild mit der Aufschrift *We become visible* steckte wahrscheinlich jetzt in einem Papierkorb oder lag, wenn es zu groß für den Papierkorb war, nass vom Regen, am Boden.

5

In den nächsten zwei Wochen sorgt Richard dafür, dass der Schuppen eine neue Tür bekommt, lässt den Rauchabzug des Kamins reparieren, pflanzt die Pfingstrosen um, streicht die Ruder mit Bootslack, erledigt die über den Sommer liegengebliebene Post, geht einmal zur Physiotherapie und dreimal ins Kino. Morgens beim Frühstück liest er, wie immer, die Zeitung. Morgens trinkt er Tee, Earl Grey mit Milch und Zucker, dazu ein Brot mit Honig und eins mit Käse, manchmal ein Stück Gurke dazu, aber nur an den Sonntagen gibt es ein Ei. Er hat jetzt jeden Tag Ruhe, so wie vorher nur sonntags. Aber er will nur sonntags ein Ei. So, wie er es gewöhnt ist. Neu ist, dass er bei seinem Tee so lange sitzen bleiben kann, wie er will, manche Meldungen, die er früher nur überflogen hätte, liest er deshalb nun gründlich. Gern würde er wissen, wo die zehn Männer vom Alex hingebracht wurden, aber darüber liest er nichts. Er liest, dass vor der italienischen Insel Lampedusa 64 von 329 Bootsflüchtlingen ertrunken sind, darunter

Menschen aus Ghana, Sierra Leone und Niger. Er liest, dass ein Mann aus Burkina Faso irgendwo über Nigeria aus dem Fahrwerk eines in 3000 Meter Höhe fliegenden Flugzeugs gestürzt sei, wo er sich versteckt gehalten hatte, er liest von einer seit Monaten von Schwarzafrikanern besetzten Schule in Kreuzberg, liest vom Oranienplatz, auf dem die Flüchtlinge offenbar seit einem Jahr in Zelten leben. Wo eigentlich liegt Burkina Faso? Selbst der amerikanische Vizepräsident hat neulich von Afrika als von *einem* Land gesprochen, dabei gibt es, das stand in dem Artikel über diesen Fauxpas, 54 afrikanische Länder. Vierundfünfzig? Er hätte das auch nicht gewusst. Was ist die Hauptstadt von Ghana? Von Sierra Leone? Oder von Niger? Von seinen Studenten konnten manche zu Beginn des ersten Studienjahres nicht einmal die ersten vier Zeilen der »Odyssee« auf Griechisch hersagen. Das wäre zu seiner Studentenzeit undenkbar gewesen. Er steht auf und holt seinen Atlas. Die Hauptstadt von Ghana ist Accra, die Hauptstadt von Sierra Leone ist Freetown, die Hauptstadt von Niger Niamey. Hat er diese Städtenamen schon jemals gewusst? Burkina Faso liegt westlich von Niger. Und Niger? In der Sektion Germanistik, auf demselben Flur in der Uni, nur ein paar Zimmer weiter, hatte es in den siebziger Jahren oft Studenten aus Mosambik und Angola gegeben, sie studierten Maschinenbau oder Landwirtschaft, bekamen aber von seinen Kollegen deutschen Sprachunterricht. Die Zusammenarbeit mit den damals verbündeten afrikanischen Staaten hatte mit dem Ende des hiesigen Sozialismus aufgehört. Ob er sich wegen dieser Studenten damals das Buch »Negerliteratur« gekauft hat? Das weiß er nicht mehr, aber jedenfalls weiß er genau, wo es in seinem Bücherregal steht. Die Bücher warten, sagt er immer, wenn Besucher ihn fragen, ob er alle die Bücher, die bei ihm in den Regalen stehen, schon gelesen habe. Die Hauptstadt von Mosambik ist Maputo, die von Angola Luanda. Er schlägt den Atlas wieder zu und geht ins andere Zimmer hinüber, zu dem Regalfach, in dem das *Negerbuch* steht. *Neger* würde inzwischen auch niemand mehr sagen, aber damals hat man solch einen Titel noch auf ein Buch gedruckt. Wann war eigentlich *damals*? In seiner Nachkriegskindheit hat ihm seine Mutter immer aus dem Buch »Hatschi Bratschis Luftballon« vorlesen müssen, das sie in den Berliner Trümmern in einem Koffer gefunden hatte.

Schnell, das Wasser ist schon lau,
ruft die Menschenfresserfrau,
fasst ihn nur geschwind, geschwind,
ruft das Menschenfresserkind.

Das Menschenfresserkind hatte ihm auf den Bildern besonders gut gefallen: die Knöchelchen vom letzten Essen quer ins Haar gesteckt. Das Buch hatte seine Mutter wahrscheinlich irgendwann weggegeben, und später, als er als Erwachsener in Buchhandlungen danach fragte, erfuhr er, dass es das Buch zwar immer noch gab, inzwischen aber nur noch in einer politisch korrekten Neuauflage, mit einem Afrika ohne Menschenfresser, und dass die Originalfassung, wenn überhaupt, nur zu einem horrenden Preis antiquarisch zu bekommen war. Auch hier war dem Verbot also nichts weiter gelungen, als das Verbotene in ein besonders Begehrtes zu verwandeln. Indirekt sind die Wirkungen, nicht direkt, denkt er, so wie er es in den letzten Jahren bei unterschiedlichen Gelegenheiten schon oft gedacht hat. Das Buch »Negerliteratur« aber steht an der Stelle im Regal, wo es immer gestanden und auf ihn gewartet hat. Und richtig, der Titel ist von 1951. Er blättert und liest ein paar Zeilen. *Die Erde ist rund und ganz von Sumpf umgeben,* steht da. *Dahinter ist das Land der Buschgeister. Unter der Erde ist immer nur Erde. Was dann kommt, weiß man nicht.*

6

Als Richard die Schule im Berliner Bezirk Kreuzberg endlich gefunden hat, dämmert es schon. Eine Außenbeleuchtung gibt es auf dem ehemaligen Schulhof nicht, so dass er die schwarzen Gestalten, die ihm dort entgegenkommen, kaum von der nächtlichen Luft unterscheiden kann. Das Treppenhaus stinkt. Die

Wände sind mit Farbe besprüht. Im ersten Stock blickt er durch eine offene Tür geradezu in die Herrentoilette, er geht hin und schaut, wie hier eine Herrentoilette aussieht: Von vier Abteilen sind drei mit rotweißen Klebestreifen versiegelt. Auf der anderen Seite ist alles leer, früher waren da vielleicht Duschen. Die Rohre sind abmontiert, nur die Fliesen noch übrig. Es stinkt grässlich. Er tritt wieder heraus. Niemand hier jetzt, kein Schwarzer, kein Weißer. An der Wand nur ein handgeschriebener Zettel: *Aula* steht da, ein Pfeil zeigt nach oben. Von oben hört er jetzt auch Stimmen. Wahrscheinlich sind alle schon bei der Versammlung. Er ist etwas zu spät, hat sich auf dem Weg von der S-Bahn zur Schule zuerst verlaufen, weil er sich im Westen Berlins noch immer nicht auskennt. *Der Senat lädt Anwohner und Flüchtlinge zur Beratung der Lage in die Aula der besetzten Kreuzberger Schule ein*, hat er in der Zeitung gelesen. Und was macht er dann hier – der kein Anwohner ist und auch kein Flüchtling? Hat der Mauerfall ihm etwa nur die Freiheit gebracht, an Orte zu gehen, vor denen er Angst hat?

Die Aula ist voller Menschen, sie stehen, sie sitzen auf dem Fußboden, auf Stühlen, auf Tischen. Die Matratzen der Flüchtlinge sind an den Rand des Saals geschoben, ein paar Zelte sind mittendrin aufgestellt, festgeschraubt im Fischgrätparkett. Was ist hier außen, was innen? Auch die ehemalige Bühne der Aula ist mit Matratzen ausgelegt, eine dicht neben der anderen, der Theatervorhang hängt zwischen weißen korinthischen Säulen, er ist aufgezogen und gibt den Blick frei auf Schlafstätten, Decken, Bettzeug, Taschen und Schuhe. Liegt nicht hier und da sogar noch eine Gestalt unter den Decken und schläft? Richard ist sich nicht sicher.
Habe nun, ach.
Gerade sagt jeder reihum seinen Namen und sagt, wer er ist und warum er hier ist. Und all das wird zweifach übersetzt. Richard hat in seinem Leben schon auf vielen Versammlungen gesessen, aber noch nie hat er so eine Versammlung erlebt.
Ich heiße, ich komme aus, ich bin hier, weil.

My name is, I come from, I'm here because.
Je m'appelle, je suis de, je suis ici.
An die 70 Menschen sagen, wer sie sind. *Philosophie, / Juristerey und Medicin, / und leider auch Theologie! / Durchaus studirt, mit heißem Bemühn.** An der Decke ist Stuck, ein Kronleuchter hängt in der Mitte, dunkles Holz an den Wänden. Vor noch gar nicht so langer Zeit war das hier ein Gymnasium.
Aus Mali, Äthiopien, Senegal. Aus Berlin.
From Mali, Ethiopia, Senegal. From Berlin.
De Mali, Éthiopie, Sénégal. De Berlin.
An den Fensterkreuzen sind ein paar Jacken und T-Shirts aufgehängt. Zum Trocknen vielleicht? Wo wäscht man eigentlich Wäsche in einer ehemaligen Schule? Auf der Bühne wurden vor noch gar nicht so langer Zeit Reden gehalten und Klavierstücke vorgespielt, wurden neu aufgenommene Schüler begrüßt und beste Abiturienten ausgezeichnet. Fanden Theateraufführungen statt. Wurde der Vorhang beiseite gezogen. Sah man Faust an seinem Schreibtisch sitzen. *Und sehe, dass wir nichts wissen können!* Tatsächlich, auch jetzt, während der Versammlung, liegen unter manchen der Decken Menschen und schlafen.
Aus Niger. Aus Ghana. Aus Serbien. Aus Berlin.
From Niger. From Ghana. From Serbia. From Berlin.
De Niger. De Ghana. De Serbie. De Berlin.
Wird er weggeschickt werden, weil er kein Anwohner ist? Er will nicht sagen, wer er ist. Oder warum er hier ist. Wenn er es doch nicht einmal selbst weiß. Unter den wenigen weißhäutigen Anwesenden gibt es Anwohner aus Kreuzberg, Mitglieder von Flüchtlingshilfswerken, es gibt Katastrophenhelfer und Mitglieder einer Initiative, die aus der Schule eine Kultureinrichtung machen wollen, es gibt Beamte der Stadtbezirksverwaltung und Mitarbeiter der Jugendhilfe. Es gibt eine Journalistin, die wieder fortgehen muss, weil die Versammlung unter Ausschluss der allgemeinen

---

* »Habe nun, ach! …« Die ersten Verse Fausts aus J. W. v. Goethes Drama *Faust I* (ersch. 1808). Nach einem Studium aller akademischen Fächer zweifelt Faust am Sinn seiner Studien: »Da steh ich nun, ich armer Tor! / und bin so klug als wie zuvor«.

Öffentlichkeit stattfinden soll. Unter den vielen schwarzhäutigen Menschen gibt es Menschen, die seit acht Monaten hier in der Schule leben, und Menschen, die seit sechs Monaten hier leben, und Menschen, die erst seit zwei Monaten hier leben. Diese Flüchtlinge hier nennen ihre Namen und sagen, woher sie kommen, anders als die auf dem Alexanderplatz, aber das scheint dennoch nicht die Lösung des Problems zu sein. Die Hauptstadt von Ghana ist Accra, die Hauptstadt von Sierra Leone ist Freetown, die Hauptstadt von Niger Niamey.
Nein, Richard will seinen Namen nicht sagen.

In dem Moment, in dem er das denkt, ist plötzlich vom Treppenhaus her ein ohrenbetäubender Knall zu hören, so etwas wie eine Explosion, die alles Denken auf einmal auslöscht und nur noch den Instinkt übriglässt. Mit dem Instinkt weiß der Katastrophenhelfer: Wir sind im 2. Stockwerk. Weiß der Mann aus Ghana: Der Zugang zum anderen Treppenhaus ist abgeschlossen. Weiß der Anwohner: Und dabei bin ich doch weiß. Fragt sich die Anwohnerin: Was wird aus meinem Kind? Wissen viele schwarzhäutige Menschen: Dann bin ich also doch nur zum Sterben hierhergekommen. Weiß auch Richard: Jetzt ist es soweit.
Aber dann nehmen alle, die sich die Ohren zugehalten haben, auch Richard, die Hände wieder herunter, und atmen weiter und beginnen wieder zu denken, und denken: Es war doch keine Bombe. Denken auch: Aber es hätte leicht eine sein können.
Doch gerade in diesem Moment, in dem alle die Angst, die sie gehabt haben, oder die vielmehr sie gehabt hat, schnell aus ihren Gedanken wischen wollen, gerade da geht auf einmal das Licht aus, und einen Moment lang sind alle Menschen in diesem Raum schwarz. Was wird jetzt? Was soll das jetzt?, hört man einige murmeln. Menschenskind, hört man. Dann geht das Licht wieder an.
Als sei in diesen zwei Minuten noch nicht genug Unvorhergesehenes geschehen, fängt nun, kaum ist es wieder hell, plötzlich einer der Afrikaner zu schreien an, fuchtelt herum, flucht, schleudert ein

Kopfkissen durch die Gegend, dann auch eine Bettdecke. Was ist denn? Was hat der denn nun noch? Ist er unter Schock? Nein, heißt es, ihm wurde offenbar während der Explosion oder während der anschließenden Dunkelheit sein Laptop gestohlen, unter dem Kopfkissen weg. Warum hat so ein Flüchtling überhaupt einen Laptop, denkt der Anwohner jetzt. Dann ist das bestimmt einer dieser Männer, die im Park um die Ecke mit Drogen handeln, denkt die Anwohnerin. Privateigentum funktioniert eben nicht, wenn jeder nur eine Decke und ein Kopfkissen hat, denkt Richard, der aus Gründen, die ihm selbst nicht ganz klar sind, aus der Vorstadt hierhergeraten ist. Er geht an dem Schreienden vorbei und an den anderen, die versuchen, den Schreienden zu beruhigen, er lässt den Tumult und den Raum, in dem die Versammlung noch gar nicht wirklich begonnen hat, hinter sich und tritt in den Treppenflur ein, in dem noch die Nebelschwaden des Knallers stehen, den irgendein Berliner Provokateur, der ein Zeichen gegen die Bezirksverwaltung setzen wollte, oder ein jugendlicher schwarzhäutiger Mensch, der nichts Besseres zu tun hat, als andere mit einem Knaller zu erschrecken, oder ein Neofaschist, der die Flüchtlinge und ihre Sympathisanten hasst, oder ein armer schwarzer Teufel, der einem anderen armen schwarzen Teufel in einem Moment der Panik einen Laptop stehlen wollte, gezündet hat.
Richard steigt die Treppe hinab, die er vor lauter Rauch kaum sehen kann, geht an der hell erleuchteten, aber leeren Herrentoilette vorbei weiter nach unten. Würde er nicht so langsam gehen, um die Stufen nicht zu verfehlen, könnte man sagen: er flieht.

7

Es ist schön, wenn es im Herbst nach Laub riecht. Feuchtem Laub, das sich in die Erde hineindrückt und an den Schuhsohlen kleben bleibt. Das Gartentor aufschließen, die dunkle Luft tief einatmen, so macht Richard es seit zwanzig Jahren, wenn er spät am Abend nach Hause kommt. Zwanzig Jahre lang war schon Herbst in diesem Garten, hat es so gerochen, hat er so das Gartentor aufgeschlossen und hinter sich wieder zugeschlossen. Die Zeit ist hier wie ein großes Land, in das man Jahreszeit für Jahreszeit wieder heimkehren kann. Hier kennt er sich aus. Er hat nicht, wie etliche Nachbarn, zwischen den Bäumen einen Bewegungsmelder montiert, um Licht zu haben, wenn er zwischen den Baumstämmen zu seinem Haus hingeht. Manchmal scheint der Mond, aber es stört ihn auch nicht, wenn es, wie heute, stockfinster ist, dann gehören seine Schritte dem Wald mehr als ihm selbst, und an die Stelle des Sehens tritt Wachheit. Die Dunkelheit, selbst die gezähmte Dunkelheit eines Gartens, macht für einen Moment lang aus einem Menschen wie ihm ein verwundbares Tier. Dann fällt ihm wieder der Mann ein, der auch jetzt, leise schaukelnd, irgendwo da unten im See schwebt.

Ist er feige gewesen, eben, in Kreuzberg? Wahrscheinlich. Hier im Garten schien ihm immer, es sei gerade der Anflug von Angst, der ihn mit dem Ort enger verbindet. Hier im Garten hat er nie Angst gehabt vor der Angst. In der Stadt ist es anders. Seine Freunde machen sich über ihn lustig, weil er sich immer noch weigert, mit dem Auto ins Zentrum zu fahren. Aber seit die Mauer weg ist, kennt er sich dort nicht mehr aus. Seit die Mauer weg ist, ist die Stadt doppelt so groß und hat sich so sehr verändert, dass er jetzt oft nicht einmal weiß, an welcher Kreuzung er steht. Er hat die Bombenlücken gekannt, mit Schutt und später dann ohne. Noch später stand dann vielleicht eine Wurstbude da oder ein Tannenbaumhandel, oft auch einfach nur nichts. Aber in den letzten Jahren wurden die Lücken wieder mit Häusern gefüllt, die stumpfen Ecken wieder bebaut, die Brandmauern sind nun nicht mehr zu sehen. Vor dem Mauerbau noch hat er als Kind am Westberliner Bahnhof Gesundbrunnen selbstgesammelte Blaubeeren verkauft, für seinen ersten eigenen Lackball. Lackbälle gab es nur im Westen. Als er den Bahnhof nach dem Mauerfall dann zum ersten Mal wieder sah, waren die nach Osten führenden Gleise von hohem Gras überwuchert, auf den Bahnsteigen standen Birken und wehten im Wind. Wäre er Stadtplaner gewesen, er hätte das so gelassen. Als Erinnerung an die geteilte Stadt, auch als Zeichen der Vergänglichkeit all dessen, was Menschen bauen, vielleicht aber einfach nur, weil ein Birkenwäldchen auf einem Bahnsteig schön ist.

Richard nimmt sich ein Glas Whiskey und schaltet den Fernseher ein. Es gibt mehrere Talkshows, einen alten Western, Nachrichtensendungen, einen Film, der auf einer Alm spielt, Tierfilme, Quizshows, Actionfilme, Science Fiction, Krimis. Er lässt den Fernseher laufen, aber ohne Ton, und geht zu seinem Schreibtisch hinüber. Während in seinem Rücken eine Kriminalkommissarin an einer Kellertür rüttelt, schaut er ein paar Papiere durch, die auf seinem Schreibtisch liegen, Versicherungen, Telefonverträge, die Rechnung der Autowerkstatt. Er hat seinen Namen nicht sagen wollen auf der Versammlung eben, aber warum eigentlich nicht? Eine Versammlung, auf der 70 Menschen sich einander Mensch für Mensch vorstellen – das erscheint ihm wirklich absurd. Noch jetzt an seinem Schreibtisch schüttelt er den Kopf darüber, während die Kriminalkommissarin in seinem Rücken mit einer Halbwüchsigen spricht, die in einer Ecke auf dem Fußboden hockt und weint. Die Namensnennung wäre, so ist es ihm vorgekommen, ein Bekenntnis gewesen, mindestens ein Bekenntnis dazu, dort anwesend zu sein. Aber was geht es die Leute an, dass er da ist. Er will niemandem helfen, er wohnt nicht in der Nähe der Schule, und er ist auch nicht vom Senat. Er will einfach nur sehen, und beim Sehen in Ruhe gelassen werden. Er gehört zu keiner Gruppe, sein Interesse gehört ihm ganz allein, es ist sein Privateigentum und, sozusagen, ganz kalt. Und wenn es nicht, sein ganzes Berufsleben über, so kalt gewesen wäre, hätte er nicht so viel verstanden. Wahrscheinlich hatte der Versuch zu erfahren, wer in der Aula anwesend war, mit dem Kriegszustand zu tun, in dem sich die Schule befand. Aber was sagt schon ein Name? Wer lügen will, kann immer lügen. Viel mehr muss man wissen als nur den Namen, sonst hat das alles ja gar keinen Sinn. Richard steht auf, geht hinüber zum Sofa und setzt sich mit dem letzten Schluck Whiskey noch einen Moment vor den stummen Fernseher. Ein junger Mann hält einen Älteren gerade beim Kragen und drückt ihn gegen eine Wand, die beiden schreien sich an, dann lässt der junge Mann wieder los, der andere geht, der junge Mann brüllt ihm noch etwas hinterher. Schnitt. Das Büro der Kommissarin. Glaswände, Rollos, Kaffeetassen, Papiere, und so weiter.

8

Zum Frühstück Earl Grey. Mit Milch und Zucker. Dazu ein Brot mit Honig und eins mit Käse. Bachs Goldberg-Variationen* im Radio. Eine Vorlesung hat Richard gehalten vor Jahren: Über Sprache als Zeichensystem. Wörter als Zeichen für Dinge. Sprache als Haut. Und dabei blieben Wörter doch immer nur Wörter. Waren nie das Ding selbst. Viel mehr musste man wissen als nur den Namen, sonst hatte das alles ja gar keinen Sinn. Wodurch wird eine Oberfläche zur Oberfläche? Was trennt sie von dem, was unter ihr liegt, und was von der Luft? Als Kind hatte er die Haut auf der heißen Milch herumgeschoben, diese Haut, vor der es ihn ekelte, und die doch kurz zuvor selbst noch Milch gewesen war. Woraus ist ein Name gemacht? Aus Klang? Oder nicht einmal, wenn er nur geschrieben steht. Vielleicht hört er deswegen so gern Bach, weil es bei Bach keine Oberfläche gibt, sondern viele Erzählungen, die sich überkreuzen. Sich überkreuzen, sich überkreuzen – in jedem Moment, und aus all diesen Kreuzungen ist das Ding gemacht, das bei Bach Musik heißt. Jeder Moment wie ein Schnitt durch ein Stück Fleisch, ein Schnitt durch das Ding selbst. Dieses Jahr wird er sich wieder eine Karte für das Weihnachtsoratorium im Dom reservieren. Zum ersten Mal seit dem Tod seiner Frau. Er räumt seinen Teller ab, schüttet die Krümel in den Mülleimer. Dann nimmt er den Mantel, fährt in die braunen Schuhe, die am bequemsten sind, *never brown in town*, heißt es, aber das ist ihm egal. Wenn man im Galopp vom Pferd fällt, sofort aufsteigen und weiter, heißt es, sonst fährt einem die Angst für immer in die Knochen. Angst hat

---

* Stück für Klavier oder Cembalo von Johann Sebastian Bach (1685–1750), eine Reihe von Variationen eines Motivs.

er gestern gehabt in der besetzten Schule. Also Herd aus, Licht aus, Schlüssel und Monatskarte.

Immerhin, bei Tage auf den Oranienplatz zu gehen, ist leichter als so ein nächtlicher Besuch in einer von allen guten Geistern verlassenen Schule. Kurz nach dem Mauerfall war Richard mit seiner Frau zusammen zum ersten Mal nach Kreuzberg gekommen. Sie hatten damals an jedem Sonntag einen Spaziergang durch einen der westlichen Stadtbezirke gemacht. Am Vorabend lasen sie im Stadtführer und am Sonntagvormittag spazierten sie. Hugenottische Flüchtlinge waren die ursprünglichen Siedler in den Straßen rings um den Oranienplatz gewesen, als hier noch Vorstadt war, viele Gärtner angeblich. Und Lenné hatte dann im vorletzten Jahrhundert den Platz geplant, da gab es hier noch einen Kanal, der Platz war ein Ufer gewesen, und das, was jetzt Straße ist, eine Brücke. Später zeigte Richard auch seiner Geliebten den Platz und erklärte ihr, wer Lenné war, einen guten Buchladen gab es gleich um die Ecke, ein Programmkino und ein schönes Café.

Jetzt sieht der Platz wie eine Baustelle aus. Eine Landschaft aus Zelten, Bretterbuden und Planen: weiß, blau und grün. Er setzt sich auf eine Parkbank, sieht sich um und hört, was gesprochen wird. Niemand fragt hier nach seinem Namen. Was sieht er? Was hört er? Er sieht Transparente und Aufsteller mit handgepinselten Parolen. Er sieht schwarze Männer und weiße Sympathisanten. Die Schwarzen in frisch gewaschenen Hosen, bunten Jacken, gestreiften Hemden, hellen Pullovern mit farbigen Schriftzügen, wo wäscht man eigentlich Wäsche auf einem besetzten Platz? Einer trägt goldfarbene Turnschuhe, ist das Hermes*? Die Sympathisanten haben weiße Haut, dafür ist ihre Kleidung schwarz und verschlissen, Hosen, T-Shirts, Pullover. Die Sympathisanten sind jung und blass, sie färben sich die Haare mit Henna, sie glauben nicht an die heile Welt, sondern wollen, dass alles anders wird, und

* In der griechischen Mythologie der Gott der Reisenden, Kaufleute und Diebe; als Bote der Götter eingesetzt.

stecken sich deshalb Ringe durch Lippen, Ohren oder die Nase. Die Flüchtlinge wiederum wollen in das, was in ihren Augen überzeugend genug wie eine heile Welt aussieht, erst einmal hinein. Hier auf dem Platz überkreuzen sich die zwei Arten des Wünschens und Hoffens, es gibt eine Schnittmenge, aber der stille Beobachter zweifelt daran, dass sie sehr groß ist.

Bevor Richard mit seiner Frau aufs Land zog, hatten sie eine Wohnung in der Stadt gehabt, nur zweihundert Meter Luftlinie vom Westen Berlins entfernt. Und lebten dort beinahe so ruhig wie später dann auf dem Land. Die Mauer hatte aus ihrer Straße eine Sackgasse gemacht, Kinder liefen dort Rollschuh. Als die Mauer 1990 dann Stück für Stück weggeräumt wurde, standen pünktlich zur Eröffnung eines jeden neuen Übergangs zahlreiche gerührte Westberliner da und hießen ihre Brüder und Schwestern aus dem Osten willkommen. Hießen eines Morgens um 9.30 Uhr mit Tränen in den Augen auch ihn willkommen, den Ostberliner, der zufällig in dieser Straße wohnte, die neunundzwanzig Jahre geteilt gewesen war, auf seinem Weg in die Freiheit. Er aber war an diesem Morgen gar nicht auf dem Weg in die Freiheit gewesen, sondern nur auf dem Weg zur Universität – pünktlich mit der Öffnung dieses Teilstücks der Mauer hatte er den S-Bahnhof erreichen wollen, der sich auf der Westseite der Straße befand. Mit den Ellenbogen hatte er sich, ungerührt und in Eile, durch die gerührte Menschenmenge gekämpft, irgendeine Beschimpfung rief ihm einer der enttäuschten Befreier noch nach, aber Richard erreichte die Universität zum ersten Mal in weniger als zwanzig Minuten.

Noch bis vor einem Jahr war die Parkbank, auf der er jetzt sitzt, eine ganz normale Parkbank in einer Grünanlage in Kreuzberg. Spaziergänger saßen hier, erholten sich, ruhten aus. Den Kanal, den es zu Lennés Zeiten hier gegeben hatte, ließ die Stadtverwaltung in den zwanziger Jahren des letzten Jahrhunderts wieder zuschütten, weil er so stank. Ob das Wasser trotzdem noch immer in der Tiefe zwischen den Sandkörnern fließt?

Zur Erholung sitzt jetzt jedenfalls niemand mehr hier. Und dass auch Richard nicht gleich wieder aufsteht, liegt nur daran, dass er nicht zur Erholung hier ist. Das selbstverständliche Sitzen auf einer Parkbank hat durch die schwarzhäutigen Menschen, die auf den Grünflächen hinter den Bänken kampieren, aufgehört, etwas Selbstverständliches zu sein. Berliner, die seit Lennés Zeiten wussten, wie man sich in diesem Park, auf einer Bank sitzend, verhielt, wissen es nicht mehr: Keine alte Frau füttert die Spatzen, keine Mutter schaukelt den Kinderwagen sacht hin und her, kein Student liest, keine drei Trinker halten hier ihr Vormittagstreffen ab, kein Beamter isst seinen Mittagsimbiss, kein Liebespaar hält sich bei der Hand. »Die Verwandlung des Sitzens« wäre auch ein guter Titel für einen Aufsatz. Richard bleibt sitzen, und zwar trotzdem. Immer wenn ein Trotzdem erscheint, das ist seine Erfahrung, wird es interessant. »Die Geburt des Trotzdem« wäre auch ein guter Titel.

Die einzige weißhäutige Person, die hier auf dem Platz ebenso zu Hause zu sein scheint wie die Flüchtlinge, ist eine knochige Frau Anfang vierzig. Sie zeigt einem Türken, wo er die Fladenbrote, die er spenden will, hinbringen kann. Etwas später nimmt sie von einem bärtigen Mann ein Fahrrad entgegen und gibt es an einen der Flüchtlinge weiter, beide schauen dem Flüchtling beim glücklichen Losfahren zu. Übrigens, der hat einen Steckschuss in der Lunge, sagt sie noch, der Bärtige nickt, Libyen, sagt sie, er nickt, dann schweigen beide einen Moment, der Mann sagt, dann will ich mal wieder. Eine junge Frau mit einem Mikrofon in der Hand kommt auf die Knochige zu.
Sie gebe kein Interview im Moment, sagt die knochige Frau.
Aber es sei doch wichtig, dass die Berliner.
Sie wissen vielleicht, dass gerade verhandelt wird über ein Winterquartier.
Deswegen bin ich ja, sagt die junge Frau.

Sieht er vielleicht schon aus wie ein Penner, dass es die beiden Frauen nicht stört, wenn er nur einen halben Meter entfernt von ihnen sitzt und ihnen zuhört?
Dann wissen Sie vielleicht auch, dass das Angebot des Senats von jetzt bis April heißt: pro Mann und Nacht 18 Euro.
Ja, davon hab ich.
Nun, sagt die Knochige, der einzige, der den Männern ein Haus geben will, verlangt jetzt schon doppelt soviel. Wenn Sie also schreiben: Es gibt Ratten hier und nur noch vier Klos, manchmal drei Tage nichts Warmes zu essen, und schreiben: schon im letzten Winter sind die Zelte unter dem Schnee zusammengebrochen – dann verspreche ich Ihnen: Über Ihren Artikel freut sich nur dieser Investor.
Ach so, sagt die junge Frau, verstehe, sagt sie, und lässt das Mikrofon sinken.
Wieder denkt Richard, wie er es schon oft in den letzten Jahren gedacht hat, dass die Wirkungen von dem, was einer tut, beinahe immer unübersehbar sind, und oft sogar das genaue Gegenteil von dem sind, was einer durch sein Handeln ursprünglich erreichen wollte. Dass es auch hier so ist, liegt vielleicht daran, denkt er, dass es sich bei der Auseinandersetzung des Senats mit den Flüchtlingen letztendlich um ein Grenzproblem handelt, und sich an einer Grenze, mathematisch formuliert, die Vorzeichen häufig verkehren. Kein Wunder, denkt er, dass das Wort *handeln* mit dem Tun nicht weniger eng verwandt ist als mit dem Verkaufen.
Ohne das Mikro wieder einzuschalten, quasi nur so, als Mensch, fragt die junge Frau die Knochige noch:
Was machen die Männer eigentlich hier den ganzen Tag, wenn sie nicht arbeiten dürfen?
Nichts, sagt die knochige Frau. Und im Abwenden sagt sie noch: Wenn das Nichtstun zu schlimm wird, organisieren wir eine Demo.
Verstehe, sagt die junge Frau und nickt der Knochigen zu, die jetzt fortgeht.
Dann packt sie das Mikrofon wieder ein, mit dem Rücken zu ihm steht sie noch immer direkt vor seiner Bank, ohne zu merken, dass

sie all die Zeit über einen stummen Zuschauer hat. Die Knochige geht indes zu dem offenen Zelt hinüber, das die Küche zu sein scheint, unterwegs hebt sie einen hölzernen Aufsteller auf, der umgefallen ist und dabei in eines der Zelte ein Loch gerissen hat.

Richard sieht, wie ein schwarzer Mann zu einem anderen hingeht und diesem zur Begrüßung die Hand schüttelt. Er sieht eine Gruppe von fünf Männern beisammenstehen und reden, einer von ihnen telefoniert. Er sieht den, der das Fahrrad geschenkt bekommen hat, im Kreis um den Platz fahren, manchmal auch auf den Kieswegen in abenteuerlichen Kurven zwischen den anderen Männern hindurch. Er sieht drei Männer in einem offenen Zelt hinter einem Tisch sitzen, vor sich einen Pappkarton mit der Aufschrift *Spenden*. Er sieht einen Älteren allein auf der Lehne einer Bank sitzen, der hat ein kaputtes Auge. Er sieht, wie einer mit einer blauen Tätowierung im Gesicht einem anderen auf die Schulter klopft und fortgeht. Er sieht einen der Männer mit einer Sympathisantin reden. Er sieht einen in einem Zelt, dessen Plane zurückgeschlagen ist, auf einer Liege sitzen, der hält ein Telefon in der Hand und tippt etwas ein. Von dem, der auf der Liege daneben liegt, sieht er nur die Füße. Er sieht zwei, die in einer ihm unverständlichen Sprache miteinander diskutieren, als der eine jetzt lauter wird und den anderen gegen die Brust stößt, so dass der nach hinten taumelt, muss der Fahrradfahrer einen Bogen um die beiden machen. Er sieht die Knochige mit einem Mann sprechen, der einen Topf in der Hand hält. Er sieht das prächtige Eckhaus, das den Hintergrund für das alles abgibt. Es mag ungefähr aus der Zeit stammen, als hier, wo er jetzt sitzt, noch der Kanal war. Es sieht wie ein ehemaliges Kaufhaus aus, aber nun ist im Erdgeschoss eine Bank. Als hier der Kanal war, hatte Deutschland noch Kolonien.* *Kolonialwarenladen* stand in verwitterter Schrift an manchen Fassaden im Osten Berlins noch bis vor zwanzig Jahren zu lesen, bevor der

* Wie England, Spanien oder Portugal besaß auch Deutschland Kolonien, vorwiegend in Afrika (Deutsch-Südwestafrika, Deutsch-Ostafrika). Nach dem verlorenen Ersten Weltkrieg musste Deutschland alle Gebiete an die anderen Kolonialmächte abtreten.

Westen anfing zu renovieren. *Kolonialwaren* und die Einschüsse vom Zweiten Weltkrieg auf ein und derselben Fassade, und in der verstaubten Vitrine eines solchen für die Renovierung schon leergezogenen Hauses vielleicht obendrein noch ein sozialistisches Pappschild: *Obst Gemüse Speisekartoffeln (OGS).* Auf dem Globus, der bei ihm im Arbeitszimmer steht, ist noch *Deutsch-Ostafrika* verzeichnet. Über dem Marianengraben hat sich die Pappe, mit der die Kugel bezogen ist, etwas gelöst, aber der Globus sieht trotzdem noch schön aus. Wie Deutsch-Ostafrika heute heißt, weiß Richard nicht. Gab es zu der Zeit, als dort, wo er jetzt sitzt, ein Kanal war, in dem Kaufhaus da drüben vielleicht Sklaven zu kaufen? Haben womöglich schwarze Diener den Zeitgenossen Lennés die Kohlen in den vierten Stock hinaufgetragen? Bei dieser Vorstellung muss er grinsen, aber wenn man als älterer Herr allein auf einer Parkbank sitzt und vor sich hin grinst, mag anderen das bedenklich erscheinen. Worauf wartet er überhaupt? Glaubt er wirklich, dass nach einem ganzen Jahr, in dem die Männer schon hier auf dem Platz kampieren, ausgerechnet heute, an diesem beliebigen Tag, an dem er aus der Vorstadt hierhergekommen ist, sich etwas Unvorhergeschenes ereignet? Es ereignet sich nichts, und als er nach zweieinhalb Stunden anfängt zu frösteln, erhebt er sich von der Bank und fährt wieder nach Hause.

Oft war es so, dass er am Beginn eines Projektes nicht wusste, was ihn vorantrieb, so als hätten seine Gedanken ein von ihm unabhängiges Leben und ihren eigenen Willen und warteten nur darauf, von ihm endlich gedacht zu werden, als existiere eine Untersuchung, die er erst anstellen würde, bereits, bevor er sie machte, und als sei auch der Weg quer durch das, was er wusste, sah, was ihm begegnete oder zustieß, in Wahrheit immer schon da, um von ihm, war er nur endlich soweit, begangen zu werden. Und wahrscheinlich war es auch so, weil man doch immer nur finden konnte, was schon da war. Weil alles immer schon da ist. Am Nachmittag harkt er zum ersten Mal Laub. Am Abend heißt es in den Nachrichten, es sei nur noch eine Frage der Zeit, bis für die unhaltbare Lage der

Flüchtlinge am Oranienplatz eine Lösung gefunden sei. Richard hat ähnliche Sätze schon oft gehört, in Bezug auf alle möglichen unhaltbaren Lagen. Auch, dass das Laub wieder zu Erde wird, oder dass der Ertrunkene entweder irgendwo angeschwemmt wird oder sich im See auflöst, ist im Prinzip nur eine Frage der Zeit. Aber was heißt das? Er weiß noch nicht einmal, ob die Zeit dazu da ist, verschiedene Schichten und Wege übereinanderzulegen oder um sie, genau im Gegenteil, voneinander zu trennen, aber vielleicht weiß es der Nachrichtensprecher. Richard ärgert sich, ohne dass er sagen könnte, warum. Später, als er schon im Bett liegt, erinnert er sich an den Satz der knochigen Frau: Wenn das Nichtstun zu schlimm wird, organisieren wir eine Demo. Und plötzlich weiß er, warum er heute zwei Stunden auf dem Oranienplatz gesessen hat. Er hat es schon gewusst, als er im August von den Hungerstreikenden hörte, die ihre Namen nicht nennen wollten, und hat es auch gewusst, als er gestern den schwarzen Schulhof betrat, aber erst jetzt, in diesem Moment, weiß er es wirklich. Über das sprechen, was Zeit eigentlich ist, kann er wahrscheinlich am besten mit denen, die aus ihr hinausgefallen sind. Oder in sie hineingesperrt, wenn man so will. Neben ihm, auf der zugedeckten Hälfte des Bettes, dort, wo früher seine Frau immer schlief, liegen ein paar von seinen Pullovern, Hosen und Hemden, die er in den letzten Tagen getragen und noch nicht weggeräumt hat.

9

Die nächsten zwei Wochen verwendet Richard darauf, einige Bücher zum Thema zu lesen und einen Fragenkatalog für die Gespräche, die er mit den Flüchtlingen führen will, zu entwerfen. Nach dem Frühstück geht er an die Arbeit, um 1 Uhr isst er zu Mittag, schläft eine Stunde, danach setzt er sich wieder an seinen Schreibtisch oder liest bis abends um acht oder neun. Es ist wichtig, dass er die richtigen Fragen stellt. Und die richtigen Fragen sind nicht unbedingt die Fragen, die man ausspricht.

Um den Übergang von einem ausgefüllten und überschaubaren Alltag in den nach allen Seiten offenen, gleichsam zugigen Alltag eines Flüchtlingslebens zu erkunden, muss er wissen, was am Anfang war, was in der Mitte – und was jetzt ist. Dort, wo das eine Leben eines Menschen an das andere Leben desselben Menschen grenzt, muss doch der Übergang sichtbar werden, der, wenn man genau hinschaut, selbst eigentlich nichts ist.

Wo sind Sie aufgewachsen? Welches ist Ihre Muttersprache? Welcher Religion gehören Sie an? Wie viele Menschen gehörten zu Ihrer Familie? Wie sah die Wohnung, das Haus aus, in dem Sie aufwuchsen? Wie haben sich Ihre Eltern kennengelernt? Gab es einen Fernseher? Wo schliefen Sie? Was gab es zu essen? Was war in Ihrer Kindheit Ihr Lieblingsversteck? Haben Sie eine Schule besucht? Was für Kleidung trugen Sie? Gab es Haustiere? Haben Sie einen Beruf gelernt? Haben Sie selbst Familie? Wann sind Sie aus Ihrer Heimat weggegangen? Warum? Haben Sie noch Kontakt zu Ihrer Familie? Mit welchem Ziel sind Sie aufgebrochen? Wie haben Sie Abschied genommen? Was haben Sie mitgenommen, als Sie weggingen? Wie haben Sie sich Europa vorgestellt? Was ist anders? Wie verbringen Sie Ihre Tage? Was vermissen Sie am meisten? Was wünschen Sie sich? Wenn Sie Kinder hätten, die hier aufwachsen, was würden Sie ihnen von der Heimat erzählen? Können Sie sich vorstellen, dass Sie hier alt werden? Wo soll man Sie begraben?

10

An einem der Tage, die Richard am Schreibtisch und in seinem Lesesessel verbringt, werden die Zelte und Behausungen auf dem Oranienplatz niedergerissen und die Flüchtlinge auf verschiedene karitative Einrichtungen in der Stadt und am Stadtrand verteilt, die sich nun, da die Temperatur nachts manchmal schon unter zehn Grad fällt, bereit erklärt haben, die Flüchtlinge aufzunehmen. Richard erfährt davon nichts, denn er beschäftigt sich an diesem

Tag gerade mit der Landnahme an der Südwestküste Afrikas durch den Händler Lüderitz.* Herr von Lüderitz hatte sich nach seinem ersten Bankrott in Mexiko günstig verheiratet, sich sodann mit dem Sohn eines Mannes, der an der Westküste Afrikas missionierte, ins Benehmen gesetzt und auf dessen Hinweise hin zwei Stücke Land gekauft. Eines zu 100 Pfund in Gold und 200 Gewehren, das zweite zu 500 Pfund und 60 Gewehren. Im Quadrat gerechnet die deutschen Meilen, die länger sind als die englischen, nach denen der eingeborene Häuptling maß. Schön wäre es doch, einen Gürtel zu schaffen bis hinüber zum Indischen Ozean. Das Deutsche Reich will den Gartenzaun dessen von Lüderitz zunächst nicht schützen, erst als die Briten, weil sie sehen, dass es so einfach geht, auch ein paar Häfen besetzen, schickt Bismarck zwei schlachttaugliche Schiffe. Von da an heißen die Ländereien des Kaufmanns Lüderitz *Kolonie* und werden von Staats wegen verteidigt. Noch beim Abendbrot schüttelt Richard den Kopf über diese Vorgehensweise der Deutschen. Ist das Kopfschütteln auch ein Zeichen? Aber für wen, wenn niemand außer ihm da ist? *Sitzt auf einem Stein und wackelt mit dem Kopfe.*** Morgen wird er zum ersten Mal mit seinem Fragenkatalog zu den Flüchtlingen gehen.

Am nächsten Tag kommt er eben noch rechtzeitig, um zu sehen, wie auf dem abgesperrten und von Polizei umstellten Platz die letzten Bretter, Planen, Matratzen und Pappen von einem Bagger zusammengeschoben, auf LKWs verladen und fortgeschafft werden. Nur auf einem Baum hockt noch eine afrikanische Frau, die sich offenbar weigert, den Platz zu verlassen, aber weder das Räumkommando noch die Polizei kümmern sich um den Baum oder die Frau. Sonst ist keiner von den Flüchtlingen mehr zu sehen. Dort, wo die Erde durch den Abriss der Zelte und Hütten nun wieder sichtbar geworden ist, liegt das Tunnelsystem der Ratten offen zutage, die, wie es scheint, von den nur mangel-

* Die Kolonie Deutsch-Südwestafrika, auf dem Gebiet des heutigen Namibia, bestand während des deutschen Kaiserreichs, also von 1884 bis 1915.
** *Faust I* (Szene »Kerker«).

haft geschützten Vorräten der Flüchtlinge profitiert haben. Richard denkt an Rzeszów. Einer der Polizisten erklärt ihm, die Flüchtlinge hätten selbst beim Abriss der Hütten geholfen, das sei Teil der Vereinbarung mit dem Berliner Senat. Was für eine Vereinbarung denn? Das kann der Polizist ihm leider nicht sagen. Und wo sind die Flüchtlinge jetzt? Auf drei Einrichtungen verteilt. Ach, eine in der Vorstadt, bei Richard gleich in der Nähe, er weiß schon, er kennt das rote Ziegelgebäude mit den staubigen Scheiben, das zum Altersheim gehört und seit bald zwei Jahren leersteht.
Auf dem Heimweg warnt in der S-Bahn die automatische Stimme Station für Station vor dem Spalt zwischen Wagen und Bahnsteig, wie immer, und wie immer denkt Richard, das machen sie nicht aus Sorge, sondern nur, damit die Versicherung zahlt, wenn tatsächlich einer verunglückt.
Im Altersheim also sind die Afrikaner jetzt untergebracht.
Warum auch nicht, wenn da ein Gebäude leersteht.
Er steigt aus der S-Bahn aus und geht nach Hause.

11

Am nächsten Tag, im Anglerverein feiert man lautstark die deutsche Einheit, macht Richard die Pappkartons aus dem Institut, die noch immer verschlossen bei ihm im Keller stehen, endlich auf und beginnt mit dem Einsortieren der Bücher. Er braucht dafür auch noch den nächsten Tag und den übernächsten. Am Wochenende schneidet er die Kartons in Stücke und legt schließlich am Abend des *Geburtstages unserer Republik*, dem ehemaligen Feiertag im Oktober,* die Pappen, schön flach übereinandergestapelt, in die blaue Tonne für den Papiermüll. Am Montag fährt er einkaufen und kommt wieder zurück in sein Haus. Seit Jahren hat er sich bei jedem Vorbeifahren an diesem Altersheim gefragt, ob das wohl der

* Der 7. Oktober war der Nationalfeiertag in der Deutschen Demokratischen Republik (DDR). Man feierte am »Tag der Republik« die Gründung der DDR im Jahr 1949 auf dem bis dahin russisch besetzten Gebiet Deutschlands. Der Feiertag wurde nach der »Wende« 1989/1990 abgeschafft.

Ort ist, an dem er seinen *Lebensabend*, wie man so sagt, verbringen wird. Das Wort *Lebensnacht* gibt es nicht. Weil für den Salat im Gemüsefach kein Platz mehr ist, legt er ihn auf den kühlen Fliesenboden im Vorraum.

Erst am Dienstagmorgen nimmt er den Mantel und fährt in die braunen Schuhe, die am bequemsten sind. Herd aus, Licht aus, Schlüssel. Zwanzig Minuten Fußweg.
In der Eingangshalle des Heims sagt er zur Rezeptionistin, er wolle die Flüchtlinge sprechen.
Ja, von wo er denn komme.
Von zu Hause, sagt er.
Nein, das meine sie nicht, sondern von welcher Institution?
Von keiner, sagt er, nur aus Interesse.
Wollen Sie etwas spenden?
Nein.
So einfach ist das aber nicht, sagt die Frau an der Rezeption.
Durch eine große Glasscheibe hindurch kann er in den Frühstücksraum der *Seniorenresidenz*, wie das Altersheim heutzutage genannt wird, hineinsehen. Um Vierertische herum sitzen die Alten, manche mit Latz um den Hals, manche im Rollstuhl.
Ich bin Professor an der Humboldt Universität, Sektion Klassische Philologie.
Diesen Satz hat er viele Male in seinem Leben gesagt. Jetzt ist er eigentlich *Professor Emeritus*, aber daran muss er sich erst gewöhnen. Im Osten hat er sich die *Meriten** verdient, die nun im Westen anerkannt werden. Nur seine Rente ist – wie bei allen, die schon zu Ostzeiten Professor waren – kleiner als die von den Westprofessoren. *Ostzeiten*, als Wort ein interessantes Konstrukt: Zeit, die nach einer Himmelsrichtung benannt ist. Jetzt ist *Westen*, jederzeit und in jeder Himmelsrichtung der Stadt und des Landes.
Sie brauchen trotzdem einen Termin.
Mit den Flüchtlingen?, fragt er.

* Verdienste (von frz. *mérite*, lat. *meritum*).

Nein, zuerst mit dem Leiter des Hauses.

Immer wieder freut es ihn, zu erleben, wie eine Frage geboren wird. Das Auftreten der Flüchtlinge hier in der Vorstadt ist so ein Moment. Aus Angst kommt Ordnung, denkt er. Aus Verunsicherung und aus Vorsicht. In den anderthalb Stunden, die er bis zum Termin abwarten muss, geht er im Schlosspark spazieren, Blätter schwimmen im Teich, und zwischen den Blättern Schwäne und Enten.

Der Leiter des Hauses empfängt ihn in seinem Büro, er sagt:

Was genau wollen Sie von den Männern?

Ich arbeite an einem Forschungsprojekt.

Aha, sagt der Leiter und bedankt sich für die Visitenkarte, die der *Emeritus* über den Tisch reicht.

Der Leiter erwähnt nun *Dublin II*, er spricht von *Rückführung*, *Abschiebehaft*, *Asylrechtsverordnung*. Er fragt seinen Besucher, ob er denn wisse, was das Wort *Aufenthaltstitel* bedeutet.

Titel? Der Professor hat seinen eigenen Titel kaum je erwähnt, eigentlich nur, wenn es nötig zu sein schien, um einem Anliegen Nachdruck zu verleihen, wie vorhin bei der Rezeptionistin. Und Dublin? Einmal ist er mit seiner Frau da wandern gewesen. Vier, fünf Jahre, nachdem die Mauer gefallen war. Heidekraut, Schafe, viel Regen. Beim Frühstück in den kleinen Pensionen saßen mehrfach DDR-Bürger mit am Tisch, ebenso wie sie beide auf der Suche nach Abgeschiedenheit, nach dem Gewohnten, das es jetzt zu Haus nicht mehr gab, etwas wie dem Windschatten einer Mauer.

Dann sagt der Leiter noch mehrere Sätze, die ungefähr lauten:

Die Männer sind bei uns nur provisorisch untergebracht. Die Zimmer entsprechen nicht den Standards für eine längerfristige Lösung. Im Grunde genommen sollte das hier schon eine Baustelle sein. Es soll umgebaut werden. Es gibt zu wenig Küchen, zu wenig Waschräume für alle, und die Zimmerbelegung ist nicht ideal, mit all den Liegen.

Es geht mir nicht darum, sagt der Besucher.

Nur, dass Sie mich richtig verstehen. Wir sind, weil sonst niemand dazu bereit war, in die Bresche gesprungen*.
Ich bin kein Journalist, sagt der Besucher.
Ja, sicher.
Beide schweigen einen Moment lang.
Wollten die Männer den Oranienplatz denn verlassen?
Das ist eine schwierige Frage.
Verstehe.
Nach einem weiteren kurzen Moment, in dem nichts gesagt wird, nickt der Leiter und sagt:
Dann wollen wir mal.

12

Das rote Ziegelgebäude, in dem die Flüchtlinge nun untergebracht sind, ist abgesperrt. Von innen. Ein blau Uniformierter schließt ihnen die Tür auf, ein zweiter Uniformierter sitzt im Vorraum hinter einem alten Bürotisch.
Der Sicherheitsdienst braucht jedesmal, wenn Sie das Gebäude betreten, Ihren Ausweis, sagt der Leiter.
In Ordnung.
Es geht um Brandschutz: Wir müssen zu jedem Zeitpunkt wissen, wie viele Menschen im Haus sind.
Wsjo w porjadkje, heißt *in Ordnung* auf Russisch, denkt Richard, nickt aber nur und schiebt seinen Ausweis über den Tisch. Das Material, aus dem das unechte Holzfurnier ist, hieß früher *Sprelacart*, wahrscheinlich ist der Tisch noch aus dem Büro der *Volkssolidarität* oder der *Kreisleitung der Partei.***

Nun also dürfen sie an dem Uniformierten vorbei, rechts in den Gang, der zum Treppenhaus führt, sie gehen an einem Zimmer vorüber, dessen Tür ausgehängt ist, in dem Zimmer stehen ein Billardtisch und ein paar Sessel, drei junge, schwarzhäutige Männer

* Für jdn. einspringen, jdm. helfen.
** Organisationen in der DDR.

sitzen in diesen Sesseln, jeder mit einem Queue in der Hand, aber sie spielen nicht und sagen kein Wort, und Richard sieht auf dem Tisch auch keine Kugeln.
Neonlicht, Milchglasscheiben, die Treppen aufwärts ein lindgrünes Geländer, handgeschmiedete Ranken, die Farbe blättert an einigen Stellen schon ab.
Der erste Stock steht leer, da gibt es kein Wasser, erklärt ihm der Leiter.
Im zweiten Stock biegen sie in einen Gang ein. Rechts und links Türen. Auf der Höhe, auf der die Griffe von Rollstühlen an die Wand anstoßen würden, ist zwischen den Türen eine breite Holzleiste befestigt.
Sind die Männer denn um diese Zeit überhaupt da?
Irgendwer immer.
An den Türen stehen noch die Namen der Alten, die zuletzt hier untergebracht waren. Ob die schon tot sind inzwischen? Oder anderswohin verlegt?
Und noch eins: Die Männer dürfen das Haus auch verlassen, sagt der Leiter, dennoch ist es womöglich besser, hier mit ihnen zu sprcchen.
Das soll mir recht sein.
Ich sag's nur. Welche Sprachen können Sie sprechen?
Englisch, Russisch, aber das ist hier wohl nicht so – der Leiter schüttelt den Kopf – und auch Italienisch.
Gut, dann fangen wir hier an.

Der Leiter klopft und öffnet eine der Türen, ohne auf Antwort zu warten, so wie ein Arzt oder Pfleger auf einer Krankenstation. Und wie auf einer Krankenstation sieht der Besucher nun etliche Liegen mit Bettzeug. Auf manchen liegen Männer und schlafen, andre Betten sind leer, hinten hat sich einer an die Wand angelehnt und hört mit Ohrstöpseln Musik. Auf der Liege ganz vorn, die quer vor einen Fernseher gerückt ist, sitzt eine massige Gestalt, daneben drei andre. Eigentlich möchte Richard gleich wieder hinausgehen. Aber der Leiter stellt ihn schon vor: Ein Professor, Interviews für

ein Projekt, ein paar Fragen. Im Fernseher läuft eine Sendung über Fischfang. Man sieht Fische in Netzen, Männer in orange-farbener, wetterfester Kleidung, man sieht Boote im Sturm und viel Wasser. Wissen die Männer hier überhaupt, was das ist: ein Professor? Reisetaschen sieht Richard unter den Liegen, Schuhe sind paarweise unter dem Fensterbrett aufgereiht. Manche von den Schlafenden sind so in ihre Decken gewickelt, so reglos und still, dass sie wie Mumien aussehen. Der massige Mann, der auf der Liege vor dem Fernseher sitzt, nickt ihm zu und sagt: No problem.
Dann lass ich Sie jetzt allein, sagt der Leiter und verabschiedet sich.

Der Mann trägt ein rotes T-Shirt mit einem unlesbaren Schriftzug quer über den Leib. Dann geht es also doch nicht allen Flüchtlingen schlecht, denkt Richard, wenn der Kerl so massiv ist. Der Mann nickt ihm zu, zieht das Laken auf der ihm zunächst stehenden Liege zurecht und bietet ihm einen Platz an. Nicht in der Straßenhose auf ein bezogenes Bett. Aber es gibt hier keinen Stuhl. Ob es das Wort *Straßenhose* in Grimms Wörterbuch* gibt? Der Fischfang ist ein hartes Geschäft, besonders im Winter. Der mächtige Mann, der hier offenbar derjenige ist, der Entscheidungen trifft, stellt sich vor: Er heiße Raschid. Und der hier sei Zair, der sei Abdusalam, und der Lange heiße Ithemba. Und er? Richard heißt er, und bedankt sich für die Bereitschaft der Männer, mit ihm zu sprechen. Dann zieht er seinen Fragenzettel hervor.

Etwas später steht in seinem Notizbuch: Der Norden Nigerias muslimisch, der Süden christlich. Die Christen flohen aus Kaduna, als die Scharia eingeführt wurde. Kaduna? Sprachen sind unter anderem: Yoruba und Hausa. Yoruba? Hausa? Die dem Yoruba-Volk angehörenden Leute sind meistens Christen. Raschid ist Yoruba, allerdings Moslem. Hausa-Leute dagegen meist Moslems. Aber natürlich nicht alle, die Hausa als Sprache beherrschen. Die Sprache Hausa wird auch in Ghana, im Sudan, in Niger und Mali

* Mit 32 Bänden das größte deutsche Wörterbuch, 1838 von den Brüdern Jacob und Wilhelm Grimm begonnen und 1961 abgeschlossen.

gesprochen und verstanden. Auch Arabisch verstehen die meisten. Die Männer in diesem Zimmer sind alle aus Nigeria, aber aus verschiedenen Gegenden. Raschid kommt aus dem Norden, nicht von der Küste, wie zum Beispiel Abdusalam. Nigeria hat eine Küste? Zair ist bei Abuja geboren. Abuja? Die Hauptstadt. Es gibt auch ein Ghana-Zimmer, ein Niger-Zimmer und so weiter. So haben wir es auch auf dem Oranienplatz mit den Zelten gemacht, dann kennt man sich besser aus, sagt Raschid. Also hier, in Zimmer 2017, sind wir sozusagen in Nigeria. Ja, sozusagen. Einer der Schlafenden schnarcht jetzt sehr laut, aber keiner von den anderen lacht darüber oder scheint das überhaupt zu bemerken. Der mächtige Kerl, Raschid, und Zair, der neben ihm sitzt, waren auf demselben Boot. Welche Vegetation gibt es in Ihrem Land? Gab es Haustiere? Haben Sie einen Beruf gelernt? Als die italienische Küstenwache die Flüchtlinge aufnehmen wollte, sind alle auf die eine Seite des Boots gelaufen, um gerettet zu werden, darum ist das Boot dann gekentert. Die Tür geht auf, ein schwarzer Mann schaut herein, sagt etwas in einer dem Besucher unverständlichen Sprache, Hausa vielleicht, bekommt eine Antwort – und ist schon wieder fort. Haben Sie eine Schule besucht? Raschid kann nicht schwimmen. Er hält sich an einem Kabel fest und bleibt so über Wasser, auch Zair kann nicht schwimmen, er klettert, während das Boot kippt, über den in die Luft ragenden Rand auf die Unterseite des Bootes und wird von dort gerettet. Was war in Ihrer Kindheit Ihr Lieblingsversteck? Aber 550 von 800 sind ertrunken. Auf dem Fernseher sind nun viele Fische auf einem Fließband zu sehen, Frauenhände in Gummihandschuhen greifen nach ihnen und machen mit großen Messern innerhalb von Sekunden aus den Fischen Filet. In Hamburg haben sie sich wiedergetroffen, Raschid und Zair. Und sich sofort erkannt. Der Schlafende schnarcht noch immer. Auf demselben Boot waren sie. 550 von 800 sind ertrunken. Richard will nicht mehr wissen, wie es um die Fischproduktion bestellt ist. Deswegen sagt er: Erinnert sich einer von Euch vielleicht an ein Lied? Ein Lied? Nein. Der nicht und der nicht und der nicht. Aber Abdusalam. Zum ersten Mal hebt der kurz den Kopf, er

hat bisher noch kein Wort gesagt, vielleicht schämt er sich, weil er einen Silberblick* hat. Der Fernseher wird, wie Richard es gehofft hat, nun leise gestellt, und Abdusalam schaut wieder nach unten, auf seine Hände, und beginnt zu singen.
Jeder in Nigeria kennt dieses Lied. Das Eyo-Festival auf der Insel von Lagos. Lagos? Ithemba, der Lange, hält Richard das zerbrochene Display seines Telefons mit einem Foto hin: Weiße Hüte, weiße Kleider bis zum Boden und weiße Bärte und Netze vor den Gesichtern, so geben die Geister ihrem verstorbenen König das letzte Geleit. Manche von ihnen vollführen Sprünge, auf dem Foto krümmen sie sich einen halben Meter über der Erde, es sieht so aus, als kämen sie gerade aus der Luft und wollten nun landen. Am Sonntag verkündigen die Geister mit den schwarzen Hüten die Prozession für den drauffolgenden Sonntag, am Montag die mit den roten, am Dienstag die mit den gelben, am Mittwoch die mit den grünen, am Donnerstag die mit den purpurfarbenen Hüten.

Was macht ihr eigentlich hier so den ganzen Tag, fragt Richard mitten hinein in sein eigenes Nicken über dem zerbrochenen Display, und ist froh darüber, dass sich im Englischen die Frage, ob Sie oder ob Du, nicht stellt. Es könnte sein, dass er in Wahrheit die Männer duzt – sie hinter der Fassade des indifferenten englischen *You* deutsch denkend duzt. Aber warum eigentlich? Nicht einmal seine Studenten hat er jemals geduzt. Wir wollen arbeiten, sagt jetzt der große Raschid, aber wir bekommen keine Arbeitserlaubnis. Es ist schwer, sagt Zair, sehr schwer. Ein Tag ist genauso wie der andre, sagt der lange Ithemba. Wir denken und denken, weil wir nicht wissen, was wird, sagt Abdusalam und schaut nach unten. Richard würde gern etwas antworten, aber ihm fällt keine Antwort ein. Nach nicht einmal einer Stunde des Zuhörens ist er erschöpfter als nach einer seiner Vorlesungen an der Uni. Wenn eine ganze Welt, die man nicht kennt, auf einen einstürzt, wo fängt

* Ein leichtes Schielen.

man dann an mit dem Sortieren? Er sagt, er müsse jetzt gehen, aber er komme wieder. Er habe Zeit, um alles in Ruhe zu hören. Zeit.

Nachdem er die Tür hinter sich zugemacht hat, dreht er sich noch einmal um, um sich die Zimmernummer zu merken. 2017 steht an der lindgrünen Tür, es ist die dritte von links. Und danach kommen noch sechs oder sieben weitere lindgrüne Türen. Auf der rechten Seite genauso. Am Ende, dort wo der Gang nach rechts abbiegt, ist ein Fenster mit Aussicht auf eine braun verputzte Wand, auf dem Fensterbrett stehen ordentlich aufgestellt drei Paar Schuhe. Erst jetzt fällt ihm auf, dass das Neonlicht, das den Gang erhellt, von Zeit zu Zeit flackert.

13

Als Richard am nächsten Tag wieder da ist, erklärt ihm der Sicherheitsdienst, ein Betreuer würde gleich kommen und ihn hinaufbegleiten, allein dürfe er nicht ins Gebäude. *Wsjo w porjadkje.* Anderthalb Jahre lang waren die Flüchtlinge mitten in der Stadt, jeder hätte mit ihnen sprechen können, auch er, vor ein paar Wochen noch, auf der Parkbank. Aber von dem Moment an, in dem sie eine *Vereinbarung* unterzeichnen, muss man sie auch verwalten. Bürokratische Geometrie, diesen Begriff hat er vor einigen Tagen in dem Buch eines Historikers über die Auswirkungen des Kolonialismus gelesen. Die Kolonisierten wurden durch Bürokratie erstickt. Gar nicht der ungeschickteste Weg, sie am politischen Handeln zu hindern. Oder wurden hier nur die guten Deutschen vor den bösen Deutschen beschützt? Das *Volk der Dichter* beschützt vor der Gefahr, noch einmal das *Volk der Mörder* zu heißen? Ein Propangaskocher in so einem Zelt auf dem Oranienplatz könne leicht einmal ins Kippen geraten, hatte in einem der anonymen Internet-Kommentare zu einem Zeitungsartikel gestanden, als der Platz noch von den Afrikanern besetzt war. Hatte der Senat also die Afrikaner in Sicherheit gebracht oder vielmehr sich selbst? Im letzteren Fall wäre das, was getan wurde – die wirkliche Unterbringung der Flüchtlinge in einem besseren Quartier – also nur eine Maske. Und was dann dahinter? Welches eigentliche Handeln hinter dem, was man sah? Wer spielte hier wem etwas vor? Richard, wie jeder, könnte natürlich der Mann mit dem Propangaskocher sein. Die Afrikaner wussten bestimmt überhaupt nicht, wer Hitler war, aber dennoch: Nur wenn sie Deutschland jetzt überlebten, hatte Hitler den Krieg wirklich verloren.

Die Betreuerin, die ihn abholt und hinaufbringt, ist eine feine, ältere Dame. Am Billardzimmer vorüber, das diesmal leer ist, die Treppe, die rankenförmigen Gitter, das milchfarbene Licht, das flackernde Licht im Gang, die lindgrünen Türen. Die Betreuerin klopft und öffnet die Tür zu 2017, genauso, ohne auf Antwort zu warten, wie es bei seinem ersten Besuch der Leiter des Heims getan hat. In 2017 liegen wieder ein paar Gestalten in ihren Betten und schlafen, unter ihnen vielleicht Raschid, Zair, Ithemba, Abdusalam, das kann Richard von hier aus nicht erkennen, jedenfalls läuft der Fernseher nicht, und niemand reagiert auf die geöffnete Tür.

Die Dame macht die Tür wieder zu und geht weiter, zu 2018, klopft, drückt die Klinke herunter, aber die Tür ist verschlossen.

In 2019 klopft sie und öffnet, links an der Wand steht ein Bett, auf dem sitzt einer und schreibt. Ist das nicht der, den Richard auf dem Oranienplatz mit dem Fahrrad gesehen hat? Ein ganz Junger ist das, mit wilden Locken, als die Betreuerin fragt, ob er Lust habe, mit dem Professor zu sprechen, wirft er zum Zeichen der Einwilligung den Kopf kurz nach hinten, wie ein bockiges Pferd. Er legt die Seite, die mit deutschen Vokabeln schon ganz vollgeschrieben ist, neben sich auf das Bett, über seinem Kopf hängt an der Wand eine Liste der unregelmäßigen Verben: *gehen, ging, gegangen*. Erst jetzt, als Richard den einzigen Stuhl im Raum zu sich zieht, um sich zu setzen, sieht er, dass auch auf den anderen beiden Betten Menschen unter den Decken liegen und schlafen. Das macht nichts, sagt die Betreuerin, als sie sieht, dass er zögert, sie nickt ihm zu und geht wieder hinaus. Das macht also nichts. Einen Moment lang ist er davon erschreckt, dass diese jungen Männer hier plötzlich so alt sein müssen. Warten und Schlafen. Mahlzeiten, solange das Geld dazu reicht, und ansonsten Warten und Schlafen.

Aus welchem Land bist du?
Da ist schon wieder das Du. Aber vielleicht liegt es auch am Alter. Sein Enkel könnte der Junge sein. Und sieht so aus, wie er sich Apoll* immer vorgestellt hat.
Del deserto, antwortet der Junge auf Italienisch.
Richard hat, zusammen mit seiner Frau, mehrere Sprachkurse in der Toskana gemacht, den ersten im Sommerurlaub gleich nach dem Mauerfall. Aus Liebe zu Dante**.
Warum kannst du Italienisch?
Wir hatten ein Jahr lang Unterricht. Im Lager. Das Wort *Lager* sagt der Junge auf Deutsch.
In Lampedusa?
Nein, danach, auf Sizilien.
Die griechischen Tempel in Agrigento. Und der Mann auf dem Motorrad, der seiner Frau im Vorbeifahren die Handtasche weggerissen hat. Wie in ein 2500 Jahre umfassendes Diorama*** war er in Antike und Kapitalismus zugleich eingestiegen. Jetzt wiederholt er seine Frage:
Aus welchem Land bist du?
Aus der Wüste.
Wenn Richard nur wüsste, wie groß genau die Sahara ist.
Aus Algerien? Dem Sudan? Niger? Ägypten?
Zum ersten Mal kommt ihm der Gedanke, dass die von den Europäern gezogenen Grenzen die Afrikaner eigentlich gar nichts angehen. Kürzlich hat er, als er die Hauptstädte gesucht hat, wieder die schnurgeraden Linien im Atlas gesehen, aber erst jetzt wird ihm klar, welche Willkür da sichtbar wird an so einer Linie.
Aus der Wüste, nun gut.

* In der griechischen Mythologie der Gott des Lichts, der Heilung und der Wahrheit; als Sohn des Göttervaters Zeus einer der olympischen Götter; meist dargestellt als schöner, bartloser Jüngling.
** Dante Alighieri (1265–1321), bedeutender spätmittelalterlicher Dichter aus Italien.
*** Schaukasten mit Modellnachbildungen, etwa in einem Museum.

Aber jetzt lächelt der Junge, wohl über ihn, und sagt: aus Niger. Dann muss das also das Niger-Zimmer sein. Aber welches Volk in Niger wohl lebt? Richard fragt:
Bist du auch ein Yoruba?
Nein, Tuareg.
Und schon weiß er wieder nichts. *Touareg* ist eine Automarke. Einmal hat er etwas gehört mit blauen Schleiern für Männer. Aber sonst?
Vater? Mutter?
Nein, keine Eltern.
Keine Eltern?
Der junge Mann wirft den Kopf nach hinten. Das kann *Ja* heißen oder *Nein*.
Hast du keine Familie?

Der Junge schweigt. Warum sollte er einem fremden Mann sagen, dass er nicht weiß, warum er nie Eltern hatte? In der Wüste gibt es viel Platz. Wenn man weiß, wie die Dünen wandern, kann man den Sand unter dem Sand wiedererkennen. Dass er nicht weiß, ob seine Eltern noch leben. Zur Zeit seiner Geburt gab es Kämpfe. Vielleicht gehörten seine Mutter oder sein Vater zu denjenigen, die von den nigrischen Soldaten unter Sand lebendig begraben wurden. Oder zerhackt. Oder bei lebendigem Leib verbrannt. Hier und da haben Leute solche Geschichten erzählt. Vielleicht auch wurde er seinen Eltern geraubt. Sklavenarbeit jedenfalls musste er machen, solange er denken kann. Bei den Kamelen, den Eseln, den Ziegen, von morgens bis abends. Warum sollte er einem fremden Mann die Narben zeigen, die die Schläge der sogenannten Familie an seinem Kopf und an seinen Armen hinterlassen haben? Totschlagen wollten sie ihn. Befreundet war er nur mit den Tieren.

Wenn die Mutter oder der Vater arbeiten müssen, bleibt man bei der Tante, sagt der Junge.
Verstehe, sagt Richard.

Einer der Schlafenden dreht sich auf die andere Seite und zieht die Decke wieder fester um sich.
Welche Sprache hast du zu Hause gesprochen?
Tamashek.
Das ist die Tuareg-Sprache?
Ja.
Und verstehst du auch Hausa?
Ja.
Und Arabisch?
Ja.
Und Französisch?
Ja.
Und jetzt lernst du Deutsch?
Ja.
Du kannst gut schreiben, sagt Richard und zeigt auf das Blatt Papier, das neben dem Jungen auf der Bettdecke liegt.
Nur deutsche Buchstaben.

Soll er dem fremden Mann sagen, dass die Kinder der Herdenbesitzer mit ihren Müttern vor den Zelten saßen und im Sand Tifinagh schreiben lernten, die Tuareg-Schrift, während er die Kamele noch einmal melken musste, bevor es Nacht wurde? Er hat die Schriftzeichen im Sand gesehen, die der Wind bis zum nächsten Morgen wieder verwehte, hat sie auf Schwertern gesehen, auf Lederhäuten und auf den Felsen mitten in der Wüste: das Kreuz, den Kreis, die Dreiecke und Punkte – und hätte gern gewusst, was sie bedeuten. *Sehen, sah, gesehen.* Aber er war ein *akli*, ein Sklave. Nur die Sterne konnte er lesen. Die sieben Schwestern der Nacht, der Krieger der Wüste, das Mutterkamel und das Kleine.
Oder hatten ihn seine Eltern einfach vergessen?
Oder verkauft?

Erst jetzt sieht Richard, dass der Junge auf jeder Wange vier Striche untereinander in die Haut eingeritzt hat.
Was ist das für ein Zeichen?

Das ist ein Tuareg-Stammeszeichen.

So.

Richard fragt und bekommt Antwort und weiß trotzdem nicht weiter.

Wie habt ihr gewohnt?

Der junge Mann nimmt sein Telefon, sucht und zeigt ihm schließlich ein Foto, darauf ist eine große runde Hütte mit einem kuppelförmigen Dach zu sehen.

Apoll hat also ein internetfähiges Handy.

Drei Männer bauen an einem Tag so eine Hütte, erklärt er, aus Schilf, Palmblättern, Lederhäuten, geflochtenen Matten und Stöcken. Wenn man weiterzieht, sagt er, legt man die Hütte nieder und geht – die Blätter, das Schilf, die Asche vom Feuer, das verschwindet alles bald wieder in der Wüste.

Aber die Lederhäute und Matten nimmt man mit?

Ja, und die Stangen. Bäume sind selten.

Und das Geschirr, den Hausrat, die Kleidung, alles, was man besitzt, nimmt man mit?

Ja.

Und alles, was man besitzt, passt auf ein paar Kamele?

Ja.

Richard und seine Frau haben vor zwanzig Jahren bei ihrem Umzug ins Haus schon allein achtzig Bücherkartons gepackt, ganz abgesehen von den Kisten mit Geschirr, Wäsche und Anziehsachen, von den Möbeln, den Teppichen, den Bildern, den Lampen, dem Klavier, der Waschmaschine, dem Eisschrank. Ein großer LKW war bis auf den letzten Zentimeter vollgestellt gewesen mit allem, was sie besaßen.

Und Lebensmittel natürlich, sagt der Junge.

Für wie lange?

Manchmal für zwei, manchmal für drei Monate, das hängt vom Weg ab.

Zwei Monate oder drei Monate?

Ja. Man belädt die Kamele, wiederholt der Junge, legt die Hütten nieder und geht. Er macht mit den Händen eine Geste, die zeigen soll, wie flach das ist, was man zurücklässt, und sagt: wie am Oranienplatz.

Der emeritierte Professor, der hier an einem Tag so vieles zum ersten Mal hört, als sei er noch einmal ein Kind, begreift nun plötzlich, dass der Oranienplatz nicht nur der Platz ist, den der berühmte Gartenbauarchitekt Lenné im 19. Jahrhundert konzipiert hat, nicht nur der Platz, an dem eine alte Frau täglich ihren Hund ausgeführt, oder ein Mädchen auf einer Parkbank zum ersten Mal ihren Freund geküsst hat. Für einen Jungen, der unter Nomaden aufgewachsen ist, ist der Oranienplatz, den er anderthalb Jahre bewohnt hat, nur eine Station auf einem langen Weg, ein vorläufiger Ort, der zum nächsten vorläufigen Ort führt. Beim Abriss der Hütten, der für den Berliner Innensenator ausschließlich ein Politikum war, hat dieser Junge an sein Leben in der Wüste gedacht.
Richard fällt ein, wie er bei einem Seminar im Süden Österreichs mit einem Wiener Kollegen zwischen Weinreben spazierte, als dieser Kollege auf einmal stehenblieb, die Luft tief einsog und ihn fragte, ob er das auch riechen könne: Der Scirocco* komme aus Afrika bis über die Alpen und bringe manchmal sogar den Wüstensand mit. Und wirklich, auf den Weinblättern sah man den feinen, rötlichen Staub, der aus Afrika kam. Richard hatte mit dem Finger über eines der Blätter gewischt, und gemerkt, dass sich für ihn mit dieser kleinen Bewegung plötzlich Blickwinkel und Maßstab verschob. Und auch jetzt war so ein Moment, in dem er sich daran erinnerte, dass der Blick eines Menschen ebensogut war wie der eines andern. Im Sehen gab es kein Recht und kein Unrecht.

In diesem Moment klopft jemand und öffnet die Tür einen Spalt – ein Gesicht, das er noch nicht kennt.
Awad sei sein Name, er habe gehört, dass da jemand sei, der seine Geschichte hören wolle. Er wohne in Zimmer 2020, gleich nebenan. Gibt Richard die Hand, nickt und ist schon wieder hinaus.

* Heißer Wüstenwind.

Und jetzt?, fragt Richard den Jungen.
Nichts, sagt der.
Bekommt ihr eigentlich Geld hier?, fragt er.
Ja, seit zwei Wochen, sagt der Junge, aber das ist nicht gut, ich will lieber Arbeit.
Arbeit.
Arbeit.
Er muss jetzt gehen, diese Gespräche strengen ihn mehr an, als er gedacht hätte.
Ich komme wieder, sagt Richard, so wie man es zu einem Kranken sagen würde, von dem man nicht weiß, ob er die Nacht übersteht. Oder ist er selbst vielleicht der Kranke? *Verderben, verdarb, verdorben.* Die beiden anderen Männer auf ihren Liegen schlafen noch immer. Er verabschiedet sich von diesem Jungen, der so aussieht, wie er sich Apoll immer vorgestellt hat.

Im Supermarkt, der früher *Kaufhalle* hieß, stehen beim Eingang die Flaschen mit Wasser, Limonade und Bier. Dann kommt das Brot, dann das Obst, das Gemüse. Gurken, Eisbergsalat. Im Kühlfach Würstchen und Käse. Meerrettich noch, Zahnpasta, Küchenrolle und Socken, Feueranzünder im Regal kurz vor der Kasse, und Batterien für sein Radio im Bad, alles zusammen macht 32,90 Euro, warten Sie, ich hab Kleingeld, oder soll ich mit der Karte, nein, müssen Sie nicht, geht schon, ist schon in Ordnung. Das ist seine Welt, ist inzwischen die Welt, in der er sich auskennt. Lebensmittel für zwei oder drei Monate auf einmal hat er noch nie eingekauft, nicht einmal während des Vogelgrippealarms. Seine Einkaufszettel schreibt er zu Hause immer schon in der Reihenfolge der Regale im Supermarkt, so wie er jetzt durch die Halle geht. Auf dem Totenbett noch wird er wissen, auf welcher Palette das Bier steht.

14

Am Donnerstag sucht Richard die Papiere für seine Steuer zusammen, telefoniert mit der Krankenversicherung, und lässt in der Autowerkstatt die Winterreifen montieren. Erst am Freitag geht er wieder zu dem Ziegelgebäude, der Ausweis, *wsjo w porjadkje*, der grüne Billardtisch ohne Kugeln, und daneben wie neulich die schwarzen Männer, Schwarz-Grün, die Farben des Fußballvereins von Hannover, der missverständlich *die Roten* genannt wird, als gäbe es in der Bundesliga eine Kommunistenfraktion. Die ältere Dame begleitet ihn stumm hinauf und verlässt ihn auf seinen Wunsch schon vor der Tür des Zimmers 2020.

Eine lindgrüne Tür, so wie die andern.

Er klopft und wartet, Awad macht ihm auf.

How are you?

Wahrscheinlich gut, was soll er sagen.

How are you?

Auch Awad geht es gut.

Höflichkeitsfloskeln in einer Sprache, in der weder der eine zu Hause ist noch der andre.

Awad macht die Tür weiter auf, um ihn hereinzubitten. Er würde ihm gern von sich erzählen, sagt er, nachdem er die Tür hinter seinem Besucher wieder zugemacht hat. Denn wenn jemand irgendwo ankommen wolle, dürfe er nichts verbergen.

Ist das wirklich so?, fragt Richard.

Und Awad sagt: Aber ja!, und bietet ihm einen Stuhl an.

Richard dankt, setzt sich und denkt an den Niemand Odysseus und an die schweigenden Männer vor dem Roten Rathaus im Sommer. Er denkt auch daran, wie er seine Geliebte vor seiner Frau verborgen hat, und den Alltag, den er mit seiner Frau hatte, gleichzeitig vor seiner Geliebten. Ist er denn niemals in seinem Leben angekommen?

Dabei bezieht sich das Ja von Awad wohl nur darauf, dass sein Angebot ehrlich gemeint war, denn er sagt jetzt, der Psychologin habe er auch schon alles von sich erzählt.

Der Psychologin?

Wenn ihm, dem Besucher, das lieber sei, könne er auch die Psychologin anrufen, einen Moment nur, er habe ihre Karte mit der Telefonnummer, aber das sei gar nicht, sagt Richard, nein, wirklich gern, kein Problem, einen Moment nur, die Karte müsse hier irgendwo sein. Awad sucht die Visitenkarte der Psychologin, der er alles von sich erzählt hat, erst auf dem Tisch, dann auf dem Fensterbrett, dann im Regal, dann im Schrank, und schließlich in seiner Tasche, die unter dem Bett steht. Das müsse wirklich nicht sein, sagt Richard, es mache überhaupt nichts, sagt er, während er sich, je nachdem, wo Awad gerade zugange ist, nach ihm umdreht, wenn Awad die Visitenkarte nicht finde, dann später vielleicht, das reiche ihm völlig, aber Awad hört nicht auf, nach der Karte zu suchen: Sie muss hier irgendwo sein, eben hatte ich sie noch, wo kann sie nur liegen?

Richard sieht, dass ein blaukarierter Vorhang halb vor das Fenster gezogen ist. Ob der noch von den pflegebedürftigen Vorgängern herrührt?

Gleich, gleich, sagt Awad, die Psychologin weiß alles von mir. Und dabei wird er, Richard, niemals bei der Psychologin anrufen, aber das kann er dem Mann nicht sagen, der immer mehr außer sich gerät, während er in die Regalfächer und in seine Reisetasche wieder und wieder hineingreift, während er die Papiere, die auf dem Fensterbrett liegen, zum vierten Mal anhebt und sogar unter die Bettdecken schaut, während er den Schrank nach jeder Runde, die er mit suchendem Blick durch das Zimmer macht, noch einmal öffnet und noch einmal schließt.

An der Wand hängt eine Gebrauchsanleitung für den Geschirrspüler in der Gemeinschaftsküche des Hauses. Die drei anderen Betten im Raum sind leer, ordentlich zugedeckt.

Wo sind denn die andern?, fragt Richard.

Beim Billard, sagt Awad, und lässt nun endlich ab von seiner Suche, müde sieht er aus, als er sich zu seinem Besucher umdreht, Entschuldigung, sagt er, ich kann die Karte leider nicht finden.

Ich heiße Richard, sagt Richard.

Awad wurde in Ghana geboren. Seine Mutter starb bei der Geburt. So wie Blanscheflur, denkt Richard, so wie die Mutter von Tristan. Der erste Tag meines Lebens, sagt Awad, war zugleich der Tag, an dem ich meine Mutter verlor. Und der Vater? Awad antwortet nicht. Bis zu seinem siebenten Jahr sei er bei der Nana, der Großmutter, gewesen, in Ghana. Lebt die Großmutter noch? Hat er sie später einmal wiedergesehen? Weiß er noch, wie sie aussah? Nein, Awad erinnert sich nicht. Als er sieben Jahre alt war, holte der Vater ihn zu sich nach Libyen. Diese Großmutter, deren Tochter bei der Geburt des ersten Kindes starb, deren Enkel von ihr das Sprechen lernte und von ihr jeden Abend vor dem Zubettgehen gewaschen wurde, auf einem Brett stehend, damit die heiße Erde ihm nicht die Füße verbrannte, diese inzwischen sehr alte und womöglich schon gestorbene Frau versucht, aus dem erinnerungslosen Raum ihres Enkels in die Welt des Erzählbaren vorzustoßen, aber es gelingt ihr nicht, sie wird von ihrem Enkel *Nana* genannt, so wie alle ghanaischen Großmütter genannt werden, und bekommt sonst keinen Namen, bleibt unter der trennenden Schicht und sinkt still wieder ab. Wie wird es dem Mann im See gehen, wenn der See nun bald gefriert?

Ist er noch einmal zurück nach Ghana gekommen?

Nein, niemals.

Der Vater arbeitet in Tripoli als Fahrer für eine Ölcompany. Awad wird eingeschult. Zu zweit wohnen sie in einem Haus mit acht Zimmern. Oft haben sie Gäste. Wenn der Vater von der Arbeit nach Haus kommt, kocht er für alle. Der Vater spielt Fußball mit ihm. Der Vater kauft für ihn Spielzeug. Gibt ihm Taschengeld, gar nicht so wenig. Fliegt in den Ferien mit ihm nach Ägypten, nur dreißig Minuten dauert der Flug hinüber nach Kairo. In Kairo kenne ich mich wirklich gut aus, sagt Awad, wir waren oft drüben. *Drüben* hieß zu DDR-Zeiten der Westen von Deutschland, vom Osten aus gesehen. Der Vater zieht die Jalousien auf der Südseite des Hauses, auf die tagsüber die Sonne scheint, erst abends nach oben. Der Vater bringt seinem Sohn bei, wie man sich nach dem

Duschen den Rücken abtrocknet, mit einem schräg über den Rücken gespannten Handtuch. Sein Vater bringt ihm bei, wie man kocht. Sein Vater schenkt ihm den ersten Rasierapparat.
Mein Vater sagte mir, wer ich bin, sagt Awad.
Und dann sitzt Awad einen Moment lang einfach nur da, ohne etwas zu sagen, und blickt auf das unechte Holzfurnier auf der Tischplatte. Auch dieser Tisch stand vielleicht 25 Jahre zuvor in einem Büro der *Volkssolidarität* oder im *Haus der Deutsch-Sowjetischen Freundschaft*, aber das kann Awad nicht wissen, und kann schon gar nicht wissen, was die *Volkssolidarität* oder die *Deutsch-Sowjetische Freundschaft* war.
Und dann?
Ich habe begonnen, als Automechaniker zu arbeiten. Hatte Freunde. Es war ein gutes Leben.
Und dann?
Draußen auf der Straße fährt jetzt ein LKW rückwärts, man hört das Warnsignal, einen hohen Piepton, wieder und wieder. Im Morsealphabet wäre das eine Null. In jeder ungeraden Kalenderwoche wird der Plastikmüll abgeholt. Oder es ist ein Möbeltransport, der in der Einfahrt zu wenden versucht.
Dann wurde mein Vater erschossen.
Richard würde jetzt gern etwas sagen, aber es fällt ihm nichts ein.
Am Tischbein klebt ein kleines gelbes Schild mit der Inventarnummer 360/87.
Richard hatte seinen Vater, als der gestorben war, noch einmal im Krankenhaus gesehen, der Kiefer des Toten war von den Schwestern mit einer Binde am Schädel festgebunden worden, damit der Mund nicht für den Rest der Ewigkeit offenblieb. Mit dieser Binde hatte sein Vater ausgesehen wie eine Nonne, Richard hatte ihn kaum wiedererkannt.
Awad sitzt vornübergebeugt, er stützt sich mit den Armen auf und schaut immer tiefer in den Tisch hinein, während er weiterspricht.
Ein Freund meines Vaters hat mich angerufen. Sie waren bei uns in der Firma!, hat er geschrien. Und: Dein Vater! Mehr nicht. Ich habe gesagt, ich verstehe nicht, was er meint. Da hat er wieder

geschrien. Er, der sonst nie geschrien hat, sonst immer freundlich zu mir war. Hat mich angeschrien und gesagt, ich solle so schnell wie möglich nach Haus laufen und die Tür gut versperren. Dann war die Verbindung plötzlich weg. Ich rannte los. Aber als ich zu Hause ankam, war die Eingangstür schon aus den Angeln gerissen, die Fenster waren zersplittert. Drinnen war alles verwüstet, der Flur, die Zimmer, die Küche. Überall lagen Scherben herum, Möbel waren umgekippt, der Fernseher war zerschlagen, alles. Ich kletterte hinten bei einem der Fenster hinaus und versuchte, den Freund meines Vaters noch einmal zu erreichen. Versuchte es wieder und wieder. Aber ich kam nicht mehr durch. Einmal noch habe ich auch die Nummer meines Vaters gewählt.

Nichts.

So war das Ende.

Bis die Nacht kam, wartete ich auf der Straße. Wo sollte ich hingehen? Es war dieselbe Straße, die ich zur Schule gegangen bin, und später zur Arbeit. Dann ist eine Militärstreife gekommen. Sie haben mich gezwungen, auf die Ladefläche des LKWs zu steigen, und mich in ein Barackenlager gebracht. Ich habe die Toten auf den Straßen liegen sehen. Manche erschossen, manche erstochen. An diesem Tag habe ich den Krieg gesehen. An diesem Tag habe ich den Krieg gesehen.

In den Baracken waren schon Hunderte Menschen. Die meisten von ihnen Schwarzafrikaner, aber auch ein paar Araber, aus Tunesien, Marokko, Ägypten. Nicht nur Männer, auch Frauen, Kinder, Säuglinge, alte Menschen. Alles wurde uns abgenommen: Geld, Uhren, Telefone, sogar die Socken, sagt er und lacht. Lacht und lacht. It's not easy, sagt er und hört wieder auf zu lachen. It's not easy, sagt er noch einmal, und schüttelt den Kopf, it's not easy, als sei er mit seiner Geschichte am Ende.

Und dann?

Als ich mich beschweren wollte, sagt er, haben sie mir mit einem Gewehrkolben auf den Kopf geschlagen. Hier kannst du noch immer die Narbe sehen: Awad teilt seine Haare auseinander und zeigt dem emeritierten Professor, mit dem er heute zum ersten

Mal in seinem Leben spricht, seine Narbe. Wenn du irgendwo ankommen willst, darfst du nichts verbergen, hat er am Anfang des Gesprächs zu Richard gesagt.

Wenn du Glück hast, wirst du geschlagen, wenn du Pech hast, erschossen, hat mir jemand zum Trost gesagt. Dann haben sie aus den Telefonen die SIM-Karten herausgenommen und vor unseren Augen zerbrochen, dann die Speicherkarten herausgenommen, zerbrochen. Broke the memory, sagt Awad. Das Gedächtnis zerbrochen. Keinem von uns haben sie irgendetwas gelassen außer T-Shirt und Hose oder Rock. Zwei Tage saßen wir da in den Baracken, während die europäischen Bomben auf Tripoli fielen. Wir hatten Angst, dass eine davon uns trifft, es war ja ein Militärlager. Am dritten Tag brachten sie uns zum Hafen, trieben uns auf ein Boot. Wer von euch kann so ein Boot lenken? Zwei, drei Araber meldeten sich. Eine Gaddafi-Flagge* wurde auf unserem Boot gehisst, sagt Awad und lacht, eine Gaddafi-Flagge!

Also waren das Gaddafi-Leute? Oder Rebellen?

Das wussten wir nicht. Alle hatten die gleichen Uniformen. Wie sollte man sie voneinander unterscheiden?

Dass von der Regierung abgefallene Militärs noch immer die Uniform ihres Staates tragen, hatte Richard sich bis zu diesem Augenblick niemals klargemacht.

Es gab jedenfalls niemanden, der auf unserer Seite stand. Dabei bin ich in Libyen aufgewachsen. Libyen war mein Heimatland.

Awad nickt vor sich hin und sagt eine Weile nichts mehr.

Und dann?

Dann schossen sie eine Salve** in die Luft und sagten zu uns: Wer zurückzuschwimmen versucht, wird erschossen. Wir wussten nicht, wohin das Boot fährt. Vielleicht nach Malta? Nach Tunesien? Erst später wurde uns klar: nach Italien. Wir saßen dicht an dicht, du konntest nur für ein paar Minuten aufstehen, dort wo dein Platz war, dann hast du dich wieder an dieselbe Stelle gesetzt.

---

* Muammar al-Gaddafi (1942–2011), libyscher Diktator, nach einem blutigen Militärputsch Staatschef und Oberhaupt Libyens von 1969 bis zu seiner gewaltsamen Absetzung 2011.
** Folge von (Gewehr-)Schüssen.

Die Frau hinter mir hat einfach da, wo sie saß, im Sitzen, gepinkelt. Alles war nass, als ich mich aufstützen wollte. Vier Tage waren wir unterwegs. Nur wenige Flaschen mit Wasser gab es, die haben wir den Kindern gegeben. Wir Erwachsenen haben, als es zu schlimm wurde, Salzwasser getrunken. It's not easy, Richard, it's not easy. Wir haben in eine leere Plastikflasche mit den Zähnen eine größere Öffnung hineingebissen, dann ein paar Schnürsenkel aus unseren Schuhen zusammengebunden, die Flasche angehängt, runtergelassen, und das Meerwasser geschöpft. Man muss ja trinken. Einige sind gestorben. Haben mitten unter uns gesessen, dann nur ganz leise gesagt: mein Kopf, mein Kopf, dann so den Kopf geneigt, und waren im nächsten Moment tot. Die Toten wurden ins Wasser geworfen.

Richard denkt daran, wie er auf vielen Flügen aus dem ovalen Fenster hinunter auf irgendein Meer geblickt hat. Wie die Wellen sich, von oben gesehen, überhaupt nicht bewegten und der weiße Schaum aussah wie Stein. Mitte des letzten Jahrhunderts hat die Küste von Libyen kurze Zeit einmal zu Italien gehört. Jetzt ist Libyen ein anderes Land, und Italien erscheint Flüchtlingen, die Libyen in einem Boot verlassen, zuerst in Form einer felsigen kleinen Erhebung, umgeben von sehr viel Wasser. Wenn überhaupt.

Der Krieg zerstört alles, sagt Awad: die Familie, die Freunde, den Ort, an dem man gelebt hat, die Arbeit, den Alltag. Wenn man ein Fremder wird, sagt Awad, hat man keine Wahl mehr. Man weiß nicht, wohin. Man weiß nichts mehr. Ich kann mich selbst nicht mehr sehen, das Kind, das ich war. Ich habe kein Bild mehr von mir.

Mein Vater ist tot, sagt er.

Und ich – ich weiß nicht mehr, wer ich bin.

Ein Fremder werden. Sich selbst und den andern. So also sah ein Übergang aus.

Was ist der Sinn von dem allen?, fragt er und schaut Richard jetzt zum ersten Mal wieder an.

Richard ist nun der, der antworten soll, aber er weiß keine Antwort. Ist es nicht so, sagt Awad, dass jeder erwachsene Mensch – ob Mann, ob Frau, ob reich oder arm, ob er Arbeit hat oder nicht, ob er in einem Haus wohnt oder obdachlos ist, ganz egal –, dass jeder Mensch seine paar Jahre zum Leben hat und dann stirbt?
Ja, so ist es, sagt Richard.

Danach sagt Awad noch ein paar Dinge, so als wolle er Richard das Schweigen erleichtern. Ein Dreivierteljahr war er in einem Camp auf Sizilien, mit zehn Leuten in einem Zimmer. Dann musste er raus. Von dem Moment an, in dem sie dich aus dem Haus rausschicken, musst du selbst einen Schlafplatz finden, du bist frei! Kein Job, kein Ticket, kein Essen, du kannst keine Unterkunft mieten. *Mi dispiace, poco lavoro.* Es gibt keine Arbeit. Und am Ende des Tages bist du immer noch auf der Straße. Wenn deine Eltern dich nicht gut erzogen haben, wirst du ein Dieb. Wenn du gute Eltern hattest, wirst du kämpfen, um zu überleben. *Poco lavoro. Poco lavoro.* Aber Richard, was soll man essen? Richard hat Foucault gelesen und Baudrillard und auch Hegel und Nietzsche.* Aber was man essen soll, wenn man kein Geld hat, um sich Essen zu kaufen, weiß er auch nicht. Du kannst dich nicht waschen, fängst an zu stinken. *Sempre poco lavoro.* So ging es uns auf der Straße. Ich schlief im Bahnhof. Tagsüber lief ich herum, abends kam ich in den Bahnhof zum Schlafen. Ich erinnere mich nicht mehr daran, wie ich die Tage verbrachte. Richard, du glaubst, ich sehe dich an, but I don't know where my mind is. I don't know where my mind is. Was für eine schöne, nur leider unübersetzbare Wendung, denkt Richard, und das trotz des Reichtums der deutschen Sprache. Ich bin mit meinen Gedanken woanders? Ich weiß nicht, wo mein Geist ist? Meine Seele? Oder einfach: Das bin eigentlich gar nicht ich?

---

* Richard ist bewandert in verschiedenen philosophischen Systemen des 20. und 19. Jh.; Michel Foucault (1926–1984) beschäftigte sich mit der Erforschung und Kritik von Strukturen gesellschaftlicher Machtausübung; Jean Baudrillard (1929–2007) entwarf zeitkritische soziologische Theorien auf der Grundlage poststrukturalistischer Ideen.

Einmal half Awad drei Tage in einer Küche aus, Saubermachen und Abwasch, und bekam dafür 80 Euro. Mit dem Geld ging er in ein Reisebüro, um einen Flug nach Deutschland zu buchen. Was sollte er sagen, als die Frau in dem Reisebüro ihn fragte, ob er nach Köln wolle, nach Hamburg, München oder Berlin? Er kannte Köln nicht, kannte auch Hamburg nicht, München nicht und auch nicht Berlin. Einfach nach Deutschland. Die Frau in dem Reisebüro wurde ungeduldig mit ihm, aber ihm war das gleich, sein mind was not there, da ist sie wieder, die schöne Unübersetzbarkeit: er war in Gedanken, abwesend, nicht bei Sinnen, jenseits von allem? Krieg für Krieg haben die deutschen Kinder seit 1613 den Maikäfer vom Handrücken ins Jenseits fortfliegen lassen:

Maikäfer flieg!
Der Vater ist im Krieg,
die Mutter ist in Pommerland,
Pommerland ist abgebrannt,
*Maikäfer flieg!**

Und auch Goethes Iphigenie**, Emigrantin auf Tauris, ist zugleich da und abwesend, das Land ihrer Kindheit *mit der Seele suchend.* Wenn man das so sah, war es geradezu lächerlich, einen Übergang am Vorhandensein eines Körpers zu messen. Wenn man das so sah, stand für einen Flüchtling die Unbewohnbarkeit von Europa plötzlich in einem Verhältnis zur Unbewohnbarkeit seiner eigenen Hülle aus Fleisch, die dem Geist eines jeden Menschen eigentlich auf Lebenszeit als Wohnung zugewiesen ist.*** Dann also eben Berlin. Ungewaschen saß er im Flugzeug. Nach der Ankunft sprachen rings um ihn alle die neue fremde Sprache, er verstand nichts mehr, konnte nur nicken. Sah Leute in einen Bus steigen: Fährt der ins Zentrum? Drei Nächte am Alex. Ein Mann sagte ihm, es gebe

---

* Kinderlied aus dem Dreißigjährigen Krieg (1618–1648).

** Drama von J. W. v. Goethe: *Iphigenie auf Tauris* (ersch. 1787) über einen Stoff der griechischen Mythologie.

*** Die Beziehung zwischen Körper (Fleisch) und Geist (Seele) ist ein altes Problem von Philosophie und Theologie.

da einen Platz. Mit Afrikanern wie mir? Dann kann ich mich dort bestimmt endlich waschen. Der Mann kaufte ihm eine Fahrkarte am Automaten. Eine Maschine, aus der ein Fahrschein kommt? Deutschland is beautiful!

Dann sah er die Zelte.

Ich stand allein. Der Mann ging weg. Noch nie in meinem Leben hatte ich in einem Zelt geschlafen.

Da sollte er wohnen?

In einem Zelt?

Er stand inmitten der Zelte und weinte.

Aber dann hörte er jemanden Arabisch sprechen, mit libyschem Dialekt.

Am Oranienplatz bekam er zu essen. Und einen Schlafplatz.

Der Oranienplatz sorgte für ihn, so wie in Libyen sein Vater.

Seinen Vater wird er niemals vergessen, und ihn immer in Ehren halten.

Und genauso wird er auch den Oranienplatz nie vergessen und immer in Ehren halten.

Das sagt Awad zum Abschluss des Gesprächs, und danach gibt es wirklich nichts mehr zu sagen.

15

Wann hat Richard eigentlich Gottfried von Straßburg* gelesen? Bevor er damals auf dem Hinterhof in der glühenden Hitze stand und wartete, dass seine Frau wieder herunterkam? Oder irgendwann in den Jahren danach? Jedenfalls waren ihm nach dem Tod seiner Frau manchmal die Zeilen über die Liebe zwischen Blanscheflur und Riwalin wieder in den Sinn gekommen: *Er war sie und sie war er. / Er war ihr und sie war sein.* Blanscheflur liebte Riwalin, Tristans Vater, so sehr, dass sie, nachdem er in der

* Mittelalterlicher deutscher Dichter; sein Hauptwerk ist das nach 1200 entstandene mittelhochdeutsche Versepos *Tristan*, eine Bearbeitung der aus dem britischen Artus-Kreis stammenden Legende um Tristan und Isolde, in der Abenteuer- und Liebesmotive verarbeitet werden.

Schlacht gefallen war, nur noch sein Kind zur Welt brachte und dann *totlichen herzsmerz* erlitt. Welchen Namen sollte das Kind bekommen? *Der Marschall schwieg lange*, heißt es im Epos. *Er dachte sehr tief nach.* In Trauer empfangen und in Trauer geboren, wird das Kind von ihm schließlich Tristan genannt, denn: »*Triste*« *heißt* »*Trauer*«. Es fällt Richard schwer, sich die fremden Namen der Afrikaner zu merken, und so verwandelt er, als er abends seine Notizen aufschreibt, Awad in *Tristan*, und den Jungen von vorgestern in *Apoll*. Dann kennt er sich auch später noch aus.

Am nächsten Morgen beim Frühstück gehen ihm verschiedene Fragen durch den Kopf. Warum eigentlich wird den Männern in einem Land, in dem selbst der Anspruch auf einen Himmel im Jenseits von der Arbeit abhängt, das Recht, arbeiten zu gehen, verweigert? Warum werden sie hier eigentlich nicht nach ihrer Geschichte gefragt, und dementsprechend als Kriegsopfer versorgt? Den Tag verbringt er mit dem Studium der *Dublin II* genannten Verordnung, und erst, als er die Lampe an seinem Schreibtisch schon wieder einschalten muss, versteht er, dass dieses Gesetz nur die Zuständigkeit regelt.

Es geht in dieser Verordnung gar nicht darum zu klären, ob diese Männer Kriegsopfer sind.

Zuständig für den Inhalt ihrer Geschichte ist einzig das Land, in dem sie zum ersten Mal europäischen Boden betreten. Nur dort dürfen sie um Asyl bitten, nirgends sonst. Wie dieses jeweilige Land aber dann mit ihnen umgeht, ist nun einmal verschieden geregelt.

Österreich und die Schweiz hatten eine Zeitlang die begehrteren Grenzen, als auf dem Balkan noch Krieg war. Nun, da in Afrika manches anders geht als gedacht, sind es Griechenland und Italien, die die meisten Flüchtlinge aufnehmen müssen. Bräche eines Tages aber zum Beispiel ein Krieg aus zwischen Alaska und Island, so dass die Isländer fliehen, wären es wahrscheinlich Norwegen und Schweden, die den Menschen, die nicht in ihre Heimat zurück-

kehren können, Pässe ausstellen müssten und ihnen Arbeit geben und die Möglichkeit, sesshaft zu werden – oder auch nicht.
Richard versteht: Mit *Dublin II* hat sich jedes europäische Land, das keine Mittelmeerküste besitzt, das Recht erkauft, den Flüchtlingen, die übers Mittelmeer kommen, nicht zuhören zu müssen.
Ein sogenannter *Asylbetrüger* wäre also auch jemand, der eine wahre Geschichte dort erzählt, wo man sie nicht anhören muss, geschweige denn darauf reagieren. Und mit dem neuen Fingerabdruck-System werden, so ist zu lesen, Missverständnisse darüber, wer zu der Gruppe, die man anhören muss, und wer zur anderen Gruppe gehört, bald vollkommen ausgeräumt sein.
Ihm fällt wieder ein, wie Tristan gestern gesagt hat, er bekomme die Bilder von den Toten auf den Straßen von Tripoli nicht mehr aus dem Kopf. Wenn man ein Fremder wird, hat man keine Wahl. Da irgendwo liegt das Problem, denkt Richard, dass die erlebten Geschichten ein Ballast sind, den man nicht abwerfen kann, während von denen, die sich die Geschichten aussuchen dürfen, eine Auswahl getroffen wird. Auf dem Weg von Tristans Zimmer nach unten hatte er im lindgrünen Treppenhaus die ältere Dame getroffen und sie danach gefragt, warum Awad eigentlich bei einer Psychologin gewesen sei. Weinkrämpfe, hatte sie gesagt. Manchmal über Stunden. Keiner von uns hier hat gewusst, was man da machen soll.

Während Richard am Schreibtisch sitzt und liest, und sein Spiegelbild auf der schwarzen Fensterscheibe nur seinen grauen Haarschopf zeigt, versteht er noch etwas andres. Die italienischen Gesetze haben andere Grenzen im Sinn als die deutschen Gesetze. Das interessiert ihn, denn solange eine Grenze, so wie er es den größten Teil seines Lebens gekannt hat, auf einem bestimmten Streifen der Erde verläuft und entweder in eine oder in beide Richtungen nur nach Kontrollen durchlässig ist, sind die Absichten der beiden Länder an der Ausrichtung des Stacheldrahts, der Positionierung der spanischen Reiter* und ähnlichen Dingen klar zu erkennen. Sobald aber nur noch Gesetze über die Ländergrenzen bestimmen, verschwimmt die Eindeutigkeit, der eine antwortet gleichsam auf eine Frage, die der andere gar nicht gestellt hat, und der zweite wiederum spricht über alles, nur nicht über das, was der erste herausfinden will.

Das Gesetz verlagert sich tatsächlich von der physischen Wirklichkeit ins Reich der Sprache.

Der Fremdling nun, der in keinem von diesen Ländern zu Haus ist, gerät zwischen die unsichtbar gewordenen Fronten, in eine innereuropäische Diskussion, die mit ihm und dem wirklichen Krieg, den er hinter sich lassen will, nicht das geringste zu tun hat.

Italien zum Beispiel lässt die Flüchtlinge gehen, gern sogar, denn es hat mehr als genug von ihnen. Das italienische Gesetz gibt ihnen die Freiheit, nach Frankreich, Deutschland, in jedwedes europäische Land zu gehen, um Arbeit zu suchen. Deutschland aber will sie – aus Gründen, die Richard bis jetzt noch nicht klar sind – nicht haben, nach drei Monaten Aufenthalt als *Touristen* sollen sie wieder für mindestens ein Vierteljahr nach Italien zurück. In Deutschland Arbeit suchen dürfen sie erst nach fünf ununterbrochenen Jahren des Asyls in Italien – und das auch nur, wenn sie von den Italienern nach diesen fünf Jahren eine sogenannte *Illimitata* bekommen, ein Dokument, das sie aufenthaltsrechtlich den Italienern gleichstellt. Solange sie keine *Illimitata* besitzen, dürfen sie zwar Italien verlassen, um dort nicht zu verhungern, aber anderswo ankommen dürfen sie nicht.

Einen Moment lang stellt Richard sich vor, jemand würde ihm auf Arabisch diese Gesetze erklären.

Dann steht er auf, macht fünf Kniebeugen, um sich nach dem langen Sitzen am Schreibtisch in Bewegung zu bringen, und bindet sich einen Schlips um. Am Abend ist er drei Gärten weiter bei seinem Freund Detlef zum Geburtstag geladen. Sylvia, die Frau

* Bereits in der Antike verwendete X-förmige Barriere.

seines Freundes, war im vergangenen Jahr lange krank, deswegen kommt das Buffet zum ersten Mal von einem Catering-Service. In warmgehaltenen Edelstahlschüsseln gibt es Wildschweinbraten, Fisch, Reis und Petersilienkartoffeln, daneben eine Terrine mit asiatischer Suppe, auf kalten Platten Hühnchenspieße, Quiche Lorraine, in Schälchen grüne und schwarze Oliven, getrocknete Tomaten, Kapern und glasierte Zwiebeln, eine rosafarbene und eine grünliche Creme, verziert mit Petersilie, Reissalat, in Scheiben geschnittene Entenbrust, Weißbrot und Schwarzbrot, Senf, Mayonnaise, Ketchup und grünen Salat. Und zum Nachtisch verschiedene Früchte, Schokoladenkuchen und Mascarpone mit Himbeeren. Er weiß gar nicht, ob er so großen Hunger hat.
Richard, was soll man essen?
Es klingelt wieder, ein Blumenstrauß, ein Mantel, lass die Schuhe ruhig an. So ein Catering-Service ist wirklich gar keine schlechte Idee. Fanden wir auch. Und das Geschirr nehmen die sogar unabgewaschen wieder mit. Ach, wirklich?
Noch immer sind er und seine Freunde damit beschäftigt, die Segnungen dieser anderen Welt, die sich seit bald fünfundzwanzig Jahren immer enger mit der ihren verschlingt, zu erforschen. Noch immer ist es für die Bewohner einer Straße, die früher einmal nach dem Vorsitzenden der Kommunistischen Partei Deutschlands *Ernst-Thälmann-Straße* hieß, nicht selbstverständlich, dass die kleinen blauzüngelnden Flammen das Essen tatsächlich über zwei Stunden so heiß halten, als käme es frisch aus der Küche.
Es schmeckt gut, wirklich, und ich hatte Angst, dass es nicht reicht, nur die Schokoladentorte ist irgendwie, ach was, überhaupt nicht.

Von den zwölf oder fünfzehn Freunden, die Richard jedes Jahr auf dieser Feier trifft, kennt er die meisten ein halbes, manche beinahe ein ganzes Leben lang. Mit dem Gastgeber ist er schon seit der Schulzeit befreundet. Detlefs erste Frau Marion, die jetzt auf der Terrasse steht, um in Ruhe eine Zigarette zu rauchen, hat Detlef auf der Party zu Richards 25. Geburtstag kennengelernt, damals war sie Cellistin in demselben Orchester, in dem Richards Frau

Christel zu der Zeit Bratsche spielte. Während des Studiums haben Richard und Christel deren Baby manchmal gehütet, wenn die beiden ausgehen wollten. Inzwischen sind Detlef und Marion schon seit beinahe vierzig Jahren kein Paar mehr, sind aber Freunde geblieben, der gemeinsame Sohn baut Brücken in China, Marion hat nach der Auflösung des Orchesters einen Teeladen eröffnet und lebt mit ihrem jetzigen Mann in der Nähe von Potsdam. Die Fotografin Anne, die auf dem Sofa sitzt, war eine Wilde. Zwei, drei Nächte hat Richard kurz nach dem Abitur mit ihr verbracht, nach dem Mauerfall hat sie dann eine Weile in Frankreich gelebt, aber seit zwei Jahren ist sie wieder hier, um sich um ihre alte Mutter zu kümmern. Was sie da vorn hingebaut haben, ist eine riesige Schweinerei, es geht eben nur noch um Geld. Der Dicke, der auf der Bank sitzt, hat Wirtschaftsgeschichte studiert und danach selbst an der Uni gelehrt, aber im Westen war sozialistische Wirtschaftsgeschichte das falsche Fach, er repariert jetzt Computer, seine Frau teilt ihm die Zigaretten ein, drei Schachteln pro Woche, und es ist nicht ganz klar, ob aus Geiz oder aus Sorge, zur Party kommt er jedenfalls immer allein. Eine Alarmanlage ist gar keine schlechte Idee. Weißt du, im Dezember fahr ich zur Kur. Da hast du recht, und wohin denn? Manche von Detlefs Freunden brauchen inzwischen, wenn sie die Bücher auf dem Geschenktisch anschauen, eine Brille, um den Text auf der Rückseite zu lesen. Mit Monika, der Germanistin und ihrem schnurrbärtigen Mann Jörg, die am Fensterbrett lehnen, waren Richard und Christel oft zusammen im Urlaub, meist an der Ostsee. Ich darf mein Enkelkind nicht mehr nehmen, meine Schwiegertochter hat sich da so. Ich war bis vor zwei Wochen drüben, Chicago, eine Gastprofessur. Sylvia, die zweite Frau seines Freundes ist eine Stille. Man sieht ihr an, dass das Jahr für sie nicht leicht war. Als sie, lang vor der sogenannten *Wende*, zu Detlef ins Haus zog, trug sie noch einen Pferdeschwanz und sah aus wie ein Mädchen. Christel half ihr manchmal am Schluss des alljährlichen Festes, wenn alle schon weg waren, beim Abwasch, während Richard mit Detlef die zusätzlichen Stühle wieder in die anderen Zimmer zurücktrug. Gern nehm ich noch einen Wein. Ja, einen roten. Für mich bitte ein Wasser, Medium, wenn ihr das da habt. Manche von diesen Freunden haben ihr Geld nach der Wende in Eigentumswohnungen gesteckt, weil sie dachten, das mache man so, jetzt, im Westen. Hatten die schimmligen Höhlen in Köln, Duisburg, Frankfurt am Main nie gesehen, für die sich kein Mieter fand, und waren dann pleite. Die Grafikerin dort hätte gern Kinder gehabt, aber hatte immer die falschen Männer. Ich bin in meinem Leben wirklich genug gereist. Will jemand noch Bier? Die Merkel ist immerhin Physikerin, das sollte man nicht vergessen. Ob Detlef schon ein künstliches Gebiss hat? Aber das fragt man nicht einmal einen guten Freund. Habt ihr gehört, der Krause ist letzte Woche gestorben. Mit dem Krause hat Christel einmal etwas gehabt. Vor seiner Zeit. Ein Zahnarzt. Im Sommer hab ich die Pyramiden gesehen. Der Journalist nimmt ihn manchmal zu Opernpremieren mit, auf seinen Presseausweis, letztes Frühjahr zum Beispiel in die Premiere von »Carmen«. Und Andreas, der ernste Geselle, der an der Kredenz* lehnt, hatte vor zwei Jahren einen Schlaganfall, ist seither invalidisiert und hat begonnen, Gedichte zu schreiben, die er seinen Freunden hier und da vorliest. Aber einen Verlag zu suchen, ach, das hat doch bei der Menge an Büchern, die jetzt auf dem Markt sind, gar keinen Sinn. Bei der letzten Feier hat er erzählt, dass er nur noch Hölderlin** liest. Alles andre kannst du vergessen. Als die Mauer noch da war, war die Hauptstadt der Republik ein überschaubares System, jeder weiß hier von jedem soviel, dass es wie ein lebenslanges Geflecht ist. Die Hecke ist schon so hoch, wie macht ihr das nur? Das liegt an der Erde. Im März war die Operation, aber gottseidank keine Chemo, du wirst sehen, das wird schon. Die meisten von diesen Freunden sind, so wie er, ganz am Ende des Krieges oder schon im Frieden geboren. Seine Mutter hat noch mit ihm, dem Säugling, im Luftschutzkeller gesessen, sein Vater war an der Front.

* Anrichte, Beistelltisch (historische Bezeichnung, heute nur noch im katholischen Gottesdienst üblich).

** Friedrich Hölderlin (1770–1843), deutscher Dichter, vorwiegend Lyrik; mit hohem Interesse an der griechischen Antike; Werk und Rezeption sind verdunkelt durch seine als »Wahnsinn« aufgefasste instabile psychische Verfassung.

Zu DDR-Zeiten wär das undenkbar gewesen. Ist doch klar, was im Nahen Osten jetzt läuft, da werden die ehemals sozialistischen Länder systematisch, eins nach dem andern, niedergemacht. Nun sterben die ersten, und es ist hier in Europa immer noch Frieden. Wenn sein Freund im Sommer Geburtstag hätte, könnten sie auf der Wiese grillen, doch so sitzen sie immer drinnen. Was macht eigentlich der Joachim? Der hat's nicht leicht, er trinkt wohl, aber das ist auch kein Wunder.

16

Am Montag geht Richard den Weg zu dem roten Ziegelgebäude beinahe schon mit der gleichen Selbstverständlichkeit, wie er in der ersten Jahreshälfte noch den Weg zur Uni gegangen ist. Überquert die Straße mit dem buckligen Kopfsteinpflaster, welche Sträflinge haben den Granit wohl zersägt und geschliffen?* Geht an dem leeren Grundstück vorüber, auf dem bis vor kurzem ein großes Haus mit Erkern, einer verglasten Veranda und hölzernen Schnitzereien stand, jetzt ist da nur noch heller Sand und wartet auf einen Neubau, mit nichts kann man Geschichte leichter zum Verschwinden bringen, als wenn man Geld freilässt, bissiger als ein Kampfhund ist so ein freilaufendes Geld, beißt ein ganzes Haus mit Leichtigkeit weg, denkt Richard und erreicht schon die Geschwindigkeitsanzeige, die vor dem Altersheim am Straßenrand steht, Tempo 30 ist hier erlaubt, aber 70, 55 und 60 leuchten in einer digitalen Schrift auf, sobald ein Auto vorbeifährt, hinterher wird gebremst, das kennt man, Scham und Reue, das krumme Pärchen, das auch ihn zum Ducken gebracht hat, immer erst, wenn's schon zu spät war, wenn seine Frau einen von ihm schlecht versteckten Brief seiner Geliebten schon in der Hand hielt und dastand und schrie. Aus dem Altersheim, in dem er vielleicht einmal seinen *Lebensabend* verbringen wird, kommt eine alte Frau heraus, die sich an einem Gehgestell festhält, ihr Einkaufsbeutel baumelt am

* Noch bis zum Dritten Reich wurden für arbeitsintensive Baumaßnahmen oft Sträflinge eingesetzt.

grauen Griff des Gestells, und so langsam, wie sie vorankommt, ist der Einkauf wahrscheinlich ihr ganzes Vormittagsprogramm.

Beim Eintritt in das Backsteingebäude wird Richard vom Wachdienst gesagt, dass die Männer heute beim Deutschunterricht seien: immer montags und donnerstags. Warum sollte er dann nicht auch zum Deutschunterricht gehen? Natürlich nur, wenn die Lehrerin Ja sagt. Immer den Gang hinunter und dann um die Ecke. Die Lehrerin ist, ganz anders als er es sich vorgestellt hat, eine junge Frau aus Äthiopien, die, warum auch immer, exzellent Deutsch spricht. Sie sagt Ja, und so kommt es, dass an diesem Montag ein emeritierter Professor in ihrem Unterricht sitzt. In die vorletzte Reihe des großen Raums hat er sich gesetzt und seine Knie unter den Schultisch gezwängt, Apoll sitzt zwei Reihen vor ihm und liest in seinen Papieren, *sitzen, saß, gesessen,* noch weiter vorn sieht er Tristan, der ihn bemerkt hat und ihm jetzt zunickt. Er nickt zurück. Ob der Gebeugte da vorn Abdusalam ist, der ihm letzte Woche das Lied vorgesungen hat, weiß er nicht genau. Trug dieser Abdusalam nicht die Haare zu kleinen Zöpfen geflochten? Überhaupt ist es schwer für Richard, sich an irgendwen zu erinnern, die Haare und die Gesichter sind ja alle so schwarz. Nur Raschid würde er sofort erkennen, weil er so groß ist, aber Raschid ist nicht da.

Die junge Frau übt mit ihren erwachsenen Schülern das Buchstaben-Lesen. Dann das Worte-Lesen. Sie spielt in alphabetischer Reihenfolge vor, was ein Auge ist, was ein Buch und was ein Daumen, das C lässt sie wegfallen, vom Auge und vom Daumen kommt sie auf die Zwielaute zu sprechen, au, eu, ei, vom ei kommt sie auf das lange ie, hi-i-i-ier, sagt sie und begleitet mit der Hand die viele Luft, die bei einem so langen Laut aus ihrem Mund kommt. Während sie unterrichtet, bleiben die Türen offen. Von Zeit zu Zeit kommt noch ein verspäteter Schüler, von Zeit zu Zeit packt einer seine Sachen wieder zusammen, entschuldigt sich und geht mitten im Unterricht fort. In der letzten halben Stunde macht die junge Lehrerin für diejenigen, die schon fortgeschrittener sind,

Übungen zu den Hilfsverben *haben* und *sein*. Ich gehe, sagt sie und geht ein paar Schritte mit angewinkelten Armen von rechts nach links, dann zeigt sie nach hinten über ihre Schulter, dorthin, wo die Vergangenheit ist, und sagt: Gestern bin ich gegangen. Sagt: Verben der Fortbewegung brauchen meistens das Hilfsverb *sein*. Ich bin, du bist, er ist und so weiter. Ich bin gegangen, bin geflogen, bin geschwommen. Sie marschiert nun wieder zurück mit angewinkelten Armen, sie breitet die Arme zum Fliegen aus, sie schwimmt an der Tafel vorüber. Ich bin super, sagt plötzlich Apoll. Jaja, sagt sie, du bist super, aber wir wollen jetzt die Vergangenheit bilden.

Als der Unterricht zuende ist, gehen die Männer an Richard vorbei hinaus, ein paar nicken ihm zu: Zair? Der lange Ithemba? Apoll gibt ihm die Hand, auch Tristan, wie geht's, I'm fine, wie geht's, I'm okay, I'm a little bit fine.

Sie sind eine gute Lehrerin, sagt er zu der Äthiopierin, als die Männer fort sind.

Und hübsch ist sie, denkt er.

Eigentlich habe ich Landwirtschaft studiert, sagt sie und packt ihre auf Pappe gemalten Buchstaben wieder ein, es weiß nur niemand, wann der vom Senat versprochene Deutschunterricht in einer richtigen Schule endlich anfangen wird.

Sehr hübsch.

Nach Marihuana habe es auf dem Oranienplatz gerochen. Und da habe sie gewusst, dass etwas getan werden müsse, bevor diesen Männern alles für immer entgleite.

Ob die einen schwarzen Mann will und nur deshalb hier unterrichtet?

Ihre Zeit muss mit irgendetwas gefüllt sein, sagt sie.

Ihre Zeit? Einen kurzen Moment lang ist er verwirrt, weil er glaubt, sie spreche ihn an. Dabei, wird ihm dann sofort klar, kann es nur das Possessivpronomen für die 3. Person Plural sein, das die junge Frau hier auf die Männer bezieht.

Verstehe.

Wenn man verstehen will, was einer meint oder sagt, muss man im Grunde das, was er meint oder sagt, immer schon wissen. Ist dann ein gelungener Dialog nur ein Wiedererkennen? Und das Verstehen nicht etwa ein Weg, sondern vielmehr ein Zustand?
Die Lehrerin schließt jetzt die Fenster, dabei reckt sie sich und ihre Brüste werden ganz flach. Von den Holzrahmen rieselt trockene weiße Farbe zu Boden.
Mit seinen Studenten war er über solchen Fragen immer ganz schnell bei ganz anderen Themen gelandet: beim Fortschrittsbegriff, bei der Frage danach, was Freiheit eigentlich sei, und beim Vier-Seiten-Modell, das beschreibt, dass Sprechen immer auch Taktik ist und grundsätzlich einen doppelten Boden hat, weil es immer auch über sich selbst spricht, darüber nämlich, dass es da ist oder nicht da ist, das Sprechen, und genauso versteht der andere immer viel mehr als nur Worte, immer ist im Zuhören die Frage enthalten: Was soll man verstehen, was will man verstehen, und was wird man nie verstehen, will es aber bestätigt bekommen.
Die Heizung lässt sich nicht abstellen, sagt die Lehrerin.
Wie lange unterrichten Sie schon?
Im Sommer habe ich angefangen, da waren die Männer noch auf dem Platz. Das Lernen beschäftigt sie auch in der Zeit jenseits der Unterrichtsstunden, das ist das Gute. Aber manchmal fehlt ihnen die Konzentration.
Die Lehrerin wischt von der Tafel, was darauf geschrieben steht: *Auge, Buch, Daumen.*
Die Aussprache ist vielleicht ungewohnt, sagt er, und dann die unregelmäßigen Verben.
Das ist nicht der Grund. Es gibt so viel Unruhe im Leben der Männer, da ist im Kopf kein Platz für Vokabeln. Sie wissen nicht, was mit ihnen werden soll. Sie haben Angst. Es ist schwer, eine Sprache zu lernen, wenn man nicht weiß, wozu.
Wie lange schon war er nicht mehr mit einer Frau beisammen?
Was diese Männer, um zur Ruhe zu kommen, unbedingt brauchen, ist Frieden, sagt sie.

So hat er das noch nie gesehen: Dass das, was ihm hier Frieden zu sein scheint, für diese Männer, solange sie nicht ankommen dürfen, im Prinzip immer noch Krieg ist.
Die Lehrerin nimmt ihre Tasche, er schiebt seinen Stuhl zurück an den Tisch.
Machen Sie bitte, bevor Sie gehen, das Licht aus? Und schon hat sie *Wiedersehen* gesagt und ist draußen. Sie ist schnell, das gefällt ihm. Dieses ewig flackernde Neonlicht, das die Taghelle aufweicht.
Aus.

Beim Blick über die Schulter sieht der Saal jetzt wirklich sehr leer aus. *Jungfrau Astraia, der Himmlischen Letzte**, hat ihn verlassen. Diese Tische, an denen er und die Flüchtlinge eben noch saßen, sind, erst jetzt wird ihm das klar, tatsächlich zu klein für erwachsene Schüler. Ausrangierte Tische sind das aus einer Schule für Kinder, wahrscheinlich aus der *Polytechnischen Oberschule Johannes R. Becher*, die jetzt *Grundschule am See* heißt. Der Dichter Johannes R. Becher hat den Text der DDR-Nationalhymne geschrieben und ist später Kulturminister gewesen. An der Seite der Tische sieht Richard noch die Haken für die Ranzen der Schüler von vor dreißig Jahren, der jungen Pioniere, die inzwischen längst Verkäuferin, Ingenieur oder arbeitslos sind, ein- oder zweimal geschieden, null bis vier Kinder. Die Stühle sind zusammengewürfelt, manche mit gelbem, manche mit weinrotem Polster, manche aus Holz, andere aus Metall. Er kennt diese Stühle gut. Stühle aus der Zeit der Parteiversammlungen, der Wohngebietsclubs, der Betriebsfeiern zum Jahrestag der Republik. Überall, wo der Westen Einzug hielt, wurde als erstes dieses sozialistische Mobiliar auf den Müll geworfen. Und sogar jetzt, bald fünfundzwanzig Jahre nach der sogenannten *Wiedervereinigung*, kann man noch manchmal, wo geräumt und gebaut wird, aus Sperrmüllcontainern die ineinander verhakten Beine dieser aus der Mode gekommenen, immer in

* Astraea (griech. *Astraia*), Gestalt der griechischen und römischen Mythologie, repräsentiert das letzte, »eiserne« Zeitalter, in dem die Jungfrau Astraea die Erde verlässt (vgl. Ovid, *Metamorphosen*, Buch 1).

großen Mengen auftretenden, hölzernen oder graubeinigen Stühle ragen sehen. Seine Mutter hätte gesagt: Die sind doch noch gut. Diesen Satz hat er schon lange nicht mehr gehört. Vielleicht hätte er heute das hellblaue Hemd anziehen sollen.

17

Für den nächsten Tag hat Richard sich vorgenommen, Raschid und Ithemba noch einmal zu suchen. Der Sicherheitsdienst kennt ihn nun schon und lässt ihn allein hinaufgehen. Der Billardtisch ohne Kugeln, das geschwungene Treppengeländer, im ersten Stock noch immer kein Wasser.

Gerade als er im zweiten Stock die lindgrüne Tür mit der 2017 erreicht und anklopfen will, fliegt sie mit einem Krach vor ihm auf und ein rasender Raschid stürmt blindlings, hinter sich drei, vier andre, an ihm vorbei Richtung Treppe. Von dort hört Richard jetzt ein unverständliches Rufen mehrerer Stimmen und rasche, stampfende Schritte treppauf- und abwärts. Das Türblatt schwingt noch in den Angeln, im Zimmer ist niemand, so geht Richard der wilden Jagd ins Treppenhaus nach, nach oben sind sie gelaufen und kommen gerade wieder herunter. Gerade hat er noch Zeit, in den Flur auszuweichen. *Unheilvoll ist es, dem Olympier entgegenzutreten. Schon einmal hat er mich, als ich helfen wollte, am Fuß gepackt und von der himmlischen Schwelle hinabgeworfen. Einen ganzen Tag flog ich, und erst als die Sonne unterging, fiel ich nieder in Lemnos, und nur noch wenig Leben war in mir.** Raschid poltert, ohne Richard auch nur zu bemerken, die Treppe hinunter, ihm folgen inzwischen nun schon zehn oder zwölf jüngere Männer, einer von ihnen Apoll, dessen Locken aufgrund der heftigen Bewegung auf und ab springen, als gelte es ein großes Vergnügen. Das Neonlicht im Treppenhaus ist wieder ins Flackern geraten, der lindgrüne Dämmer deshalb nur momentweise erhellt von zuckenden

* Zitat aus Homers *Ilias* (Buch 1, V. 589 ff.), einem frühen griechischen Epos über den Trojanischen Krieg, den die Griechen gegen die Trojaner führten, nachdem diese die wegen ihrer Schönheit berühmten Helena entführt hatten. Mit dem »Olympier« ist Zeus gemeint.

Blitzen. Was ist eigentlich oben im dritten Stock, wo Richard noch nie war, da unter dem Dach? Er steigt aufwärts und findet sich dort, wo die Treppe zu Ende ist, vor einer weiteren offenen Tür mit noch in den Angeln auspendelndem Türblatt: dahinter ein großer Raum, in dem sitzen um einen runden Tisch drei, vier Gestalten. Bis auf das Gurgeln einer Kaffeemaschine ist es ganz still. Als Richard näher tritt, sieht er, dass eine von den Sitzenden die ältere Dame ist, die ihn anfangs immer zu den Männern begleitet hat. Offenbar ist hier das Büro der vom Senat eingesetzten Betreuer. Mitten im Raum liegt ein Stuhl mit verbogenen Beinen, um den geht er herum, dann schüttelt er Hände. Niemand fragt ihn, warum er hier ist, die ältere Dame hat vielleicht von ihm erzählt. Nunja, sagt er, da ist wohl irgendetwas im Gange, die anderen nicken, dann werd ich mal wieder, sagt er und grüßt. Beim Hinausgehen versucht er, den Stuhl aufzuheben, aber weil das eine Bein rechtwinklig abgeknickt ist, fällt der Stuhl gleich wieder um. Sich entschuldigend für diesen missglückten Versuch, Ordnung zu schaffen, wendet er sich noch einmal zu der schweigenden Gruppe, einer von den Betreuern schlürft nun wieder seinen Kaffee, war das Raschid?, fragt Richard und zeigt auf den Stuhl, die anderen nicken. Das Licht im Treppenhaus hat sich inzwischen beruhigt, der Blitzeschleuderer* ist nirgends mehr zu sehen oder zu hören.

Unten beim Ausgang telefoniert der eine vom Sicherheitsdienst, den anderen fragt Richard, was eigentlich los sei, und erfährt, dass die Männer wohl morgen umziehen sollen, und zwar in ein Heim, das mitten im Wald liegt, siebeneinhalb Kilometer entfernt von Buckow.

Von Buckow? Und morgen?

Ich hab keine Ahnung, ich bin hier nur der Sicherheitsdienst.

Nach Buckow braucht Richard, selbst mit dem Auto, mindestens eine Stunde, und nur, wenn kein Stau ist. Aber das geht doch nicht, sagt er, der vom Sicherheitsdienst zuckt mit den Schultern.

* In der griechischen Mythologie der Beiname des Göttervaters Zeus (lat. *Jupiter*).

Heute Nachmittag 14 Uhr machen sie eine Versammlung, hier ist der Zettel. Auch vom Senat kommt vielleicht jemand.
Eigentlich wollte Richard heute einkaufen gehen, aber jetzt ist er zu aufgebracht, um an den Einkauf zu denken. Die Leute, die solche Beschlüsse verkünden, wissen wohl nicht, was es heißt, ernsthaft zu recherchieren. Eben erst hat er begonnen, seine Gespräche mit den Männern zu führen, da wirft man ihm gleich wieder Steine in den Weg. Auch an der Uni gab es solche Beamte, die glaubten, dass es wichtiger sei, die Reisebelege zu stempeln, das Krankenversicherungsformular zu erneuern, die Anzahl der im Büro verbrachten Stunden in eine Liste zu schreiben – als dass man die Arbeit tun konnte, für die man ursprünglich bestellt war: Zum Beispiel zu untersuchen, ob es Zahlenverhältnisse gab, die für die Schönheit eines Verses ebenso wichtig waren wie für die Stabilität eines Schneckengehäuses.* Oder in Erfahrung zu bringen, wo in der Literatur der Augusteischen Zeit** Jesus in Erscheinung trat als letzter griechischer Gott. Sicher, man konnte das Passwort für die dienstliche Email-Adresse zum achten Mal ändern, aber man konnte auch danach fragen, wie sich das, was ein Autor selbst nicht von sich wusste, in seinen Text einschrieb. Und wer überhaupt war in diesen Passagen der Sprecher?
Deshalb macht Richard sich, obgleich sein Bedarf an Versammlungen, die seine Lebenszeit schlucken, seit langem gedeckt ist, um zwanzig vor zwei auf den Weg zu dieser vermaledeiten Versammlung.

Der Unterrichtssaal ist schon bis auf den letzten Platz besetzt, viele Männer sitzen, die Knie eingezwängt, an den zu kleinen Tischen, am Rand stehen Betreuer und Leute vom Sicherheitsdienst, die Diskussion wird gerade eröffnet. Weil der schmächtige, blondgescheitelte Herr vom Senat, der vorn steht, weder Englisch, noch Französisch, noch Italienisch noch gar Arabisch sprechen kann,

* Das Schneckengehäuse gehört zu den seit Ernst Haeckel (1834–1919) als architektonische »Naturformen« untersuchten Phänomenen.
** Zur Regierungszeit des ersten Kaisers Augustus, von 30 v. Chr. bis 14 n. Chr.

folgt eine ähnliche Übersetzungsprozedur wie diejenige, der Richard vor einiger Zeit in der besetzten Schule beigewohnt hat. Aber wir können froh sein, dass vom Senat überhaupt einer da ist, raunt ihm einer von den Männern zu, die er heute Mittag am stummen Betreuertisch hat sitzen sehen. In blondgescheiteltem Deutsch ist jetzt zu vernehmen: Wir haben volles Verständnis für Ihre Lage! Sie haben viel beigetragen zur friedlichen Lösung der unhaltbaren Situation auf dem Oranienplatz! Und andere, ähnliche Sätze. Der Beamte sieht nicht so aus, als sei er sehr glücklich über seine Entsendung zu diesen Dahergelaufenen, die immer nur Forderungen haben und nie zufrieden sein können. Wahrscheinlich hat er, gemessen an anderen Mitgliedern der Senatsverwaltung, eine recht niedrige Stellung oder wird durch diesen Auftrag auf die Probe gestellt. Fast könnte er Richard leidtun. Aber was wollen die denn auch schon wieder, Querulanten*, denen der Senat, ohne rechtlich dazu gezwungen zu sein, bis zur Klärung der einzelnen Fälle immerhin 300 Euro pro Monat bezahlt, denen die Stadt, für eine gewisse Zeit zumindest, Monatskarten schenkt und auf zwölf halben Stellen Betreuer für Gänge zu Ärzten und Behörden?

Das Heim bei Buckow ist, das verspreche ich Ihnen, sagt der Mann vom Senat, eine gute Lösung für alle. Sie sind nicht die einzigen hier in Berlin und Umgebung, die eine Unterkunft suchen, und wenn Sie als Gruppe zusammenbleiben wollen, gibt es da keine so große Auswahl.

Wir wollen sichtbar bleiben, solange für das Problem insgesamt keine politische Lösung gefunden ist, sagt Raschid, der Blitzeschleuderer von heute Vormittag, und erhebt sich. Was sollen wir denn im Wald? Wozu gibt es das Abkommen mit dem Senat? Noch kein einziger Punkt dieses Papiers wurde von Ihrer Seite bis jetzt erfüllt, sagt er.

Die Bestie ist angeschossen, der Schuss kostet 300 Euro pro Mann und Monat plus Ticket und Betreuer, aber sie ist noch immer

* Abwertend für: Person, die häufig ihr Recht einklagt, sich ständig beschwert.

gefährlich, man kann nicht wissen, ob sie nicht doch noch Kraft hat und ein weiteres Mal auf einen losgeht, dann vielleicht sogar unberechenbarer ist als zuvor.

Das alles geht nicht von einem Tag auf den andern, sagt der Mann vom Senat und überlegt, wie er sich in Sicherheit bringen könnte, falls das verwundete Biest doch zum Sprung ansetzen sollte.

Ein zweiter meldet sich: Ich habe gehört, es sind von dem Lager dort fünf Kilometer bis zur nächsten Bushaltestelle.

Zeit zu gewinnen ist gut, dann fließt das Blut aus der Wunde einfach weiter still vor sich hin, das schwächt den Gegner.

Ein dritter: Und dann – von einem Tag auf den andern!

Ein vierter: Wir brauchen Duschen, die abschließbar sind, alles andere verstößt gegen unsre Gesetze.

Sie zuckt noch, die Bestie, aber das sind nur die Reflexe.

Ein fünfter: Mehr als vier Leute in einem Zimmer sind inakzeptabel!

Der Mann vom Senat wartet, bis alle die Aussagen und Fragen für ihn übersetzt sind, dann sagt er: Ich verstehe Sie gut, ich werde mir das alles notieren.

Wenn du ein Fremder bist, hast du keine Wahl mehr, hat Tristan gesagt. Hat er etwa Unrecht gehabt? Nein, denkt Richard, aber das Wünschen behauptet, dass so einer noch in der Art von Welt lebt, in der gewünscht werden darf. Wünschen als Heimweh. Kein Wunder, denkt er, dass die halbverhungerten Kriegsgefangenen aller möglichen Nationalitäten in allen möglichen Lagern aller möglichen Kriege sich am Leben hielten durch das Reden über Rezepte. In Wahrheit wollen die Flüchtlinge vom Senat weder ein Vier-Bett-Zimmer, noch eine Dusche mit abschließbaren Kabinen, noch einen kurzen Fußweg zwischen Asyl-Unterkunft und Bushaltestelle. In Wahrheit wollen sie vom Senat überhaupt nichts. In Wahrheit wollen sie auf Arbeitssuche gehen und sich ihr Leben selbst organisieren, so wie jeder, der bei Kräften und bei Verstand ist. Diejenigen aber, die dieses Gebiet bewohnen, erst seit ungefähr 150 Jahren heißt es *Deutschland*, verteidigen ihr Revier mit Paragraphen, mit der Wunderwaffe der Zeit hacken sie auf die

Ankömmlinge ein, stechen ihnen mit Tagen und Wochen die Augen aus, wälzen die Monate über sie hin, und wenn sie dann noch immer nicht still sind, geben sie ihnen, vielleicht, drei Töpfe in verschiedenen Größen, einen Satz Bettwäsche und ein Papier, auf dem *Fiktionsbescheinigung* steht.
Stammeskämpfe, könnte man auch dazu sagen.

Zu Hause liegen in einem hölzernen Kästchen im Bücherregal noch Richards alter Ausweis und seine alte Versicherungskarte. 1990 war er plötzlich, von einem Tag auf den andern, Bürger eines anderen Landes gewesen, nur der Blick aus dem Fenster war noch derselbe. Die beiden Schwäne, die er so gut kannte, schwammen an diesem Tag, von dem an er ein sogenannter *Bundesbürger* war, genauso von links nach rechts wie am Tag davor, als er noch *Bürger der Deutschen Demokratischen Republik* hatte genannt werden können, ein paar Enten saßen genauso wie am Tag davor auf der Ecke des Stegs, dieses Stegs, für dessen Bau er sich damals Schwellen von der Deutschen Reichsbahn besorgt hatte. Die Deutsche Reichsbahn wiederum hatte ihren faschistischen Namen auch in der sozialistischen Republik behalten müssen, es ging da wohl um Besitzübernahme und Formalitäten. Machte es einen Unterschied, wie etwas hieß? Als Richard im Zusammenhang mit der Asylproblematik das erste Mal das Wort *Fiktionsbescheinigung* im Internet gelesen hatte, hatte er zunächst geglaubt, es handle sich um einen Begriff aus der Welt der Literatur, Belletristik hieß ja auf Englisch *fiction*, aber dass den Autoren unter den Flüchtlingen eine solche Bescheinigung ausgestellt würde, damit sie auf dem internationalen Buchmarkt leichter Fuß fassen könnten, war ihm dann doch wenig wahrscheinlich erschienen. Wie er bald verstand, handelte es sich nur um eine Bestätigung dafür, dass ein Mensch, der noch nicht das Recht besaß, sich *Flüchtling* zu nennen, vorhanden war. Rechte gründeten sich auf eine solche *Fiktionsbescheinigung* nicht.

Noch immer ist im Streit der beiden Parteien, des blondgescheitelten Senatsvertreters und Raschids als Sprecher der andern, keine Lösung in Sicht, die Diskussion steckt im Hin-und-Her-Übersetzen fest, da tritt plötzlich der Leiter des Heims auf, quasi als reitender Bote: Soeben habe er die Nachricht erhalten, dass es im Haus zwei Fälle von Windpocken gebe. Damit erübrige sich die heutige Diskussion, denn der Umzug in ein anderes Heim müsse, so schreibe das Gesetz es vor, für die Dauer der Inkubationszeit ausgesetzt werden. Die Afrikaner wissen nicht, was Windpocken sind. Unruhe macht sich breit. Schafft der Senat sie sich nun durch die Ansteckung mit einer teuflischen Krankheit vom Hals? Der Blondgescheitelte seinerseits fragt sich, ob die Nachricht überhaupt wahr ist, oder ob der Leiter des Heims mit den Schwarzen gemeinsame Sache macht und ihnen nur helfen will, Zeit zu gewinnen. Der Leiter des Heims wiederum sieht durch den Ausbruch der Krankheit nun wirklich den Beginn seiner Umbauarbeiten gefährdet und fragt sich, wie es sein kann, dass erwachsene Menschen plötzlich aus heiterem Himmel eine Kinderkrankheit bekommen.

Als Schüler hatte Richard in den fünfziger Jahren beim Absammeln der Kartoffelkäfer von den Feldern mithelfen müssen, behauptet wurde vom DDR-Landwirtschaftsministerium, die Amerikaner versuchten, durch den Abwurf der Käfer Sabotage zu üben. In langen Reihen waren die Kinder, mit einem Einweckglas in der Hand, über die Felder gegangen, um jede einzelne Pflanze zu kontrollieren und die Käfer in Essig zu werfen. Später erst hat er erfahren, dass schon in der Nazizeit nicht nur Schüler, sondern auch SA-Leute und sogar Soldaten eingesetzt worden waren, um die krabbelnde amerikanische Wunderwaffe mit den gelben und schwarzen Streifen zu vernichten. Hatten also die Amerikaner mit dem Abwurf der Käfer erst gegen die Faschisten und dann gleich weiter gegen die Antifaschisten gekämpft? Oder entschied so ein Heer aus Käfern einfach irgendwann selbst, was ihm schmeckte? Aus der Sicht der Käfer sah so ein Kartoffelfeld um 1941 sicher ebenso grün aus wie ein Kartoffelfeld '53. Nach dem Mauerfall dann, bei Richards erster Dienstreise nach London, hatte ihm ein älterer englischer Kollege abends beim Whiskey erzählt, dass er in seiner Schulzeit wiederum die englischen Felder habe abschreiten müssen, um die Kartoffelkäfer, die während des Zweiten Weltkriegs angeblich von Deutschland als Waffe zur biologischen Kriegsführung eingesetzt worden seien, zu bekämpfen. Deutschland habe sogar Experimente in Bezug auf die verheerende Wirkung der Käfer gemacht, hatte dieser englische Germanistikprofessor behauptet, und gegen Ende des Krieges Tausende Exemplare der Schädlinge über der Pfalz, also über dem eigenen Land!, zu Testzwecken abgeworfen. Anyway, I love the German language, hatte er zum Abschluss seiner Geschichte gesagt und einen tüchtigen Schluck Whiskey genommen, und nur wegen dieses kryptischen Fazits war Richard das Gespräch überhaupt im Gedächtnis geblieben.

Bei den Windpocken jedenfalls, soviel ist sicher, handelt es sich um eine Virusinfektion, die, wenn sie unter Erwachsenen ausbricht, über zwei Wochen lang ansteckend sein kann. Der Umzug findet morgen nicht statt, und so bleibt Zeit, nach einem andern, geeigneteren Quartier für die Flüchtlinge zu suchen. Auf dem Weg nach draußen spricht Richard den Blitzeschleuderer an, der sich nun wieder beruhigt hat, und fragt ihn, ob sie sich morgen nicht treffen wollen für das erste Gespräch. No problem, sagt der, und es scheint wirklich so, dass er sich nicht daran erinnert, den Professor heute Vormittag gesehen zu haben, als er vor Zorn schnaubend aus seinem Zimmer herausfuhr.

18

Eid Mubarak heiße das Fest, mit dem man das Ende des Fastenmonats Ramadan feiere. Die Männer gehen vormittags zum großen Gebet, während die Frauen zu Hause das Essen zubereiten. Dann essen alle zusammen, von mittags an bis in die Nacht. Die Kinder bekommen Geschenke oder ein Taschengeld, damit sie während der zwei Feiertage Spaß haben können. The children should have fun, sagt Raschid. Alle tragen ihre neuen Gewänder, einen Stoff hat mein Vater zu Eid Mubarak immer für die Frauen in unserer Familie gekauft, und einen anderen Stoff für die Männer: mich, meine Brüder und Neffen. Im Jahr 2000 war es ein blauer Stoff. Dieses blaue Gewand hatte ich an dem Tag an, und dazu eine Kappe.

Richard und Raschid sitzen bei geschlossener Tür in einem Kämmerchen gleich neben dem Eingang. Einer der Männer vom Wachdienst hat ihnen, als Richard nach einem ruhigen Platz fragte, diesen Raum aufgesperrt. Nun sitzen die beiden zwischen zusammengefalteten Kartons, die schon für den Umzug bereitgestellt sind, und Türmen aus übereinandergestapelten Stühlen, Raschid hat sich einen Stuhl mit weinrotem Polster heruntergenommen, Richard sich einen mit gelbem.

Zu Eid Mubarak versöhnt man sich mit allen, mit denen man das Jahr über Streit hatte, sagt Raschid. Man besucht die Familie. Spendet für die Armen. Kennst du die fünf Säulen des Islam?

Richard schüttelt den Kopf.

The five pillars of Islam are: Erstens das Vertrauen auf Gott, zweitens das Beten, drittens das Teilen mit den Armen, viertens das Fasten während des Ramadan, und fünftens, wenn man es sich leisten kann, wenigstens einmal im Leben das Pilgern nach Mekka.

Aha, sagt Richard.

Wer tötet, ist kein Muslim.

Richard nickt.

Nur, wenn man essen will, darf man töten, aber niemanden, auch nicht das kleinste Insekt, das deinen Weg kreuzt, darfst du einfach so, ohne Grund töten. Es kann sein, dass auch so ein Tier Kinder zu Hause hat, die warten. Man weiß es nicht. Nie.

Nein, sagt Richard.

Nicht einmal eine Fliege!

Gut, sagt Richard.

Wer tötet, ist kein Muslim.

Wenn Sommer ist, saugt Richard die Fliegen und Wespen, die um sein Essen herumschwirren, mit dem Staubsauger ein. Im ersten Studienjahr ist er aus der Kirche ausgetreten.

Und auch Jesus ist im Koran ein Prophet, sagt Raschid.

Einmal hat Richard in seinem Seminar über »Jesus, den letzten griechischen Gott« die Szene der Jesusgeburt in den verschiedenen Evangelien der Bibel auch mit der entsprechenden Szene im Koran verglichen. Deswegen weiß er, dass Maria im Koran ganz allein ist, als sie Jesus zur Welt bringt. In einer entlegenen Gegend bringt sie ihn zur Welt, sie hat solche Schmerzen, dass sie sagt: *Oh dass ich doch zuvor gestorben und vergessen und verschollen wäre!** Ob seine Studenten verstanden, was das hieß, dass Maria nicht nur gestorben, sondern auch vergessen sein wollte? Aber solche Dinge ließen sich nicht unterrichten. Er hatte nur darauf hingewiesen, dass gleich im Anschluss an die Verzweiflung Marias das Neugeborene unter ihr auf einmal zu sprechen beginnt: Direkt aus der Not Marias kommt also das Wunder des Sprechens. Das Kind spricht, um seine Mutter zu trösten, es spricht von einem Bach – und der Bach ist da, dann spricht es zu ihr von einem Baum – und der Baum ist da. Maria findet sich in eine paradiesische Landschaft versetzt, sitzt am Rand eines Baches, hat eine Dattelpalme zu Häupten, sie isst und trinkt, und als sie später mit dem Kind auf dem Arm wieder zu den Menschen zurückkehrt und gefragt wird, woher das Kind, muss sie selber nichts sagen, denn statt ihrer spricht der eben geborene neue Prophet, 54 Zentimeter ist er erst groß, und wiegt 3500 Gramm.

Das Paradies ist unter den Füßen der Mutter, sagt Raschid. Richard versucht, sich diesen Mann, der da neben ihm sitzt, in einem blauen Gewand und mit einer Kappe auf dem Kopf vorzustellen. Gern würde ich meine Mutter noch einmal wiedersehen, bevor sie stirbt, sagt Raschid. Sie ist jetzt siebzig. Aber wenn ich nach Nigeria zurückgehe, kann ich nicht mehr zurück nach Deutschland.
Warum willst du eigentlich nicht für immer nach Nigeria zurück?
Raschid antwortet nicht auf die Frage. Mein Vater, sagt er, war sehr beliebt. Jeder wollte ihm seine Tochter zur Frau geben. Am Ende hatte er 5 Frauen und 24 Kinder. Ich war der erste Sohn nach

* Zitat aus dem Koran: Marias Worte während der Wehen vor der Geburt Jesu (Sure 19).

10 Töchtern, meine Mutter die dritte Frau meines Vaters. Abends saßen wir beim Essen alle um einen großen Tisch. Ich durfte vom Teller meines Vaters essen. Jeden Morgen um Viertel nach sieben, mein Vater war noch ganz verschlafen, stellten wir größeren Kinder uns in einer Reihe vor seinem Sessel an, dann drückte er uns das Essensgeld für die Schule in die Hand. *Der Sultan hält Audienz auf einer Plattform. Drei Stufen führen hinauf. Die Plattform ist mit Seide belegt und mit Kissen. Darüber spannt sich ein Schirm, eine Art Pavillon aus Seide, auf dem ein Vogel in Gold ist, von der Größe etwa eines Falken. Es ertönen Trommeln, Trompeten und Jagdhörner. Zwei gesattelte und gezäumte Pferde werden gebracht, zusammen mit zwei Ziegen, als Schutz gegen den bösen Blick*. Wenn einer den König anspricht und von ihm eine Antwort erhält, entblößt er danach seinen Rücken und wirft vor aller Welt Staub über seinen Kopf und seinen Rücken, wie ein Badender, der sich mit Wasser bespritzt.*
Um halb acht kam dann der Fahrer des Lieferwagens, sagt Raschid, wir kletterten auf die Ladefläche, er holte noch ein paar Nachbarkinder ab und fuhr uns alle zusammen zur Schule.
Was für Fächer hattet ihr?
Englisch, Mathematik, im Nebenfach Hausa.
Raschid besucht, als er erwachsen ist, eine Berufsschule und lernt Schlosser.
Vier seiner Schwestern gehen auf eine höhere Schule. Eine studiert und wird Lehrerin.

Seltsam, denkt Richard, dass ihm erst jetzt wieder die Reisebeschreibungen Ibn Battutas** eingefallen sind, der im 14. Jahrhundert von Marokko über Afrika und Mittelasien bis nach China gereist ist.

---

* In vielen Kulturen verbreiteter Glaube, dass der Blick bestimmter Personen einen Schadenzauber auslösen könne.

** Islamischer Reisender des 14. Jh. und Verfasser einer umfangreichen Reisebeschreibung. Seit dem 19. Jh. ediert und in Auszügen übersetzt, erschien die erste Übersetzung des gesamten Werks in Deutschland erst 2007.

Sein Schulfreund Walther, der es zu DDR-Zeiten nur bis zum Reisekader* für das sozialistische Ausland brachte, hatte extra Arabisch gelernt, um dieses Buch erstmalig ins Deutsche zu übertragen. Wo nach Walthers Tod das Manuskript wohl hingekommen sein mochte? Erschienen ist es jedenfalls nicht, denn der Verlag, der es hatte veröffentlichen wollen, ging gleich nach dem Mauerfall pleite. Richard hatte Walther damals beim Korrekturlesen geholfen.
24 Kinder von 5 Frauen, so ähnlich war es auch bei Walther gewesen, nur mussten dessen 4 Frauen gottlob nie unter einem Dach wohnen. Dem ältesten Sohn hatte Richard auf der Beerdigung von Walther beim Defilee die Hand gedrückt und gesagt, es tue ihm sehr, sehr leid, aber der Sohn hatte ihm nur geradenwegs in die Augen gesehen und gefragt: Ja, was denn? Angeblich hatten sofort mit dem Tod von Walther die Streitigkeiten der Exfrauen und Kinder um das Haus begonnen, für das dessen vierte Frau noch das Wohnrecht besaß. Jetzt, zu Westzeiten, war so ein Haus etwas wert. Helle, ausgewaschene und zerlöcherte Jeans hatte Walthers ältester Sohn auf der Beerdigung seines Vaters getragen. Hoffentlich stimmte es, was gesagt wird: Dass jemand, der unter der Erde liegt, keinen Schmerz mehr empfindet und nichts mehr spürt.

Zu Eid Mubarak haben immer alle Frauen gemeinsam gekocht, sagt Raschid. Es ist der höchste Festtag bei uns, man muss viel essen, man feiert ja das Ende des Fastens. Und das Haus wird vorher wochenlang aufgeräumt und geputzt, von oben bis unten. In dem Jahr, 2000, war der Stoff, den mein Vater für unsere Festtagsgewänder gekauft hatte, blau. Richard weiß plötzlich, dass er nun alles ganz genau wissen muss: Jede Speise, die auf diesem Tisch stand, der für Eid Mubarak gedeckt war, soll Raschid ihm beschreiben. Eggplant? Tomaten? Peperoncini in Öl? Fisch? Reis?

* Für die Bürger der DDR herrschte keine Reisefreiheit. Das Ministerium für Staatssicherheit (MfS) entschied abhängig von der ideologischen »Zuverlässigkeit« von Personen, ob sie – insbesondere ins kapitalistische Ausland – reisen durften (dann DDR-typisch »Reisekader« genannt).

Yamwurzeln? Plantains? Kalb, Hühnchen und Lammfleisch?* Saßen die Frauen beisammen, oder saß jede mit ihren Kindern an einer bestimmten Stelle des Tisches? Stand der Tisch innen im Haus, auf einer Veranda oder im Freien? Am liebsten würde Richard überhaupt nicht mehr aufhören zu fragen. Es gibt also am Abend zur Beleuchtung Laternen mit buntem Glas? Nach dem Essen, wenn es schon dunkel wird, hängen die Kinder diese Laternen an lange Stäbe und machen einen Laternenumzug durch ihr Viertel? Sie singen dabei? Und die Erwachsenen besuchen ihre Verwandten? Am nächsten Tag geht man mit der ganzen Familie spazieren?

Aber den Abend und den nächsten Tag gab es in dem Jahr nicht mehr, sagt jetzt endlich Raschid.

Gegen elf am Vormittag, sagt Raschid, waren wir Männer gerade fertig mit dem Gebet. Der Gebetsplatz ist ungefähr so weit von unserem Haus entfernt wie die Oberbaumbrücke vom Alex. Wir wollten gerade nach Haus zu unseren Familien fahren, um mit dem Festessen zu beginnen, da überfielen sie uns. Mit Knüppeln, Messern, Macheten**. Mein Vater wollte eben sein Auto aufschließen, da kamen sie angerannt, trieben uns auseinander, begannen, auf uns einzuschlagen, mit Knüppeln, und einzustechen, mit Messern, Macheten, dann stießen sie meinen Vater ins Auto, stiegen zu dritt bei ihm ein, er musste mit ihnen wegfahren, das war das letzte, was ich von ihm sah. Drei Wochen vorher hatte er seinen zweiundsiebzigsten Geburtstag gefeiert.

Raschid hat kräftige, sehr schwarze Hände, sie liegen auf seinen Knien, nur die Fingerkuppen sind klein und die Haut unter den Nägeln ist rosig.

Vor der Stadt haben sie ihn in seinem Auto verbrannt.

Richard und Raschid sitzen beide einen Moment lang da, ohne etwas zu sagen.

Weiß man, wer das getan hat?, fragt Richard schließlich.

---

* *Eggplant:* engl. »Aubergine«; *Yamwurzel:* tropische Knolle; *plantain:* engl. »Kochbanane«.

** Großes Buschmesser.

Raschid antwortet nicht.
Es war sehr schlimm, sagt er nach einer Weile. Warum töten Menschen andere Menschen?
Das ist die viel richtigere Frage, denkt Richard.
Raschid hat eine Narbe über dem Auge. Raschid hinkt, das hat Richard gestern gesehen.
Wir versuchten wegzukommen. Meine Brüder, meine Neffen, meine Onkel, die Nachbarn. Alle rannten und schrien. Überall lagen Leute herum, alles war voller Blut. Einer meiner jüngeren Brüder hatte sich zuerst in einem Mangobaum am Rand des Platzes versteckt. Bei Einbruch der Dunkelheit lief er zum Fluss hinüber und versteckte sich dort im Wasser, die ganze Nacht stand er aus Angst da im Wasser, auch am Ufer des Flusses haben sie Leute gelyncht, hat er später erzählt, er hat alles gesehen. Ich erinnere mich an den Geruch nach Rauch, sagt Raschid, während ich lief und lief. Die ersten Häuser fingen schon an zu brennen. Von der Oberbaumbrücke zum Alex. *Sankt Martin, Sankt Martin, Sankt Martin ritt durch Schnee und Wind, sein Ross, das trug ihn fort geschwind. Sankt Martin ritt mit leichtem Mut, sein Mantel deckt ihn leicht und gut.* Im Jahr 2000 fiel der traditionelle Laternenumzug der Kinder in der nigerianischen Stadt Kaduna, von deren Existenz Richard erst seit zwei Wochen weiß, am Abend von Eid Mubarak aus. Beim letzten Laternenumzug zu Sankt Martin waren die hiesigen Kinder singend um den Schlossplatz gezogen, die junge Duisburgerin aber, die seit drei Jahren in demselben Mietshaus in Richards Straße wohnt und ihn in den letzten Monaten beim Einkaufen oder am Flaschencontainer hin und wieder merkwürdig angesprochen hat, manchmal auch stand sie auf dem Bürgersteig und stritt mit jemandem, der unsichtbar war, diese Duisburgerin also hatte sich, während die Kinder singend im Kreis um den Schlossplatz spaziert waren, in den dunklen Knallerbsenbüschen am Rande des Platzes versteckt gehalten und geheult wie ein Wolf.

Wir liefen, so schnell wir konnten, nach Hause, um die Frauen zu warnen. Die Frauen nahmen die Kinder und machten sich sofort auf den Weg – zu Freunden, zu ihren eigenen Eltern. Auch meine Mutter versteckte sich bei ihren Eltern auf dem Dorf. Ich habe nur ein Ersatzgewand aus dem Schrank genommen und in eine Tüte gestopft. Selbst die Hose dazu habe ich in der Eile vergessen. Kaum eine halbe Stunde, dann war kein Mensch mehr im Haus. Das Festessen stand noch unangerührt auf dem Tisch, als wir gingen. Nicht einmal die Tür haben wir hinter uns abgeschlossen. Wozu auch? Das Haus war von oben bis unten aufgeräumt und geputzt für Eid Mubarak. Von oben bis unten aufgeräumt und geputzt, als es niedergebrannt wurde, ein paar Stunden später.

Von einem Tag auf den andern hatte ich keinen Vater mehr, keine Familie, kein Haus, keine Werkstatt. Von einem Tag auf den andern war unser ganzes bisheriges Leben vorbei. Wir konnten unseren Vater nicht einmal begraben. Ich bin noch einmal zu meiner Mutter gegangen, um Abschied zu nehmen, dann bin ich nach Niger gefahren. Das war das letzte Mal, dass wir uns gesehen haben. Vor dreizehn Jahren. Wenn meine Mutter mich am Telefon fragt, wie es mir geht, sage ich immer: Gut.

Richard fällt ein, wie Raschid am Anfang dieses Gesprächs gesagt hat: Das Paradies liegt unter den Füßen der Mutter.

Ich kann kein Blut mehr sehen, sagt Raschid.

Und erst jetzt wird Richard klar, dass Raschid zwei Stunden gebraucht hat, nur um die Frage zu beantworten, die er ihm eingangs gestellt hat.

Wie mit einem Schnitt wurde unser Leben in dieser Nacht einfach von uns abgeschnitten.

Cut, sagt Raschid.

Cut.

Die beiden Männer vom Wachdienst grinsen, als Richard und Raschid wieder aus dem Kämmerchen kommen, und sagen: Das war aber ein langes Gespräch. Richard sagt: Ja.

Auf dem Weg nach Hause geht er in den Blumenladen und kauft einen riesigen Strauß mit bunten Astern. Noch nie hat er für sich selbst Blumen gekauft. Er stellt sie in einer großen durchsichtigen Vase auf den Tisch in der Küche. Jetzt ist es so, als sei seine Frau noch da. Oder seine Geliebte.

Letzte Nacht, das fällt ihm erst jetzt wieder ein, ist er aufgewacht und ist, statt pinkeln zu gehen, Zimmer für Zimmer durchs Haus gestrichen, einfach so, ohne etwas zu suchen. Einfach so, im Dunkeln, durch sein eigenes Haus gestreift wie durch ein Museum, als gehöre er selbst schon nicht mehr dazu. Zwischen den Möbeln, von denen er manche doch seit seiner Kindheit kennt, ist ihm sein eigenes Leben, Zimmer für Zimmer, plötzlich vollkommen fremd erschienen, vollkommen unbekannt, wie eine sehr weit entfernte Galaxie. Geendet hatte sein Rundgang in der Küche, mit Scham denkt er daran, wie er hier in der letzten Nacht auf einem Stuhl saß und, ohne den Grund selbst zu wissen, aufgeschluchzt hat wie ein Verbannter.

Was da in ihn gefahren sein mochte? Er weiß es nicht mehr. Oder hat er all das nur geträumt?

Aber essen muss man, hat seine Mutter immer gesagt.

Er nimmt eine Büchse aus dem Regal, Erbsensuppe, das dauert nicht lange. Und danach den Teller in die Geschirrspülmaschine. Das freut ihn noch immer. Geschirrspülmaschinen gab es früher im Osten nicht. Deutschland is beautiful.

Und dann, bevor es dunkel wird, noch kurz in den Garten. Vielleicht das Laub aus den Regenrinnen, solange man noch etwas sieht, und das Vordach abfegen. Gut, dass seine neue Leiter so lang ist.

Am Abend dann setzt er sich an seinen Schreibtisch, um sich Notizen zu machen.

Erst sitzt er eine Weile still da, und schließlich stehen auf dem Papier nur drei kurze Sätze:

Es gab eine Kindheit. Es gab einen Alltag. Es gab eine Jugend.

Und darunter in Klammern: *Raschid = der Olympier = der Blitzeschleuderer.*

Der Lichtkegel seiner Schreibtischlampe macht den Buchstaben eine Bühne, auch als Richard schon ins Bad gegangen ist, um sich die Zähne zu putzen.

19

Am nächsten Tag soll eigentlich Sprachunterricht sein, aber als er hinkommt, erfährt er vom Wachdienst, dass heute der Geldausgabe-Tag ist. Die sind alle raus, sagt ihm der Mann in der Phantasieuniform. Gut, dass Richard den Einkaufszettel dabei hat:

Geschirrspülmittel
1 Quark
1 Butter
Marmelade (Schwarze Johannisbeer? Himbeer?)
Schinken
Eisbergsalat
2 Gurken
Tomaten, mittelgroß
Mineralwasser
½ Mischbrot

Beim Einkaufen begegnet er Sylvia, der Frau seines Freundes, ja, er hat heute unverhofft nichts zu tun, unverhofft, so? Du schreibst sicher, musst Vorträge halten? Nicht direkt, sagt er, aber das sei eine längere Geschichte. Ob er vielleicht mit ihnen zusammen essen möchte, vom Geburtstag sei noch allerhand übrig, ja, warum eigentlich nicht, er bringt nur vorher den Einkauf nach Hause, gut, bis gleich dann, in Ordnung.
Woran arbeitest du denn gerade?, fragt Detlef, während Richard sich noch die Schuhe abputzt. Bis vor fünf Jahren war Detlef als Innenarchitekt bei einer Firma angestellt, die Ladeneinrichtungen entwirft und baut, seitdem ist er im Vorruhestand. Nach dem Mauerfall war es sein Glück, dass er fließend Russisch sprach, denn so war er für die neuen Geschäftsleute in Moskau der Mann aus

dem Westen, für seine westlichen Arbeitgeber aber der ehemalige Ostler, der mit den Russen zurechtkam. Sylvia, die, als sie in dieses Haus einzog, noch einen Pferdeschwanz trug und aussah wie ein Mädchen, war bis zum Mauerfall Typographin gewesen, danach hatte sie ihre Arbeit verloren, und einige Jahre später erwies sich, dass die Zeit nach dem Mauerfall für sie praktisch mit dem Beginn des Computerzeitalters zusammenfiel, denn wenig später waren all diese neuen Techniken auf den Markt gekommen, und von da an gab es den Beruf, wie sie ihn gelernt hatte, nur noch im Museum. Seit auch ihr Mann keine Arbeit mehr hat, sind beide von ihren Ersparnissen auf Reisen gegangen, haben Venedig gesehen, Marokko und Hamburg, haben die Pyramiden besichtigt, den Eiffelturm, Stonehenge und die kroatische Küste. Bis vor einem Jahr, als Sylvia krank wurde. Auf der Geburtstagsfeier seines Freundes hatte er sie zum ersten Mal sagen hören: Ich bin froh, dass ich von der Welt noch so viel gesehen habe. Bei dem *noch* hatte er unwillkürlich seinen Freund angesehen, und der Freund hatte gefragt: Willst du ein Bier?

Ach, hier im Altersheim sind Afrikaner untergebracht? Das wusste ich gar nicht.
Doch, ich hab schon manchmal welche beim Einkaufen gesehen und mich gewundert.
Apoll, Tristan und der Olympier bekommen nun ihren Platz in einem deutschen Wohnzimmer mit Couchecke, Fernseher, Obstschale und Bücherregal.
Während Richard von den Auseinandersetzungen der Tuareg mit Al-Qaida-Gruppen in der Wüste von Mali und Niger spricht, sieht er draußen im Garten ein Eichhörnchen laufen, während er erzählt, dass Tristans Vater die Rollos auf der Südseite seines Hauses in Tripoli erst am Abend wieder hinaufzog, fällt sein Blick auf die Fernsehzeitung für diese Woche, die auf dem kleinen Tisch neben dem Sofa liegt. Als die Zahl auf der digitalen Uhr, die im Regal zwischen den Büchern steht, von 12.36 auf 12.37 springt, ist er gerade fertig mit der Geschichte von dem blauen Gewand, das

Raschid, der Blitzeschleuderer, an Eid Mubarak trug und noch immer trug, als er floh.

Verstehe, hat sein Freund von Zeit zu Zeit gesagt, während er erzählte. Nun, da Richard mit seinem Bericht fertig ist, bleibt er eine Weile still und nickt nur.

Also arbeiten dürfen sie nur in Italien?, fragt er schließlich.

Genau.

Wo es aber keine Arbeit gibt.

Genau.

Und das Geld, das sie hier bekommen?

Das wird nur ein paar Monate lang gezahlt – so lange, bis ein für allemal nachgewiesen ist, dass Deutschland nicht zuständig ist.

Und dann?

Dann werden sie nach Italien zurückgeschickt.

Wo es aber keine Arbeit gibt.

Genau.

Da geht es uns ganz schön gut hier, sagt Sylvia.

Richard denkt an seinen Vater, der als deutscher Soldat in Norwegen und Russland war, um *Kriegswirren* zu erzeugen. Detlef denkt an seine Mutter, die mit der gleichen Sorgfalt, mit der sie sich als deutsches Mädchen die Zöpfe flocht, dann später als Trümmerfrau Steine klopfte für den Wiederaufbau. Sylvia denkt an ihren Großvater, der seiner Frau für die eigenen Kinder blutige russische Kinderwäsche geschickt hatte: *Die Flecken gehen leicht mit kaltem Wasser heraus.* Das Verdienst ihrer Großväter und Väter, Großmütter und Mütter, war, wenn man so wollte, die Zerstörung gewesen. Die Schaffung einer leeren Fläche, die von Kindern und Enkeln neu beschrieben werden musste. Und das Verdienst ihrer eigenen Generation? Der Grund dafür, dass es ihnen jetzt um soviel besser geht als zum Beispiel diesen drei afrikanischen Männern, von denen Richard gerade erzählt hat? Nachkriegskinder sind auch sie, die da auf dem Sofa sitzen, deshalb wissen sie, dass die Aufeinanderfolge von Vorher und Nachher oft ganz anderen Gesetzen folgt als denen von Belohnung oder Strafe. Nicht direkt sind die Wirkungen, sondern indirekt, denkt Richard, wie

er es in den letzten Jahren schon oft gedacht hat. Die Amerikaner hatten mit der einen Hälfte von Deutschland ihre Pläne gehabt – und die Russen mit der anderen Hälfte von Deutschland andere. Und weder der materielle Wohlstand auf der einen Seite noch die Planwirtschaft auf der anderen ließen sich durch irgendeine besondere Charaktereigenschaft der deutschen Bürger, die nur das Material der politischen Versuchsanordnung abgaben, erklären. Worauf also sollte man stolz sein? Was hätten sie das bessere Ihre nennen sollen – im Gegensatz zu dem, was irgendein schlechteres Andere war? Gearbeitet haben sie ihr ganzes Leben, das ist wohl wahr, aber ihnen hat das auch niemand verboten. Als Blutsverwandte sind sie, die aus dem Osten, schließlich von ihren Brüdern und Schwestern auf der wohlhabenderen Seite der Mauer in die Arme geschlossen worden, aber mit dem Blut waren sie schon geboren, und konnten weder etwas dafür noch dagegen. Die Schwiegertochter von Monika hat, wenn sie ihr Nachwende-Kind stillte, immer das Wunder bestaunt, dass ein Glas Coca Cola, das sie trank, sich in ihrem Körper in Milch verwandelte. Ob Blut, Coca Cola oder Milch in ihren Adern floss, konnte niemand so ganz genau wissen, und ebenso wüsste keiner von ihnen eine Antwort auf die Frage, wessen Verdienst es in Wahrheit war, dass selbst die Ärmeren aus ihrem Freundeskreis einen Geschirrspüler in ihren Küchen hatten, Weinflaschen im Regal und doppelt verglaste Fenster. Wenn es aber nicht ihr eigenes Verdienst war, dass es ihnen so gut ging, war es andererseits auch nicht die Schuld der Flüchtlinge, dass es denen so schlecht ging. Ebensogut könnte es umgekehrt sein. Einen Moment lang reißt dieser Gedanke sein Maul weit auf und zeigt seine grässlichen Zähne.
Sylvia sagt: Ich stelle mir immer vor, dass auch wir noch einmal fliehen müssen, und dann wird uns auch niemand helfen.
Detlef sagt: Rein nach dem Gesetz der Wahrscheinlichkeit.
Sylvia sagt: Und wohin überhaupt?
Richard sagt: Ich hab schon mal überlegt, mein altes Motorrad auf die andere Seite vom See zu stellen. Wenn es dann soweit ist,

hinüberrudern, aufs Motorrad steigen und ab nach Osten. Dahin will bestimmt keiner. Da ist dann noch Frieden.

Apropos, sagt Sylvia, der Mann ist noch immer unten im See, oder?

Ja, er ist immer noch unten.

Vor dem Fenster steht auf der Terrasse ein Aschenbecher im Kalten, der ist schon verrostet. Seit der Diagnose vor einem Dreivierteljahr hat Sylvia aufgehört mit dem Rauchen.

Detlef steht auf und sagt: Ich bring uns mal ein paar Sachen zu essen. Wir haben noch von der Entenbrust. Und auch Suppe.

20

Die Mischbatterien darf man nicht mit einem Mikrofasertuch putzen, sagt der Klempner, das zerstört den Metallüberzug, der so aussieht wie Chrom. Gut. Die Spülung war auch nicht ganz in Ordnung. *Freitag nach eins macht jeder seins*, es ist Freitag, nach eins, der Mann packt gerade sein Werkzeug zusammen, dann noch hier unterschreiben.

Als Richard ins Altersheim kommt, erfährt er: Da haben Sie heute wohl Pech, freitags gehen die Schwarzis immer nachmittags beten.

Ist gar keiner da?

Doch, die paar Christen.

Dann versuche ich's einfach mal, sagt Richard. In 2017 öffnet auf sein Klopfen hin niemand, aber in 2019 macht ihm ein junger Mann, der verschlafen aussieht, die Tür auf. Ein paar weiche Barthaare sprießen ihm aus den Wangen. Er muss einer von denen sein, die während Richards erstem Besuch bei Apoll auf den beiden anderen Betten lagen und schliefen.

Richard erklärt noch einmal, wer er ist und was er vorhat, und der junge Mann sagt: Okay.

Würden Sie also vielleicht mit mir sprechen?

Der junge Mann zuckt mit den Schultern.

Verstehen Sie Englisch?

Yes, sagt er, macht aber keine Anstalten, Richard eintreten zu lassen. Vielleicht hat er Angst, mit Richard allein in einem Zimmer zu sein?
Richard sagt: Wollen wir hinausgehen, in ein Café?
Der junge Mann zuckt wieder nur mit den Schultern.
Es gibt so viel Unsicherheit auf beiden Seiten, denkt Richard, auf seiner eigenen und wahrscheinlich auch auf der Seite des Flüchtlings. Aber gerade als Richard sich entschuldigen und wieder fortgehen will, macht der Junge doch einen Schritt nach vorn, nickt Richard zu, schließt die Tür hinter sich, und folgt ihm – einfach so, wie er ist: ohne sich die Haare zu kämmen, ohne irgendeine Tasche zu nehmen, und in einer Jacke, die viel zu dünn ist.

Es ist Richard nicht unrecht, das Haus einmal zu verlassen, um ein Gespräch zu führen. Die Zimmer, die er bis jetzt kennengelernt hat, sind ja schon bis zum Rand von Gespenstern bewohnt. Nebenan, in Zimmer 2020, weiß er, hängt zwar ein Vorhang, blaukariert und gebügelt, noch vor dem Fenster, aber all der übrige Hausrat wird gerade von marodierenden Truppen zerschlagen, das Bett geht zu Bruch und der Schrank wird umgekippt, auf den Anziehsachen trampeln welche herum, das Geschirr wirft irgendwer gegen die Wand, allein dieser blaukarierte Vorhang, für eine 102-jährige deutsche Rentnerin vom Enkel montiert, ist nach wie vor heil und gebügelt, und wirft an einem sonnigen Herbsttag in ein Zimmer vor den Toren Berlins seinen Schatten. In Zimmer 2017 warten Geister filetierter Fische auf Futter, aber noch sind alle 800 Passagiere am Leben, und unten beim Ausgang, im Abstellraum, an dessen Tür Richard und der Junge in der dünnen Jacke eben vorbeigehen, türmen sich gelb- und rotgepolsterte, hölzerne und eiserne Stühle für die große Familie, die sich gleich zum großen Fest, Eid Mubarak, versammeln wird, 5 Frauen, 24 Töchter und Söhne, darunter Raschid. Und Raschids Vater.
Kein Problem, mit dem jungen Mann rauszugehen, sagt der Uniformierte, wenn der sich hier in der Liste austrägt.

In so einem Vorort von Berlin gibt es nicht viele Cafés. Ein Bäckerladen hat expandiert, hat bald nach der Wiedervereinigung beider Deutschlands einen Glasvorbau errichtet und verkauft seine Himbeertorten, Liebesknochen und Sahnebaisers nun hinter einer Theke, die 8,50 Meter lang ist. Die älteren Herrschaften, die für 16 Uhr hier miteinander verabredet sind, liegen jetzt noch zu Hause unter ihren Kamelhaardecken und absolvieren den Mittagschlaf. Nur ein einziger Gast sitzt in der Nähe der Theke vor einer Tasse Kaffee und liest Zeitung. Richard setzt sich mit seinem jungen Gesprächspartner möglichst weit weg von dem, an einen Tisch ganz am Rand des gläsernen Raums, mit Blick nach draußen.
Was möchtest du trinken? Kaffee? Tee? Kakao? Saft oder Wasser?
Der Junge schüttelt den Kopf.
Möchtest du Kuchen?
Der Junge schüttelt den Kopf.
Einen Tee?
Der Junge zuckt mit den Schultern.
Kräutertee, Früchtetee, grünen Tee, schwarzen Tee?
Nichts.
Grün? Schwarz?
Der Junge zuckt mit den Schultern: Dann schwarz.
Und Kuchen?
Der Junge schüttelt den Kopf.
Richard bestellt bei der Theke also einen schwarzen Tee und einen Cappuccino. Cappuccino hat er zu DDR-Zeiten nie getrunken, aber in den letzten Jahren hat er es sich in Italien angewöhnt. Dass es in seinem Leben je irgend etwas geben würde, das er sich in Italien angewöhnt, hätte er in den vierzig Jahren davor nicht für möglich gehalten.
Wie heißt du?
Osarobo.
Aha.
Und schon wird der schwarze Tee gebracht und der Cappuccino mit Milchschaum, darübergestreut ein Hauch von Kakao, auf der Untertasse ein Keks.

Woher bist du?
Aus Niger. Später war ich bei meinem Vater in Libyen.
Zucker in den Kaffee, der rutscht durch den Milchschaum hindurch in die Tiefe.
Hast du noch Familie in Niger?
Eine Mutter und eine Schwester.
Wie alt ist deine Schwester?
Vierzehn oder so.
Umrühren.
Und wie heißt sie?
Sabinah.
Rufst du dort manchmal an?
Nein.
Und dein Vater?
Kopfschütteln.
Sprichst du mit deinen Freunden vom Oranienplatz über den Krieg?
Manchmal.
Gibt es unter denen einen, den du noch von früher kennst – von Libyen?
Nein. Ich habe alle meine Freunde verloren.
Leise Hintergrundmusik, eine Frau kauft Kuchen, das macht 11,60 Euro.
Ich hab gesehen, wie sie gestorben sind. Viele, viele sind gestorben.
Die Frau verlässt den Laden wieder mit ihrem Kuchenpaket, vor ihr öffnet sich die gläserne Schiebetür automatisch.
Osarobos Tee steht da, unangerührt, und Richards Cappuccino steht auch da, unangerührt.
Life is crazy, life is crazy, life is crazy.
Richard wüsste gern, welche Fragen ins Land der schönen Antworten führen.
Gehst du manchmal spazieren? Walk, fragt Richard, aber Osarobo missversteht die Frage, versteht stattdessen *work*: arbeiten.
Ja, ich will arbeiten. Ich will arbeiten, aber es ist nicht erlaubt.

Richard denkt daran, wie Mozarts Tamino geprüft wird, und ihn bei jeder Tür, die er öffnen will, eine Stimme vom Weitergehen abhält: *Zurück!*

Welche Sprache ist deine Muttersprache?

Hausa, und Tebu-Tebu.

Was heißt Hand auf Hausa? Hanu.

Und Auge? Idu.

Tee? Shayi.

Ich? Ni.

Du? Kay.

Wo warst du in Italien?

In Neapel, in Mailand. In der Metro, sagt er, stehen die Leute auf und setzen sich anderswohin, wenn sich ein Schwarzer neben sie setzt.

Auch Italien ist längst schon nicht mehr das Land der schönen Antworten.

Tja, sagt der Junge, und zupft an der Haut auf seinem Handrücken, als wollte er sich diese lästige Hülle abziehen. Dann schaut er aus dem Fenster nach draußen, auf die Bäume, an denen noch ein paar gelbe Blätter hängen. Sein linkes Auge ist irgendwie nicht ganz in Ordnung, das sieht Richard erst jetzt, weil der Junge vorher nie aufgeschaut hat.

Was ist mit deinem Auge?

Kopfschütteln. Kein Wort. Schaut wieder nach unten.

Wie alt bist du?

Achtzehn.

Und seit wieviel Jahren in Europa unterwegs?

Seit drei Jahren.

Denkst du manchmal an deine Zukunft?

Zukunft?

Bis jetzt hat der Junge noch keinen einzigen Schluck von seinem Tee getrunken.

Crazy life, crazy life, crazy life, sagt er und verstummt.

Der Milchschaum ist schon lange erkennbar als etwas vollkommen Falsches.
Ich will wieder zu meinen Freunden zurück.
Richard weiß nicht, ob Osarobo seine Freunde im Altersheim meint oder die Toten. Richard scheitert an diesem Jungen. Aber es geht nicht darum, dass er scheitert. Es geht überhaupt nicht um ihn.
Das macht 4,70 Euro, sagt die Frau und schaut stumm auf den Tisch hinunter, auf dem stehen noch vollkommen unangerührt die zwei Getränke.

Bis zur Kreuzung, an der Richard zu seinem Haus abbiegen muss, geht der Junge wortlos neben ihm her, erst als Richard stehenbleibt, um sich zu verabschieden, fragt er plötzlich:
Glaubst du an Gott?, und sieht Richard zum ersten Mal an.
Bei der Kreuzung schaltet die Ampel auf Rot, und deswegen wird es jetzt ganz still auf der Straße. Richard sagt: Eigentlich nein. Und das *eigentlich* ist schon ein Kompromiss.
Ich verstehe das nicht, wie jemand nicht an Gott glauben kann, sagt der Junge. Wenn du in Not bist, glaubst du an Gott. Life is crazy. Wenn ich krank bin, dann macht mich nicht das Krankenhaus gesund, sondern Gott. Gott hat mich gerettet, sagt er, mich hat er gerettet, aber die anderen nicht. Also muss er doch irgend etwas mit mir vorhaben, oder?
Noch immer schaut er Richard an, mit einem gesunden Auge, und einem Auge, mit dem irgend etwas nicht stimmt, aber als Richard ihm keine Antwort gibt, sinkt er wieder in sich zusammen, viel zu dünn ist seine Jacke für einen deutschen Oktober, verliert sich sein Blick wieder in dem unsichtbaren Gestrüpp, mit dem für ihn die Luft gefüllt ist.
Richard hat vor dreißig Jahren bei seiner Fahrprüfung einen Erste-Hilfe-Kurs gemacht. Die Herzdruckmassage war viel anstrengender gewesen, als er sich das vorgestellt hatte.
Gibt es nicht irgend etwas, das du gern machen würdest, wenn du Gelegenheit dazu hättest?, fragt er den Jungen, so als hinge für ihn

selbst etwas davon ab, dass er den wieder ins Leben zurückholt, als verlöre er selbst irgend etwas, wenn dieser Junge aus Niger, den er kaum kennt, sich aufgibt. Gern machen würdest, wenn du die Wahl hättest?, fragt er noch einmal, denn schon mit dem Wünschen allein hätte er ihn ja schon ins Leben zurückgekauft. Jemanden dazu bringen, atmen zu wollen. Der Rest würde sich finden.

Ja, sagt Osarobo.

Was denn?, fragt Richard.

Klavierspielen, sagt der Junge.

Die Ampel schaltet wieder auf Grün.

Klavierspielen? Richard glaubt zuerst, dass er sich verhört hat, aber Osarobo sagt wirklich:

Ja. Klavier.

Dann muss Richard doch nur erklären, dass ein Klavier bei ihm zu Hause steht, dass man, um darauf zu spielen, nein, keinen Eintritt bezahlen muss, dass Osarobo, wenn er will, jederzeit zu ihm kommen kann. Am Montag vielleicht? Oder am Dienstag? Am Mittwoch.

21

Am Sonnabend kommt ihn sein Freund Peter, der Archäologe, besuchen, für die Grabungen sei es zum Glück immer noch warm genug, sagt er.

Am Sonntag gibt es zum Frühstück ein Ei. Längst schon hat Richard sich vorgenommen, dieses Papier zu studieren, *Vereinbarung* genannt, das der Senat mit den Afrikanern gemacht hat, um den Oranienplatz wieder freizubekommen für die Berliner. Einen ganzen Tag hat er dafür eingeplant, aber dann ist das Dokument zu seiner größten Überraschung nicht länger als eine dreiviertel Seite. Selbst seine Telefonverträge sind länger, und ganze zwei Ordner in seinem Regal sind gefüllt mit dem Schriftwechsel über den Erwerb seines Hauses. Wenn in Deutschland ein Schriftstück so kurz ist, erscheint ihm das, gelinde gesagt, höchst erstaunlich. *Wir sind uns darüber einig, dass die Bedingungen für schutzsuchende Flüchtlinge*

in Europa und Deutschland verbessert werden müssen. So lautet der erste Satz dieses als *Einigungspapier* bezeichneten Dokuments. Hier wollen sich also zwei einigen, die gleich am Anfang bekunden, dass sie sich einig sind. Manchmal schon hat er gedacht, dass er, wenn er einen Text untersucht, kaum anderes macht, als nach Indizien zu suchen. Wer zum Beispiel ist überhaupt *wir*?
Das Campieren und damit die im Widerspruch zur genehmigungsfähigen rechtlichen Situation stehende Form des Protests wird auf Dauer beendet. Die Flüchtlinge organisieren selbstständig den Abbau aller Zelte bzw. Unterkünfte und wirken darauf hin, diesen Zustand dauerhaft zu erhalten.
Die *genehmigungsfähige rechtliche Situation* gefällt ihm besonders. Ob das Verhältnis zu seiner Geliebten eine *ehefähige Beziehung* hätte genannt werden können? Und hätte allein diese Bezeichnung seiner Geliebten, die jede Woche mindestens einmal darüber weinte, dass er zum Abendbrot wieder zu seiner Frau zurückfuhr, vielleicht schon Genugtuung verschafft? Oder stand eben das Weinen im Widerspruch zu ihrer Ehefähigkeit?
Außerdem aber hat sich die Rede von der Dauerhaftigkeit des Rückzugs zweimal in diesen Abschnitt geschlichen, Sprache ist niemals Zufall, das hat er seinen Studenten immer begreiflich zu machen versucht. Er selbst hat das Tag für Tag neu beim Studium des *Neuen Deutschlands*, des sogenannten *Zentralorgans der Partei* gelernt.* Die Bezeichnung *Zentralorgan* selbst war schon Anlass genug, um zu zweifeln. Den eigenen Protest also sollten die Flüchtlinge selbst zu Kleinholz zerlegen, vor aller Augen. Und was gab es dafür? Richard selbst weiß noch gut, wie er in der ersten Zeit nach der Währungsunion Tag für Tag Briefe bekam: *Sie haben gewonnen! Einen Mercedes! 500 Millionen! Eine Villa!* Die kleine Papierschablone mit dem goldenen Schriftzug *Villa Richard* hängt zur Erinnerung an den Verlust seiner sozialistischen Unschuld noch immer bei ihm über dem Schreibtisch.

* *Neues Deutschland:* überregionale Ost-Berliner Tageszeitung; vertrat in der DDR die offizielle Staatsdoktrin der Partei und war daher propagandistisch geprägt.

Die Senatorin unterstützt im Rahmen ihrer politischen Verantwortlichkeit. Es erfolgt eine Prüfung der Einzelfallverfahren im Rahmen aller rechtlichen Möglichkeiten. Abschiebung für die Zeit der Prüfung ausgesetzt.
Ein Rahmen, das versteht sich von selbst, ist auch nichts anderes als eine Grenze. Und eine Zeit der Prüfung ist, mal früher, mal später, vorüber. Ewigkeit wird hier also gegen Zeit eingetauscht. Eine wirkliche Räumung eines wirklichen Ortes *auf Dauer* gegen den schwimmenden Begriff einer Hoffnung: *Unterstützung und Begleitung bei der Entwicklung der beruflichen Perspektiven.* So fremd ihm die Welt der Rechtsanwälte auch ist, fühlt er sich ihnen im Besessensein davon, Sachverhalte mit der Sprache immer genauer zu fassen, manchmal verwandt. Der Text teilt also jenseits des Inhalts der einzelnen Sätze noch etwas anderes mit: Die Flüchtlinge konnten sich keinen Anwalt leisten und verstehen kaum Deutsch. Die Hoffnung ist das, was sie am Leben hält, und Hoffnung ist billig.

22

Und dann gibt es am Montag wieder Sprachunterricht.
Richard trägt sein hellblaues Hemd.
Die Lehrerin stellt jeweils zwei Männer hintereinander, nebeneinander, voreinander und übt den Dativ.
Wem gehört die Sonne?
Die Sonne gehört Gott!, antwortet einer.
Die Sonne gehört uns!, ein anderer.
Wem gehört Ali?
Ali gehört sich selbst.
Die Lehrerin lacht, begrüßt den oder jenen, der zu spät kommt, schreibt an die Tafel, blickt dem einen oder dem anderen beim Schreiben über die Schulter, wie eine geübte Dompteuse bewegt sie sich zwischen all diesen Männern, und nach zwei Stunden, die wie im Flug vergehen, ist der Unterricht aus.

Wenn Sie wollen, können Sie die Fortgeschrittenen unterrichten,
Sie sehen ja, das Niveau ist sehr unterschiedlich.
Und das neue Rasierwasser hat er heute genommen.
Ich überlegs mir.
Und schon hat sie wieder *Auf Wiedersehen* gesagt und ist fort.

Am Dienstag geht Richard den Flur, an dessen Ende auf einem Fensterbrett wie immer drei Paar Schuhe säuberlich nebeneinander aufgereiht stehen, wieder einmal bis zum Zimmer 2017 und klopft, diesmal macht ihm Zair die Tür auf. Auf den Liegen schlafen die andern, der Fernseher läuft nicht.
Weißt du, wo Raschid ist, flüstert Richard.
Zair zeigt hinter sich in den Raum auf eine der Liegen, auf der der Hügel unter der Decke etwas höher ist als bei den andern.
Also kann selbst der gewaltige Raschid, den Richard aufgrund des Auftritts im Treppenhaus inzwischen bei sich nur noch den Blitzeschleuderer nennt, dieser mächtige Mann, der, in ein blaues Festgewand gekleidet, die fünf Säulen des Islam allein auf seinen Schultern trägt, einfach so wieder zurückfallen unter die Schläfer.
Richard dankt und schüttelt den Kopf, als Zair ihn hineinbitten will.
Jetzt geht eine andere Tür auf, ein halbnackter Mann, barfuß, nur mit einer Unterhose bekleidet, ein Handtuch um die Schultern, kommt aus einem der Zimmer, schlendert an ihm vorbei, nickt ihm zu und geht in Richtung Treppenhaus weiter, wahrscheinlich sind da die Duschen. Dann ist es wieder sehr still. Aber irgendwelche Geräusche kommen von weiter hinten. Richard geht den Flur hinunter, biegt hinten rechts um die Ecke, und findet sich vor einer Küche. Zu seiner Freude und Überraschung steht da die junge Deutschlehrerin ganz allein auf einer Leiter und versucht, über einem der drei Herde ein Plakat aufzuhängen: Das nächtliche Schloss Bellevue, angestrahlt und symmetrisch. Einen Herd weiter hängt schon ein Poster, auf dem sind Bierflasche, Zigarette und Tabletten durchgestrichen zu sehen und darüber steht: *Sei wie ein Vogel!*

Kann ich Ihnen irgendwie helfen?, fragt Richard.
Sie können mir die Reißzwecken reichen.
Warum machen Sie das?, fragt er, während er aus der Schachtel mit Reißzwecken diejenigen heraussucht, die dunkelblau und grün sind, so wie die Nacht rings um das Schloss Bellevue, in dem der deutsche Bundespräsident residiert. Ob die Lehrerin wohl bei einem der Männer übernachtet hat, dass sie hier so früh unterwegs ist? Vielleicht bei dem, den Richard gerade halbnackt aus dem Zimmer hat kommen sehen?
Selbst Fische in einem Aquarium haben doch wenigstens ihr Hintergrundbild mit Korallen und Algen, sagt sie. Und die Menschen hier sollten es schlechter haben als so ein paar Fische?
Richard fällt der Blumenstrauß ein, den er letzte Woche gekauft hat und der schon verwelkt ist, weil er vergessen hat, ihm frisches Wasser zu geben. Manchmal ertappt er sich dabei, wie er den Erbseneintopf kalt aus der Büchse löffelt. Und auf seinem Wohnzimmertisch steht seit fünf Jahren der Adventskranz, mit den heruntergebrannten Stümpfen der roten Kerzen vom letzten Weihnachtsfest mit seiner Frau. Nun ist ja bald wieder Adventszeit.
Könnten Sie mir das dritte da geben?
Richard reicht ihr die Rolle hinauf, sie streift sie an der Wand glatt. Da, wo sie gerade nicht festhält, rollt das Plakat sich gleich wieder zusammen. Streift sie links, sieht er die linke Hälfte des Bode-Museums*, streift sie rechts, sieht er die rechte.
Von seiner Frau war Richard immer pünktlich in den Keller geschickt worden, erst, um die Kartons mit der jeweils notwendigen Dekoration für irgendein Fest heraufzuholen, und nach dem Fest dann, um all die Requisiten, die abgespielt hatten, wieder hinunterzubringen: Osterhasen, gläserne und hölzerne Eier, künstliches Gras, Adventssterne, Nussknacker, Engel, Lichterketten, Weihnachtsbaumschmuck, Wunderkerzen, Silvesterknaller, und zum Fasching dann bunte Schlangen und die große, niemals ganz leer werdende Büchse mit Konfetti. Nach ihrem Tod hatte er das Weih-

* Neoklassizistisches Bauwerk auf der Museumsinsel in Berlin-Mitte. Das Museum beherbergt die Skulpturensammlung, byzantinische Kunst und das Münzkabinett.

nachtszeug zum ersten und einzigen Mal selbständig eingepackt und in den Keller hinuntergebracht, aber den Adventskranz dabei vergessen. Seitdem steht der nun da auf dem Wohnzimmertisch.
Ist es so gut?
Vielleicht noch ein bisschen nach links.
So?
Und zwei Zentimeter höher.
Nach dem Tod seiner Frau war Richard zunächst erleichtert gewesen, dass der Jahreszyklus ihn nun nichts mehr anging, so ein Fest war vorbei, ehe er auch nur daran gedacht hatte, dass es bevorstand. Erst seit kurzem, da die ungeformte Zeit inzwischen lang genug dauert, um ihrer überdrüssig zu werden, hat er manchmal, wenn er im Keller war, auf diesen Kartons den Namen des jeweiligen Festes in der Handschrift seiner Frau gelesen und sich einen Moment lang vorzustellen versucht, wie da im Dunkel all die seltsamen Wesen und Dinge einzig nach Maßgabe von Platzersparnis und Fragilität, ansonsten aber wahllos, miteinander einsortiert sind.
Wissen Sie vielleicht, wann die Männer nun umziehen müssen?
Weiß und hellblau ist der Himmel über dem Bode-Museum, grün und schwarz das Wasser rings um das Fundament.
So bald jedenfalls nicht, es hat zwei neue Windpockenfälle gegeben, murmelt die schöne Äthiopierin, denn während sie die ersten Reißzwecken befestigt, hält sie die anderen zwischen die Lippen gesteckt.
Absurd ist allerdings, sagt sie, als sie fertig ist und von der Leiter herabsteigt, dass den Männern nur die Hälfte des versprochenen Geldes ausgezahlt wurde, den Rest bekommen sie erst im neuen Quartier, hat mir gestern einer erzählt. Als seien Bakterien bestechlich.
Ja, das ist wirklich absurd, sagt er. Ihm fallen wieder die Kartoffelkäfer ein und sein Einweckglas, das bis zur Hälfte mit Essig gefüllt war.

Ich muss los, sagt sie, eigentlich dürfte ich gar nicht hier sein, die Betreuer haben mir Hausverbot erteilt, aber so früh kommen sie nicht kontrollieren.
Hausverbot? Aber Sie unterrichten doch zweimal die Woche.
In den Unterrichtssaal darf ich noch kommen, aber nicht hier hinauf zu den Zimmern. Es heißt, ich brächte zuviel Unruhe ins Haus.
Er kann sich schon vorstellen, was die Betreuer mit *Unruhe* meinen, sagt aber trotzdem:
Das ist ja unglaublich.
Und ist gleichzeitig froh, dass sie die Nacht also nicht mit dem halbnackten Mann verbracht hat.
Vielleicht denken Sie noch über das nach, was ich Sie gestern gefragt habe – den Unterricht für die Fortgeschrittenen-Gruppe?
Aber ja, sagt er, da ist sie mit ihrem *Auf Wiedersehen* schon draußen, er hört ihre entschiedenen Schritte sich den langen Flur hinunter entfernen, schnell ist sie fort, so wie immer.
Ob irgendeiner von den Männern hier je im Bode-Museum war?

23

Als Richard abends zu Hause ankommt, weiß er nicht mehr, wie das Gespräch eigentlich begonnen hat. Er hatte nicht mehr bei einer der Türen anklopfen wollen, hinter denen die Schlafenden waren. Beim Hinuntergehen dann sah er den dünnen Mann mit dem Besen. Der fegte, als habe er alle Zeit dieser Welt, die unbewohnte erste Etage. Das Gespräch mit ihm hat viel länger gedauert als all die anderen Gespräche, aber das kann Richard sich nicht wirklich erklären.
Ich weiß, woran das liegt, sagt die Stimme. Der dünne Mann trägt noch immer die gelbe, zerlöcherte Trainingshose und hat den Besen noch immer in der Hand. Manchmal macht er eine kleine Pause und stützt sich mit beiden Händen darauf, und dann fegt er weiter.
Oder ist es noch immer nicht zu Ende?

Ich schaue nach vorn und nach hinten und sehe nichts.

Das war der erste Satz, den der Mann in der leeren Etage gesagt hat, und von diesem Satz aus ging es viele, viele Male im Kreis. Jetzt ist Richard zu Hause und hört immer noch dessen Stimme.

Mit acht oder neun Jahren haben meine Eltern mich bei der Stiefmutter gelassen, der ersten Frau meines Vaters, und sind mit meinen zwei Brüdern und meiner Schwester in ein anderes Dorf gezogen. Mit elf habe ich meine erste Cutlass bekommen, das Messer, um auf den Feldern zu arbeiten, für 30 Cent in der Stunde. Mit achtzehn hatte ich soviel verdient, dass ich einen kleinen Kiosk aufmachen konnte. Mit neunzehn verkaufte ich den Kiosk, um nach Kumasi zu gehen.

Richard schaltet das Licht im Wohnzimmer ein, in der Bibliothek und in der Küche, so wie er das immer macht, wenn er abends nach Haus kommt.

Ich ging zu meinen Eltern, meinen Brüdern, meiner Schwester und verabschiedete mich. Länger als eine Nacht konnte ich nicht bei ihnen bleiben, dazu war ihr Zimmer zu klein.

Ich fuhr nach Kumasi und fing bei zwei Händlern, die auf der Straße Schuhe verkauften, als Helfer an. Ich lernte ein Mädchen kennen, aber ihre Eltern gaben uns die Einwilligung zum Heiraten nicht, weil ich zu arm war. Dann gingen die Händler, bei denen ich angestellt war, pleite.

Ich fuhr zu meinen Eltern, meinen zwei Brüdern und meiner Schwester. Länger als eine Nacht konnte ich nicht bei ihnen bleiben, dazu war ihr Zimmer zu klein.

I didn't feel well in my body in that time.

Richard geht in die Küche, macht das Fenster zum Garten auf, blickt in die Nacht und denkt einen kurzen Moment, dass jetzt alles ganz still ist. Dann hört er hinter sich wieder das Schleifen des Besens.

Etwas veränderte sich, aber ich wusste nicht, ob zum Schlechten oder zum Guten.

Ich fing auf einer Farm zu arbeiten an. Ich sollte mich um die Tiere kümmern, Ziegen und Schweine. Ich besorgte ihnen das Futter, schnitt Gras, Holz und Blätter. Aber der Besitzer behielt meinen Lohn ein, er sagte: Soviel kostet mich deine Verpflegung.

Richard macht die Balkontür wieder zu und dreht sich um. Der Mann stützt sich mit beiden Händen auf seinen Besen, lächelt und sagt:

Eines Nachts hatte ich einen Traum. Mein Vater lag auf der Erde, ich wollte ihn umarmen, aber konnte ihn nicht halten, unter meinen Armen wurde er flach und sank nach unten, in die Erde hinein.

In der nächsten Nacht hatte ich wieder einen Traum. Drei Frauen wuschen den toten Leib meines Vaters. Ich sollte ihnen helfen, aber ich wusste nicht, wie man das macht.

In der dritten Nacht sah ich, wie meine Mutter neben dem Körper meines Vaters steht, so als würde sie über ihn wachen.

Einen Tag später erhielt ich Nachricht aus meinem Dorf, dass mein Vater gestorben war.

Wo er den Besen überhaupt her hat?

Ich wusste, dass mein Geld nicht reicht, um acht Wochen später zur großen Totenfeier für meinen Vater zu fahren. Aber ein Sohn muss kommen und seinen Vater betrauern.

Jetzt fegt er wieder weiter, mit ruhigen, weitausholenden Bewegungen. Schaden kann es schließlich nicht, denkt Richard.

Die erste Woche arbeitete ich.

Die zweite.

Die dritte.

Die vierte.

Am Ende der vierten Woche sagte mir der Besitzer, das sei nur der Probemonat gewesen und gab mir wieder kein Geld.

Ich fand Arbeit auf einer anderen Farm. Dort grub ich Felder um, auf denen Yam angebaut wurde. Die erste Woche arbeitete ich. Von vier Uhr morgens bis um halb sieben am Abend.

Die zweite Woche.

Die dritte Woche.

Die vierte.

Aber hätte ein Mädchen mir nicht umsonst zu essen gegeben, hätte auch das Geld, das ich dort verdiente, für die Reise zur Totenfeier und für den Kauf einer Ziege, die ich dort opfern wollte, niemals gereicht.

Vielleicht wäre ein kühles Bier doch gut an so einem Abend, denkt Richard und geht in den Keller hinunter.

Ich fuhr mit der Ziege in einem Sammeltaxi nach Nkawkaw.

Ich fuhr mit der Ziege in einem Bus nach Kumasi.

Ich fuhr mit der Ziege in einem Sammeltaxi von Kumasi nach Tepa.

Ich fuhr mit der Ziege von Tepa nach Mim.

Richard erinnert sich daran, wie er gelacht hat, als der Mann ihm erzählte, wie schwer es war, so eine lebendige Ziege zwischen all die anderen Passagiere in ein Auto zu zwängen.

Ich traf genau an dem Tag ein, an dem die Totenfeier für meinen Vater stattfand. Wir opferten, so wie es Brauch ist, die Ziege. Länger als eine Nacht konnte ich nicht bei meiner Familie bleiben, dazu war das Zimmer zu klein. Von jetzt an musste ich allein für meine Mutter und meine drei Geschwister sorgen.

In einem benachbarten Dorf bekam ich Arbeit auf einer Kakaoplantage.

Nach einem Jahr beschloss ich, mit dem Geld, das ich verdient hatte, nach Accra zu gehen.

Ich ging zu meiner Mutter, meinen Brüdern, meiner Schwester und verabschiedete mich. Länger als eine Nacht konnte ich nicht bei ihnen bleiben, dazu war ihr Zimmer zu klein.

Während Richard nun mit seinem Bier auf dem Sofa sitzt, fegt der Mann in der gelben, zerlöcherten Hose den Wohnzimmerteppich.

Ich fuhr nach Accra und kaufte die ersten 4 Paar Schuhe für meinen eigenen Handel. Am Nachmittag hatte ich 2 Paar verkauft. Ich kaufte 2 neue Paar nach, und verkaufte am Abend noch 1 Paar. Von dem Gewinn für die insgesamt 3 verkauften Paar Schuhe konnte ich mir Essen kaufen, eine Schlafmatte und eine Plane, um auf der Straße zu schlafen. Nachts stahl mir jemand die Plane.

Richards Blick fällt auf den Adventskranz, der seit fünf Jahren auf seinem Wohnzimmertisch steht.

Die Regenzeit hatte gerade begonnen, so lief ich in der Stadt herum, ich hatte inzwischen 11 Paar Schuhe, zeigte immer den einen Schuh her, den zweiten hatte ich in meinem Rucksack. Nachts wurde ich manchmal nass, wenn meine neue Plane nicht dichthielt. Tagsüber war ich dann oft so müde, dass ich im Sitzen einschlief. Schließlich ließ ich mir eine Tischplatte machen. Ich fand jemanden, der den Sack mit den Schuhen über Nacht für mich einschloss. Aber noch immer schlief ich auf der Straße, mit dem Geld in der Hosentasche, immer hatte ich Angst, überfallen zu werden. 5 Paar Schuhe gab ich einem, der mir beim Schuhverkauf helfen wollte, in Kommission. Aber er stahl mir die Schuhe und blieb verschwunden.

Jetzt dreht der Mann in der gelben, zerlöcherten Hose den Besen um und zupft die Fusseln aus den Borsten heraus, lässt sie aber gleich wieder an Ort und Stelle zu Boden fallen. Was soll das, denkt Richard im ersten Moment, dann denkt er: Na, wenn es ihm Spaß macht.

Ich fuhr zu meiner Mutter und meinen Geschwistern. Länger als eine Nacht konnte ich nicht bei ihnen bleiben, dazu war das Zimmer zu klein.

Ich fragte mich: Was ist an mir falsch?

Ich fragte mich, und ich fragte auch Gott.

Es darf einem auch einmal schlecht gehen. Aber wenn man *nie* weiß, wo man schlafen soll und was man zu essen hat? Gibt es auf der ganzen Erde wirklich keinen Platz, an dem ich mich zum Schlafen hinlegen kann?

Ich schaute nach vorn und nach hinten und sah nichts.

Meiner Mutter sagte ich, dass es mir gut geht.

Und meine Mutter sagte mir, dass es ihr gut geht.

Aber ich wusste ja: Sie besaß kein Land. Wenn ich ihr kein Geld gab und auch sonst niemand ihr etwas schenkte, konnte sie für sich und meine Geschwister nichts kochen.

Mein Schweigen und ihr Schweigen trafen sich, wenn wir uns sahen.

Dann arbeitete ich als Erntehelfer auf einer Plantage.

Die erste Woche.

Die zweite Woche.

Die dritte Woche.

Er dreht den Besen wieder herum, aber bleibt ruhig stehen.

Ich dachte: Wenn ich nicht mehr da wäre, könnte auch niemand mehr etwas von mir wollen.

Ich setzte mich an den Rand des Feldes und weinte.

Es ist so, viele Menschen in Ghana sind sehr verzweifelt.

Manche hängen sich auf.

Andere nehmen DDT*, sie trinken Wasser nach, dann gehen sie ins Haus, machen die Tür hinter sich zu – und sterben.

Ich schickte ein Kind zu dem Laden, wo es das DDT gibt. Aber der Verkäufer fragte das Kind, wer es geschickt hat. Er suchte mich, dann sprach er lange mit mir und sagte, ich soll es mir gut überlegen.

Drei Tage saß ich nach diesem Gespräch in der Moschee und dachte nach.

Ich hatte dann keine Kraft mehr, es zu tun.

Danach wurde ich krank.

Richard steht auf und geht in die Bibliothek hinüber. Dort sitzt er manchmal im Ohrensessel, wenn er telefoniert. Vielleicht braucht er noch irgendein Buch, um vor dem Einschlafen auf andere Gedanken zu kommen.

Hätte der Verkäufer von dem DDT damals nicht mit mir gesprochen, wäre ich schon lange tot.

Sicher, auch in der Bibliothek ist es staubig. Richard schaut dem dünnen Mann eine Weile dabei zu, wie er die Stühle, die um den runden Tisch herum stehen, umdreht und auf die Tischplatte hebt. Den Besen hat er solange ans Regal angelehnt, auf Höhe der deutschen Klassik.

Dann ging ich nach Accra zurück. Ich stellte einen Helfer ein. Irgendwann hatte ich insgesamt zweieinhalb Säcke mit Schuhen, beinahe 300 Paar. Für ein Zimmer hätte mein Geld jetzt bald gereicht.

* Hochgiftiges Insektizid.

Aber da wurde der Straßenhandel verboten.

Ich schaute nach vorn und nach hinten und sah nichts.

Jeweils 5 Paar Schuhe trug ich mit mir herum und verkaufte sie heimlich. Ganze Tage lief ich quer durch die Stadt. Die letzten 20 oder 30 Paare gab ich billig an meinen Helfer ab.

Von dem Erlös kaufte ich einen Sack Athfiadai, daraus machen sie hier in Europa Medizin, hat mir jemand gesagt. *Paracetamol.*

Richard nimmt gegen Kopfschmerzen ASS, das ist die Aspirin-Variante für die aus dem Osten, aber er weiß nicht, ob darin derselbe Wirkstoff enthalten ist wie in Paracetamol.

Dann fuhr ich nach Hause zu meiner Mutter und meinen Geschwistern. Ich blieb nur eine Nacht, weil das Zimmer zu klein war, und erklärte ihnen, was sie machen sollten, um mir zu helfen. Sie gingen alle vier in den Busch, um die Frucht zu sammeln. Sie sieht aus wie ein kleiner Apfel, man trocknet sie, dann platzt sie auf, man sammelt die Kerne heraus, auch die Kerne werden dann zwei, drei Tage an der Sonne getrocknet und im Mörser zermahlen. Am Ende ist es ein schwarzes Pulver. Die Frucht ist selten, und es macht viel Arbeit, bis man das Pulver hat, aber schließlich war ein zweiter Sack voll, den schickte mir meine Mutter nach Accra.

Richard würde gern das Licht löschen und zu Bett gehen. Aber dann wartet er doch noch so lange, wie der Dünne unter dem Sofa fegt und unter dem Sekretär, so lange, bis er die Stühle wieder vom Tisch nimmt und alles ordentlich hinstellt.

Ich ging auf den Markt mit den zwei Säcken.

Am ersten Tag kam niemand, um das Pulver zu kaufen.

Auch nicht am zweiten.

Und auch nicht am dritten.

Erst dann hörte ich, dass im Vorjahr einige Händler ähnlich aussehendes Pulver in die Säcke gefüllt hatten, um die Aufkäufer zu betrügen.

Jetzt macht Richard das Licht aus. Die Stimme erwartet ihn schon im Flur.

Ich ließ die Säcke bei einem Freund und fuhr zu meiner Mutter und meinen Geschwistern, um Abschied zu nehmen. Eine Nacht konnte ich bleiben, nicht länger, weil das Zimmer zu klein war.

Von dem letzten Geld, das ich hatte, gab ich meiner Mutter die Hälfte, von der anderen bezahlte ich den Schlepper für meine Fahrt nach Libyen.

Das war im Jahr 2010.

Eigentlich schön, dass es keinen Lärm macht, das Fegen, denkt Richard und fragt sich, warum er selbst, wenn überhaupt, immer gleich zum Staubsauger greift.

Mein Geld reichte nur bis Dakoro in Niger. Den Rest lieh mir der Schlepper. Ich und die andern lagen im doppelten Boden eines Pickups so eng aneinander und so flach, dass wir uns nicht einmal umdrehen konnten. Mit Stücken von Wassermelonen hielt uns der Schlepper am Leben, die schob er uns ins Versteck.

In Tripoli arbeitete ich die ersten acht Monate auf einer Baustelle nur für den Schlepper. Als meine Schuld endlich abbezahlt war, brach der Krieg aus. Wir konnten die Baustelle nicht mehr verlassen. Ringsum hörte man Schüsse. Irgendwann kam der Mann nicht mehr, der uns bis dahin mit Essen und Trinken versorgt hatte. Drei Tage hielten wir aus, dann mussten wir rausgehen. Die Straßen waren vollkommen leer. Man sah keinen Ausländer mehr, aber auch keinen Libyer. Überhaupt keine Menschen. Schließlich schafften wir es nachts auf ein Boot. Ein Freund lieh mir die 200 Euro für die Überfahrt nach Europa.

Als ich vom Lager in Sizilien aus in Accra anrief, sagte mir der Mann, bei dem ich die zwei Säcke mit dem Pulver stehengelassen hatte, das Zeug sei nun doch schon alt.

Ja, sagte ich, schütt es weg.

Und jetzt beginnt der Dünne, die Treppe aufwärts zu fegen, anders, als Richard es bei seiner Mutter gesehen hat, fegt er Stufe für Stufe von unten nach oben, so dass der Staub von der nächsthöheren Stufe auf die gerade gesäuberte fällt.

So lange, wie ich in Italien im Camp war, bekam ich 75 Euro im Monat, 20 oder 30 davon schickte ich meiner Mutter.

Aber nach einem Jahr wurde das Camp geschlossen. Sie gaben uns 500 Euro. Damit stand ich nun auf der Straße. Ich ging auf den Bahnhof, um dort zu schlafen. Ein Polizist weckte mich und schickte mich raus, weil ich keine Fahrkarte hatte.
Draußen war einer aus Kamerun. Der sagte, er hat einen Bruder in Finnland. Wir riefen den Bruder an. Ja, ich kann nach Finnland kommen und bei ihm wohnen.
Ich fuhr nach Finnland. Aber der Bruder von dem aus Kamerun hob das Telefon nicht mehr ab.
Zwei Wochen schlief ich in Finnland auf der Straße.
Es war sehr, sehr kalt.
Dann fuhr ich zurück nach Italien.
Ich ging mit meiner Tasche auf dem Rücken umher. Ein Paar Schuhe und eine Hose warf ich irgendwann weg, weil die Tasche so schwer war.
Ein Jahr und acht Monate war ich insgesamt in Italien.
Dann fuhr ich nach Deutschland.
Dann war mein ganzes Geld weg, die 500 Euro.
Ich schaute nach vorn und nach hinten und sah nichts.
Der Dünne ist mit dem Besen nun oben und scheint in Richtung Gästezimmer zu gehen, aber als Richard ihm nachgeht, einen Band von Edgar Lee Masters in der Hand, und sich in der oberen Etage umschaut, ist niemand mehr da.

24

Um elf Uhr am Mittwoch würde er ihn zum Klavierspielen abholen kommen, hat Richard letzten Freitag mit Osarobo vereinbart. Aber als er bei Zimmer 2019 anklopft, dauert es lange, bis die Tür endlich aufgeht. Osarobo steht da, ungekämmt und verschlafen und sagt: How are you? Als Richard ihn fragt, was denn mit dem Klavierspielen sei, sagt er: Oh sorry, I have forgot.
Richard sagt: Ich warte unten.
Er ärgert sich, aber worüber eigentlich? Dass der Afrikaner nicht so glücklich und dankbar ist, wie er es von ihm erwartet? Dass der

Afrikaner ihn, den einzigen Deutschen von draußen, der, wie es scheint, jemals dieses Heim hier freiwillig betritt, einfach vergisst? Vielleicht auch darüber, dass der Afrikaner nicht verzweifelt genug ist, um seine Chance zu erkennen? Oder eher darüber, dass er ihm, Richard, durch seine Achtlosigkeit beiläufig klarmacht, dass das Angebot mit dem Klavierspielen keine Chance darstellt, sondern allenfalls einen geringfügig besseren Zeitvertreib als das Schlafen?

Damals, in den Diskussionen, die der Trennung seiner Geliebten von ihm vorausgegangen waren, hatte sie mehrmals gesagt, nicht das Ausbleiben dessen, was er erwarte, sei das Problem, sondern seine Erwartung.

Eine Etage tiefer fegt heute niemand.

Von seiner Geliebten hatte er sich zum Beispiel gewünscht, dass sie ihn an dem und dem Tag um 17 Uhr anrufen, oder ihn beim nächsten Treffen im blauen Minirock erwarten sollte, der ihm so gefiel, oder ihm, wenn sie von irgendwoher zurückkam, sagen sollte, aus welchem Abteil des Zuges sie aussteigen würde. Die Vorfreude fing mit dem Tag der Vereinbarung an – und dauerte dadurch viel länger als das, worum es eigentlich ging. Beinahe ersetzte sie so die Sache, um die es ging, aber dennoch stand sie natürlich in einem unauflöslichen Verhältnis zu dem Stück Wirklichkeit, auf das sie sich bezog, und löschte, wenn sie enttäuscht wurde, noch die ganze vergangene Zeit, die ihr gehört hatte, nachträglich aus. *Fluchtpunkte*, hatte seine Freundin das, worauf er sich freute, anfangs im Scherz genannt, später dann: *Terror des Happy Ends*, und ihn in der letzten Zeit ihrer Beziehung ihrerseits damit terrorisiert, sich Abweichungen von dem, was ausgemacht war, zu erlauben.

Richard nickt den Billardspielern zu, an denen er eben schon, auf dem Weg nach oben, vorbeigekommen ist. Einer macht mit zwei Fingern das Victory-Zeichen.

Hatte ihn achteinhalb Minuten später angerufen oder auch überhaupt nicht, hatte den blauen Rock ihrer Schwester geschenkt und war, wenn er sie in ihrem Stammcafé erwartete, nicht mehr quer über den Platz von der U-Bahn gekommen, so dass er sie schon von ferne an ihrem aufrechten Gang hätte erkennen können, sondern bog unverhofft von der anderen Seite her mit dem Fahrrad um die Ecke, stieg ab, schloss es an einem Laternenmast fest und setzte sich dann, verschwitzt und mit schmutzigen Händen, zu ihm an den Tisch.

Der Mann in der Phantasieuniform sagt: Na, wieder keiner zu sprechen?

Doch, doch, sagt Richard, aber ich warte draußen.

Der zweite hält ihm die Tür auf.

Nur an der Oberfläche war es damals die Frage gewesen, ob die Versäumnisse seiner Geliebten ihre Ursache vielleicht einfach in einer anderen Ordnung hatten, einem anderen System als dem, auf das er sich bezog – also etwa in einer neuen, ihm verheimlichten Liebesbeziehung oder auch nur in einer anderen Kleidergröße oder dem erst kürzlich im Stadtzentrum installierten Radweg. Im Grunde aber, wenn auch unausgesprochen, hatte seine Geliebte ihm die Frage danach gestellt, was von ihrer Beziehung übrig blieb oder überhaupt da war, wenn die Rituale, an denen er sie festmachen wollte, außer Kraft gesetzt waren. Wahr war sicher, dass ein Mensch nicht zu hundert Prozent einem anderen Menschen bekannt sein konnte, wahr war leider auch, dass er, Richard, das nicht annehmbar fand, zumindest nicht, was seine Geliebte betraf. Sonstwohin kannst du dir deine Fluchtpunkte stecken!, hatte sie in der letzten Diskussion, die er mit ihr hatte, geschrien, und was denn sei, wenn sie ihn zufällig einmal um 23.27 Uhr ganz dringend brauche, wenn er gerade in seinem verdammten Ehebett liege, und sie das Telefonat nicht vorher beantragt habe? Er hatte sie in ihrer Wut besonders reizend gefunden und über die hektischen Flecken, die sich an ihrem Hals in der Aufregung zeigten, gelächelt. Das Lächeln war ein Fehler gewesen. Sein letzter, denn danach hatte sie ihm keine Gelegenheit mehr dazu gegeben, Fehler zu machen. Aber ein gemeinsames Maß festzulegen, ging es darum nicht in jeder Beziehung?

Außerdem ärgert er sich darüber, dass er jetzt, wenn er schon warten muss, kein Buch dabei hat.

Nicht einmal eine Zeitung.
Gestern hat er einen Artikel über die deutsche Entwicklungshilfe gelesen, in dem stand, dass diese Organisation ihre Tätigkeit grundsätzlich damit beginne, in jedem von ihr betreuten Land einen laut DIN und TÜV benennbaren Standard an Maßen und Normen zu installieren.* Für den Handel, so hieß es in dem Artikel, sei eine solche verbindliche Skala unerlässlich, aber natürlich wusste Richard, dass so eine Skala auch und vor allem ein Herrschaftsinstrument war. Nun gut, Herrschaft war schließlich auch eine Art von Beziehung. Der Aufstand des jüdischen Todeskommandos in Treblinka allerdings, dem Vernichtungslager der Nazis, hatte erst geplant werden können, nachdem von der SS eine neue Lagerleitung installiert worden war, die sich streng an ihre eigene Ordnung hielt und damit berechenbar war. Was berechenbar ist und starr, kann man untergraben und brechen. Nur das Chaos entgleitet und bleibt. Und dann fällt ihm ein, dass er jetzt eigentlich so wie seine Geliebte gedacht hat.
Egal.
Weiß und voll wie ein Mond war jedenfalls ihr Hintern in den glücklichen Zeiten unter dem blauen Rock, den er so an ihr mochte, zum Vorschein gekommen.

Endlich geht die Tür auf und Osarobo erscheint, wieder in seiner zu dünnen Jacke, und sagt zu ihm:
I'm sorry.
Ist schon in Ordnung.
Und dann gehen sie los.
Weißt du eigentlich, dass man hier auf dem Platz, Richard zeigt nach links auf den geschotterten Sportplatz, Fußball spielen kann?
Everybody you mean?
Aber ja – jeder.
Without paying?
Sicher, ohne zu bezahlen. Hast du einen Ball?

* Deutsches Institut für Normung (DIN) und Technischer Überwachungsverein (TÜV) spezifizieren und überwachen in Deutschland technische Standards und Normen.

No.

Ob ihn jetzt jemand mit dem schwarzhäutigen Jungen die Straße entlanggehen sieht? Und was der dann wohl denkt? Jedesmal, wenn sie abbiegen, hält Richard kurz an und macht den Jungen auf das Straßenschild aufmerksam, damit der beim nächsten Mal den Weg selbst finden kann.

Weißt du, dass hier früher Osten war?

Osarobo schüttelt den Kopf: East?

Wahrscheinlich ist die Frage für jemanden, der aus Niger kommt, falsch gestellt, denkt Richard und versucht es noch einmal:

Weißt du, dass es in Berlin einmal eine Mauer gab, die den einen Teil der Stadt vom andern getrennt hat?

I don't know.

Einige Jahre nach dem Krieg wurde sie hier gebaut. Weißt du, dass es hier einmal Krieg gab?

No.

Einen Weltkrieg?

No.

Hast du den Namen Hitler schon einmal gehört?

Who?

Hitler, der den Krieg begonnen und all die jüdischen Menschen umgebracht hat?

He killed people?

Ja, er hat Menschen getötet – aber nur ein paar, sagt Richard schnell, denn schon tut es ihm leid, dass er sich beinahe dazu hätte hinreißen lassen, diesem Jungen, der gerade vor dem Schlachten in Libyen geflohen ist, vom Schlachten hier zu erzählen. Nein, Richard wird diesem Jungen nie davon erzählen, dass in Deutschland, gerade mal ein Lebensalter entfernt, das fabrikmäßige Ermorden von Menschen erfunden wurde. Er schämt sich dafür plötzlich so sehr, als sei das, was jeder hier in Europa weiß, sein ganz persönliches, niemandem auf der Welt zumutbares Geheimnis. Und gleich darauf, um nichts weniger heftig, trifft ihn seine eigene Hoffnung, durch die Ahnungslosigkeit dieses Jungen selbst noch einmal in ein Deutschland *vor* alldem versetzt zu werden, das schon, und auf immer, verloren war zur Zeit seiner Geburt. Deutschland is beautiful. Schön wäre das. Schön ist gar kein Ausdruck dafür.

Dann sind sie da. Der Vorraum, der Flur, die Küche, das Wohnzimmer mit Durchblick zur Bibliothek, die Treppe nach oben.
Du lebst hier mit deiner Familie?
Meine Frau lebt nicht mehr, antwortet Richard.
Oh, sorry. Du hast Kinder?
Nein.
Du lebst hier ganz allein?
Ja, sagt Richard. Komm, ich zeige dir das Klavier.
Das Klavier steht in dem kleinen Zimmer neben dem Eingang, von Richard und seiner Frau das *Musikzimmer* genannt. Seine Frau, Bratschistin bis zur Auflösung ihres Orchesters, hat hier früher geübt. Manchmal hat Richard sie auf dem Klavier begleitet, aber das alles ist schon eine Ewigkeit her. In letzter Zeit betritt er das Zimmer eigentlich nur noch, um für seinen Steuerberater die Rechnungen und Verträge zusammenzusuchen. In den Regalen ringsum stehen Aktenordner und Mappen, auch Fotoalben, alte Tonbänder, alte Kassetten, alte Schallplatten und ein paar Noten.
Richard klappt den staubigen Deckel des Instruments auf, räumt den Klavierhocker, auf dem ein Papierstapel liegt, frei und fragt: Brauchst du Noten?
Er weiß nicht, ob der Junge wirklich Klavier spielen kann. Aber vielleicht hat er ja irgendwo in Libyen gekellnert, und der Barpianist hat ihm Stunden gegeben. Oder Osarobo hat an einem Klavier, das irgendwo stand, selbst zu improvisieren begonnen.
Bach? Mozart? Jazz? Oder Blues?
Osarobo schüttelt den Kopf.
Gut, dann lass ich dich jetzt hier allein. Komm, setz dich.
Der Junge setzt sich auf den Hocker und schaut Richard nach, als der ihm zunickt, den Raum dann verlässt und die Tür hinter sich schließt.

Richard hat gerade das Wohnzimmer erreicht, als er die ersten Töne hört. Mal einen, mal zwei, mal drei schlägt Osarobo an, Dissonanzen*, mal hoch, mal tief, wieder und wieder. Das ist kein Johann Sebastian Bach, ist auch kein Mozart, kein Jazz und kein Blues. Osarobo hat noch nie zuvor in seinem Leben ein Klavier berührt, soviel ist sicher. Richard legt sich mit einer Zeitung aufs Sofa, liest ein, zwei Artikel, dann wird er müde, schläft unter der Kamelhaardecke ein, in seinen Vormittagstraum fallen die Töne, mal einer, mal zwei, mal drei, sie reiben sich aneinander, sind wieder still, versuchen es hier noch einmal und da, und die Stille zwischen den Tönen ist immer lebendig, so als würde der eine Missklang dem nächsten etwas erzählen, und der nächste nachfragen, und der dritte einen Moment lang abwarten. Als Richard irgendwann wieder aufwacht, blättert er weiter in seiner Zeitung. Ungefähr sieben Jahre hat er als Kind gebraucht, bis er sich beim Klavierspielen selber zuhören konnte und begriff, dass das, was er machte, Musik war. Wahrscheinlich wird überhaupt erst durch das eigene Zuhören aus den Tönen Musik. Was Osarobo da spielt, ist nicht Bach, nicht Mozart, nicht Jazz oder Blues, aber Richard kann Osarobos eigenes Zuhören hören, und dieses Zuhören macht für ihn aus den krummen und schiefen, beißenden, stolpernden, unreinen Tönen etwas, das, bei aller Willkür, dennoch schön ist. Er legt die Zeitung beiseite, geht in die Küche und setzt Kaffeewasser auf. Erst jetzt wird ihm bewusst, wie lange sein Alltag schon ohne andere Geräusche ist, als die, die er selbst macht. Am zufriedensten ist er früher, in seinem alten Leben, gewesen, wenn seine Frau Bratsche übte, während er ein Zimmer weiter am Schreibtisch saß und an einem Vortrag oder Artikel schrieb. *Glück des Paralleluniversums*, hat er das seiner Frau gegenüber immer genannt. Sie aber beharrte, vor allem in den späteren Jahren, immer darauf, dass für das vollständige Glück einer Ehe der eine den anderen mindestens ansehen müsse, eigentlich aber berühren. Diese Diskussionen hatten leider weder sein noch ihr Glück vermehrt.

* Nicht als wohlklingend empfundene Akkorde.

In seiner Kindheit hatte seine Mutter manchmal gebügelt, während er am Klavier saß und übte, deshalb meint er noch heute, wenn er Bachs Inventionen im Radio hört, es rieche plötzlich nach frischgewaschener Wäsche.
Als das Wasser kocht, geht er nach vorn, klopft an und fragt Osarobo, ob er auch gern Kaffee hätte? Oder Tee? Oder Wasser?
Osarobo schüttelt den Kopf.
Macht dir das Klavierspielen Spaß?
Ja.
Ich bring dir ein Glas Wasser.
Er stellt das Glas links neben dem tiefen A ab und zeigt Osarobo, wie man die fünf Finger einer Hand der Reihe nach auf die Tasten setzt. Für jeden Finger ist eine Taste. Die Finger sind schwach und knicken um, und der kleine Finger wird von Osarobo gleich ganz vergessen. Aber das macht nichts. Nochmal. Und nochmal. Hier in der Mitte das Schlüsselloch für den Klavierdeckel, hier das eingestrichene C. Und dass die Hand schwer sein muss. Osarobos Hand ist nicht schwer. Lass sie fallen. Die Hand wird nicht schwer, warum? Weil Osarobo nicht loslässt, lass sie fallen, es geht nicht. Der schwarze und der weiße Mann schauen auf diesen schwarzen Arm und diese schwarze Hand wie auf etwas, das ihnen beiden Probleme bereitet, deine Hand hat ein Gewicht, Osarobo schüttelt den Kopf, doch, ganz sicher, lass sie fallen, Richard wiegt den Ellenbogen von unten und sieht die Narben auf diesem Arm, den sein Inhaber unter Kontrolle behalten will, die Hand ist jederzeit bereit, zurück zu zucken, die Hand hat Angst, die Hand ist fremd hier und kennt sich nicht aus. Lass sie fallen. Richard denkt daran, wie sich Osarobo letzten Freitag in dem Café an seinem Handrücken gezupft hat, an der schwarzen Haut, in die er für sein Leben gesteckt ist. Mit aller Anstrengung erreicht Osarobo nicht, dass die Anstrengung aufhört. Wo beginnt Mozart?
Und weil drei Stunden schon beinahe um sind, fragt Richard den Jungen, ob er gern Pizza essen würde, no problem, sagt Osarobo. Während Richard hinausgeht, die tiefgefrorene Pizza in den Ofen schiebt und den Tisch deckt für zwei, wie schon lange nicht mehr,

hört er die fünf Töne schon in der richtigen Folge, ein Ton pro Finger, und dann eine Pause, und dann wieder die fünf Töne und wieder. Die linke Hand auch, ruft er, und weil Osarobo ihn nicht versteht, geht er noch einmal hin und zeigt ihm, dass die linke Hand die Übungen genauso wie die rechte machen muss, nur spiegelverkehrt.

Osarobo isst nur ein kleines Stück Pizza, mehr mag er nicht, danke. Und Wasser, ja, aus dem Wasserhahn, ja, ohne Sprudel.
Weißt du, wie du jetzt wieder zum Heim zurückkommst?
I don't know.
Richard holt einen Stadtplan, zeigt Osarobo auf dem ausklappbaren Sonderteil des Berliner Stadtplans den Namen der Vorstadt, dann seine Straße und fährt mit dem Finger über die Linien: Hier musst du links gehen, dann die Soundso-Straße, hier an der Seite vom Platz entlang, dann rechts einbiegen und schließlich zum Heim hinüber. Und dann sieht er, wie Osarobo die Karte zu verstehen versucht, und dann weiß er, dass Osarobo, der von Niger über Libyen nach Italien und von Italien bis nach Berlin gekommen ist, noch nie von irgendeiner Stadt einen Stadtplan und noch nie von irgendeinem Land eine Landkarte gesehen hat.
Und dann steht er mit Osarobo gemeinsam auf, zieht sich die braunen Schuhe an, die am bequemsten sind, und begleitet ihn auch auf dem Rückweg.

25

Die Äthiopierin trägt die Haare heute nach oben gesteckt, aber einige Strähnen ringeln sich um ihr Gesicht. Während sie mit Leseübungen für die Analphabeten unter den Schülern beginnt, macht Richard sich in einer Ecke des Raumes mit den zwei fortgeschrittenen Schülern, die sie ihm zugeteilt hat, daran, einen Konversationskurs zu eröffnen. Guten Tag, wie geht es, wie heißen Sie, aus welchem Land sind Sie, wie alt, und seit wann in Berlin? Yussuf ist aus Mali und Ali aus dem Tschad. Es freut Richard, dass

er im selben Raum wie die Lehrerin unterrichtet, denn so sieht er, wie sie etwas erklärt, ihren Schülern Wörter diktiert, ihnen beim Schreiben hilft, mit dem Handballen hier und da etwas an der Tafel wegwischt, etwas anderes hinschreibt, dann in die Runde fragt, manchmal streift sie mit dem Blick dabei sogar die Fortgeschrittenen-Gruppe. Er seinerseits kommt nun mit Ali und Yussuf auf die Berufe zu sprechen: Ich habe in Libyen auf dem Bau gearbeitet und in Italien als Krankenpfleger, sagt Ali. Als Krankenpfleger, wirklich? Ja, eine Zeitlang. Und Yussuf? Ich habe in Italien in der Küche gearbeitet. Aha, Yussuf, du bist also Koch? Richard rührt in einem imaginären Topf. Nein. Was hast du in der Küche gemacht? Ich habe Teller saubergemacht. Aha, du warst also Tellerwäscher. Wie heißt das? Tellerwäscher. Sein fortgeschrittener Schüler hält ihm seinen Block hin, er soll ihm das Wort notieren. Dann liest Yussuf ab: Tellerwäscher, Richard feilt mit ihm noch an dem »Ä«, und dann ist die Aussprache so gut wie perfekt: Tellerwäscher! Tellerwäscher! Ich bin Yussuf aus Mali und habe in Italien als: T e l l e r w ä s c h e r gearbeitet! Richard sieht den lachenden Yussuf aus Mali, einen kleinen, kohlrabenschwarzen Mann, der in Italien, bevor er nach Deutschland kam, als Tellerwäscher gearbeitet hat. Die Aussprache ist perfekt. Der Satz ist perfekt. Als Satz. Als Aussage ist er, ganz sicher, Yussufs Verhängnis. Soviel hat Richard schon von den europäischen und deutschen Gesetzen verstanden. Unwillkürlich fällt ihm eine Zeile von Brecht ein: *Der Lachende hat die furchtbare Nachricht nur noch nicht empfangen.** Hast du, fragt er Yussuf jetzt, bevor du nach Italien kamst, in Libyen vielleicht eine Ausbildung gemacht? Nein, sagt Yussuf. Und in Mali? Nein, sagt Yussuf, ich wäre gern in eine Schule gegangen, aber meine Eltern hatten kein Geld. Und schon lacht er wieder: Jetzt bin ich hier und kann schreiben und lesen, ich spreche Arabisch, Französisch, Italienisch, Englisch, bald auch Deutsch – jetzt kann ich viel mehr als die Schüler in Mali!
Das glaubt Richard gern.

* Bertolt Brecht (1898–1956), deutscher Lyriker und Dramatiker. Die zitierten Verse stammen aus dem Gedicht »An die Nachgeborenen« (ersch. 1939).

Und du?, fragt er Ali.

Ich bin nur auf eine arabische Schule gegangen. Mein Vater hat gesagt, erst wenn ich mit der arabischen Schule fertig bin, darf ich eine französische Schule besuchen. Was ist eine arabische Schule? Wir haben den Koran auswendig gelernt. Du kannst den Koran auswendig? Nicht den ganzen, nur etwa drei Viertel. Du kannst drei Viertel vom ganzen Koran auswendig auf Arabisch? Ja. Aber dann sind wir nach Libyen geflohen. Englisch habe ich erst in Italien von meinen Freunden gelernt. Und Italienisch von der alten Frau, die ich gepflegt habe, in drei Monaten nur, aber Deutsch ist schwerer.

Die Äthiopierin wiederholt mit ihren Schülern gerade den Stoff der vorletzten Woche: Um das Perfekt zu bilden, braucht man immer zwei Verben. So hat Richard sie kennengelernt, an der Tafel vorbeischwimmend (bin geschwommen), fliegend (bin geflogen), gehend (bin gegangen). Glück des Paralleluniversums. Was würdest du denn, fragt er nun Ali, gern für einen Beruf lernen? Ich würde gern ein richtiger Krankenpfleger sein. Und du?, fragt er Yussuf: Ich wäre gern Ingenieur. In der Pause, die jetzt eintritt, in der Richard überlegt, was er nun sagen soll, als Bewohner eines Landes mit 70 000 unbesetzten Lehrstellen und mit Fachkräftemangel, das dennoch die schwarzhäutigen Flüchtlinge, die nun einmal nicht wie die Vögel im Frühling über Italien oder Griechenland oder die Türkei hinwegfliegen können, ohne den Fuß auf den falschen Boden zu setzen, nicht einmal als Bewerber um Asyl akzeptiert, geschweige denn aufnimmt, ausbildet und ihnen Arbeit gibt, in dieser kleinen Pause, wirft Richard ganz in Gedanken, einen Blick zur Lehrerin hinüber: Für das Perfekt hat sie immer zwei Männer paarweise nach vorn gestellt – einer stellt das Hilfsverb *sein* oder *haben* dar, und der andere das Verb, das gebeugt wird. Khalil und Mohamed sind Freunde, sagt sie, nicht wahr? Ja, sagen alle. Und Moussa und Yaya auch, oder? Ja, sagen alle. Moussa ist der mit der blauen Tätowierung im Gesicht, den Richard schon damals auf dem Oranienplatz gesehen hat. Nun, da die Lehrerin den Gegensatz von Perfekt und Präsens verdeutlichen will, fragt sie nach

einem von ihnen, der immer ganz allein sei, der keinen Freund habe und mit niemandem spreche. Die Stille, die auf ihre Frage folgt, ähnelt der Stille, die von Richard ausging, nachdem Yussuf eben *Ingenieur* gesagt hat. Es folgt ein Murmeln und aus dem Murmeln bildet sich allmählich ein Name, und der Name ist Rufu. Rufu kommt nach vorn, als Beispiel für jemanden, der immer allein ist, kommt folgsam nach vorn, um sich in seiner Einsamkeit anschauen zu lassen. Ingenieur, denkt Richard, Menschenskind, und sieht, dass die Lehrerin auch gerade verstummt. Rufu steht da vorn an der Tafel als Beispiel für die Zeitform der Gegenwart, die keines Hilfsverbs bedarf. Ich gehe, sagt die Lehrerin nun merklich schneller. Ich schwimme. Und – ich fliege. Also: das Verb in der Gegenwart ist immer allein. Jetzt könnt ihr euch alle wieder setzen. Und da gehen die beiden Freunde Khalil und Mohamed, und der im Gesicht blau tätowierte Moussa mit seinem Freund Yaya paarweise, aber Rufu allein – alle wieder auf ihre Plätze zurück. Richard seinerseits sagt zu seinen zwei fortgeschrittenen Schülern: Egal, welchen Beruf ihr einmal ausüben wollt, es ist auf jeden Fall sehr gut, wenn ihr Deutsch lernt.
Das Gesicht von Rufu.
Im Wismarer Dom hat Richard einmal eine Madonna gesehen, die mit beiden Füßen auf dem Kopf eines am Boden liegenden Mohren stand. Wie er später nachlas, war es gar nicht der Kopf eines Mohren, sondern sollte in Wahrheit der Mond sein, der zur Entstehungszeit des Altars um 1500 noch silbern bemalt war, aber die silberne Farbe ist mit den Jahren dunkel geworden. Fünf Jahrhunderte hat es gedauert, bis die Madonna nun einen schwarzen Mond in den Staub tritt, und dieser Mond hat, fünf Jahrhunderte später, so ein Gesicht wie Rufu, der auf der Welt ganz allein ist, keinen Freund hat und mit niemandem spricht.

Wenigstens stellt sich die Frage, wie der Unterricht nun weitergehen soll, weder für die Lehrerin noch für Richard, denn nun kommt zur offenen Tür plötzlich Apoll hereingestürmt, seine quicklebendigen Haare springen auf und ab, er spricht laut und schnell zu den anderen auf Hausa, dann wieder auf Italienisch, dann auf Französisch, dann wieder auf Hausa. Alle fangen jetzt an, in verschiedenen Sprachen miteinander zu diskutieren, packen ihre Hefte zusammen, stehen auf und verlassen schließlich den Raum. Der Unterricht scheint sich selbst beendet zu haben. Auf dem Weg nach draußen sagt Tristan-Awad zu Richard:

How are you?

Fine, aber was ist denn los?

Der Umzug nach Spandau, der morgen stattfinden sollte, ist wegen der sickness noch einmal verschoben.

Wegen der Windpocken?

Ja.

Und welcher Umzug nach Spandau?

In ein anderes Haus – wir hatten alle schon unsere Sachen gepackt.

Du auch?

Ja.

Aha.

Take care, sagt Tristan noch und wartet, bis Richard ihn wirklich anschaut und nickt, aber dann ist auch er zur Tür hinaus und verschwunden. Pass auf dich auf, das hat schon lange niemand mehr zu Richard gesagt. Die Lehrerin hat indessen die Tafel abgewischt, jetzt packt sie ihre Buchstaben ein, Richard fragt sie: Haben Sie von dem Umzug gewusst?

Nein, sagt sie.

Auf Wiedersehen, sagt sie und greift nach ihrer Tasche.

Auf Wiedersehen, sagt Richard und wundert sich, dass sie nicht losgeht.

Mit Rufu – das tut mir leid.

Naja, sagt er, auch mir sind solche Sachen passiert – ganz normale Sätze hören sich hier plötzlich ganz anders als sonst an.

Trotzdem.

Dann erst verlässt sie den Raum.

Dass sie mit sich nicht zufrieden ist und das sogar ihm gegenüber bekennt, gefällt ihm. Gefällt ihm vielleicht sogar noch mehr als ihre Haare, ihre Brüste, ihre Nase und ihre Augen. Immer sind es die Falschen, die sich Gedanken um ihre Versäumnisse machen, denkt er, die, die ohnehin am allerwenigsten Schuld auf sich laden und sich trotzdem zermartern, so wie sein graubärtiger Kollege, Fachgebiet Altertumskunde, der schon am Morgen nach dem Mauerfall eine Selbstkritik ans Schwarze Brett heftete, in der stand, dass er geglaubt habe, an der Verwirklichung dessen zu arbeiten, was er für den Willen des Volkes hielt, und nun eines Besseren belehrt sei. Eine Selbstbezichtigung jedoch des jungen Kollegen, Fachgebiet Byzantinische Literatur, der als informeller Mitarbeiter der Stasi* den konspirativen Bericht über Richards außereheliches Verhältnis geschrieben hatte, hing weder gleich nach dem Mauerfall, noch je zu einem späteren Zeitpunkt am Schwarzen Brett. In seiner Akte hatte Richard diesen Bericht '95 gefunden: *Ansatzpunkte für Gegner gegeben durch Arroganz und vorliegende Hinweise auf eheliche Untreue (aktive Verbindung mit der wissenschaftlichen Assistentin XXX. Selbige arbeitet bei Prof. XXX). Zum weiblichen Geschlecht hat die Person im allgemeinen große Neigungen und ist kontaktfreudig. Seine politisch-ideologische Grundposition unterliegt starken Schwankungen. Zu politisch angespannten Zeiten neigt die Person zu politischen Fehleinschätzungen, die bis zu Äußerungen mit feindlich-negativem Charakter gehen. Für eine konspirative Zusammenarbeit gemäß RL 1/79 ist die Person nicht geeignet.* Der byzantinische Kollege hat jetzt einen Lehrstuhl in Basel. Der Graubärtige ist fünf Jahre nach dem, was jetzt überall *Wende* genannt wird, gestorben. Die DDR-Geschichte könnte, wenn man so will, inzwischen auch Forschungsgegenstand sein in der Altertumskunde, denkt Richard und stellt sich einen Moment lang vor, Honecker hätte seine Reden als Staatsratsvorsitzender auf Lateinisch gehalten – er grinst vor sich hin ins Leere, bevor er bemerkt, dass er grinst. Ob dieses Grinsen, das er in letzter Zeit häufiger an

* Das Ministerium für Staatssicherheit der DDR (MfS, »Stasi«) warb sogenannte Inoffizielle oder Informelle Mitarbeiter (IM) an, die ihre Freunde und Kollegen bespitzeln sollten. Seit der Öffnung der Stasi-Unterlagen 1991 können Betroffene die damals erstellten Geheimdienst-Berichte einsehen.

sich bemerkt, ein Zeichen von Senilität ist? Oder von Abgeklärtheit? Dann macht er das Licht aus.

26

In der Kaufhalle, die heutzutage *Supermarkt* heißt, entscheidet Richard sich für die kürzeste Schlange und sieht erst, als er seinen Einkauf gerade aufs Band legt, dass sich Rufu, der schwarze Mond von Wismar, genau hinter ihm angestellt hat. Er erkennt ihn an dem schmerzlichen Zug um den Mund, der ihm schon im Unterrichtsraum aufgefallen ist, an der Bitterkeit, die so deutlich aus diesem Gesicht spricht, dass man es daran erkennen kann wie an einer Blessur oder einer Narbe. Richard nickt ihm zu und sagt: Guten Tag, und auch Rufu erkennt ihn und sagt: Come stai? Ein Sack Zwiebeln ist sein Einkauf. Richard hat Salat, Tomaten, Paprika, Käse und Nudeln gekauft, das macht 16,50 Euro, aber als er sein Portemonnaie sucht, ist es nicht da. Nein, anschreiben kann die Verkäuferin leider nicht, sie kann den Einkauf nur deponieren, bis er mit dem Geld zurückkommt. Geht das wirklich nicht anders? Sie kennt ihn doch. Leider nein. Rufu sagt: Hai dimenticato la moneta? Si. Richard sucht immer noch, linke Manteltasche, rechte, auch innen. Gerade, als er überlegt, ob Rufu vielleicht, aber nein, das will er nicht glauben, obgleich, er steht schließlich direkt hinter ihm, und hätte leicht in seine Tasche, gerade da hält Rufu der Verkäuferin einen Zwanziger hin. Das geht nun wirklich nicht, sagt Richard. Du gibst es mir später wieder, sagt Rufu. Das kann ich nicht annehmen. Non c'é un problema. Werden Sie sich heute noch einig?, sagt die Verkäuferin, da dankt Richard schließlich und lässt Rufu seinen Einkauf bezahlen. Draußen aber besteht er darauf, dass er ihm das Geld sofort wiedergeben will und lässt nichts gelten und sagt, er koche jetzt sowieso, und Rufu sei auf jeden Fall eingeladen zum Essen. Genauso folgsam, wie Rufu vorhin im Unterricht nach vorn an die Tafel gegangen ist, wo er das Beispiel sein sollte für jemanden, der keinen einzigen Freund hat, genauso folgsam geht er jetzt auch neben Richard her. Das Portemonnaie liegt im Flur auf dem Boden, da, wo Richard vorhin seine Schuhe zugebunden hat, zwei Zehner will Richard dem Mond von Wismar geben, aber der Mond schüttelt den Kopf und nimmt nur einen. Bitte nimm beide! Rufu schüttelt den Kopf. Dann nimm wenigstens die 16,50. Mond schüttelt. Oder wenigstens 15! Rufu nimmt den zweiten Zehner nicht an, auch nicht zum ersten dazu 6,50 Euro, oder wenigstens 5, nein, auf gar keinen Fall. Richard legt den verschmähten Zehner auf die Konsole im Flur, und da bleibt er liegen.

Willst du vielleicht etwas lesen, so lange, wie ich mit dem Essen beschäftigt bin? Rufu sagt: Si, volontieri. Das einzige Buch in italienischer Sprache, das Richard besitzt, ist Dantes »Göttliche Komödie«*. Der von ihm lange gehegte Plan, sie im Original zu lesen, ist irgendwann in Vergessenheit geraten. Das Wörterbuch steht seit Jahren daneben im Bücherregal. *Nel mezzo del cammin di nostra vita / mi ritrovai per una selva oscura / ché la diritta via era smarrita.* Den Anfang kann er noch immer auf Italienisch hersagen und weiß auch die deutsche Übersetzung: *Als ich auf halbem Weg stand unsers Lebens / fand ich mich einst in einem dunklen Walde / weil ich vom rechten Weg verirrt mich hatte.* Vielleicht gar nicht so verkehrt, denkt er, und gibt dem Flüchtling, der um eine halbe Welt von seinem Leben abgeirrt ist, den in weinrotes Leinen gebundenen ersten Band, und so sitzt dieser, während Richard kocht, lesend am Tisch und blickt nur einmal auf, nämlich als Richard auf das Pedal des Mülleimers tritt und der Deckel sich in die Höhe hebt. Da steht er kurz auf, tritt auch auf das Pedal, der Deckel hebt sich, Rufu, der Bittere, dessen Gesicht sonst so schmerzverzerrt ist, lächelt, und dann setzt er sich wieder hin und liest weiter. Als Richard ihm sagt, dass das Essen nun fertig sei, legt er das Buch beiseite und bedankt sich.
Woher bist du eigentlich?

---

* *La Divina Commedia* (»Die Göttliche Komödie«), spätmittelalterliches christliches Epos von Dante Alighieri; schildert eine Reise des Ich-Erzählers durch die Hölle (Inferno), das Fegefeuer (Purgatorio) und den Himmel (Paradiso).

Aus Burkina Faso.
Richard hat wieder vergessen, wo Burkina Faso liegt. An der Küste? Oder im Innern des Kontinents?
Rufu ist jedenfalls sehr schwarz.
Sag einmal, kennst du vielleicht den, der immer saubermacht, so einen mit – Richard steht kurz vom Tisch auf und macht die Bewegung des Fegens vor, weil er nicht weiß, was *Besen* auf Italienisch heißt.
Con una ramazza?
Ja. So ein Dünner aus Ghana.
Wie ist sein Name?
Ich weiß nicht.
Nein. Ich kenne ihn nicht.
Nach dem Essen räumt Rufu seinen Teller weg und will abwaschen.
Nein, lass mal.
Dann zieht Rufu seine Schuhe wieder an, und auch Richard die braunen, die am bequemsten sind, der Zehner liegt noch immer auf der Konsole, nein, Rufu will ihn auch jetzt nicht.
Wenn du Lust hast weiterzulesen, dann ruf mich einfach an, ich gebe dir meine Nummer.
Richard tippt seinen Namen und seine Nummer in Rufus Mobiltelefon ein, dann gehen sie zusammen los, erst links, dann die Soundso-Straße, dann an der Seite vom Platz entlang und so weiter, bis sie das Heim sehen.
Am Abend schaut Richard im Stadtplan nach, wie weit es nach Spandau ist. Es ist weit. Selbst mit dem Auto mindestens eine Dreiviertelstunde.

27

Sein Kopf fällt ihm beinahe auseinander vor Schmerzen, Awad will nicht denken, aber er muss, das Denken ist in seinen Kopf eingesperrt und stößt von innen gegen den Schädel. Seit halb vier Uhr in der Frühe geht das schon so, schwindlig ist ihm vor Müdigkeit, und doch muss er seinen Kopf hergeben für dieses wildgewordene

Denken, muss denken und will nicht, muss sich erinnern und will nicht, seit halb vier Uhr in der Frühe ist ihm übel von diesem Denken und diesem Erinnern, das seinen Kopf besetzt hat, seit halb vier Uhr früh ist er schon wach, erst hat er auf dem Bettrand gesessen und gehofft, dass es irgendwann wieder aufhört und er einschlafen kann. Gegen halb acht hat er begonnen, auf und ab zu gehen, wieder und wieder, auf und ab, auf und ab, seine Zimmergenossen sind davon wachgeworden und dann hinuntergegangen zum Billard, jetzt ist es halb elf, und noch immer ist keine Aussicht auf Frieden in seinem Schädel, da klopft es.

Daran, dass die Tür nach dem Klopfen nicht sofort aufgeht, erkennt Awad den höflichen älteren Herrn, noch bevor er ihn sieht. Hat er ihm nicht schon alles von sich erzählt?

Awad macht ihm die Tür auf, begrüßt ihn, how are you, fine, und bietet ihm einen Tee an, der Gedanke an das zersplitterte Fenster, durch das er geflohen ist, steckt in seinem Kopf, und der Gedanke an Blut steckt in seinem Kopf, und der ältere Herr setzt sich und sagt, er habe noch ein paar Fragen, wenn es möglich sei, und der Gedanke an seinen Vater steckt in seinem Kopf, und er schafft es nicht, sich all diese Gedanken selbst aus dem Kopf zu ziehen, all die Splitter stecken in seinem Kopf, während er Teewasser aufsetzt, das Denken steckt in seinem Kopf wie ein zersplittertes Tier, wenn er nur einen anderen Kopf haben könnte, aber wenn Krieg ist, gibt es nichts anderes als Schlagen und Schießen, Schlagen und Schießen, wenn Krieg ist, geht alles in Scherben, wenn Krieg ist, sieht man den Krieg, und sonst nichts mehr, und zwar würde der ältere Herr gern von ihm wissen, was er, Awad, bei dem Umzug nach Spandau, der heute ausfällt, habe mitnehmen wollen, was er, wie er gestern gesagt hat, hergerichtet habe, was sein Gepäck sei. Der Umzug, der heute ausfällt. Hier, diese Tasche, sagt Awad. Das ist deine Tasche?, fragt ihn der ältere Herr und holt seinen Notizblock hervor. Und sonst? Sonst nichts, sagt Awad. Kannst du mir sagen, was in der Tasche ist? Awad diktiert, und der ältere Herr, der sehr höflich ist, aber vielleicht auch verrückt, schreibt alles sorgfältig in sein Notizbuch:

4 Hosen, 2 davon noch aus dem Heim in Italien, 2 von der Caritas Deutschland.
1 Jackett, das hat ihm ein Freund in Italien geschenkt.
3 T-Shirts
3 Paar Schuhe, 2 aus der Caritas-Sammlung, 1 Paar hat ein Deutscher für ihn gekauft.
1 Paar Sandalen
1 Schwamm
1 Kakaobutter-Lotion

Awad sagt *Cocobutter* dazu.
Butter?, fragt ihn der Besucher. Awad zieht die Flasche mit der Lotion aus der Tasche hervor und zeigt sie her.
Aha.
Dann zählt Awad den Rest auf:

1 Handtuch
1 Zahnbürste
1 Bibel auf Englisch, die haben die Zeugen Jehovas ihm einmal geschenkt.

Hast du einen Pullover?
Nein, sagt Awad.
Eine Winterjacke?
Nein, sagt Awad.
Der Umzug, der heute ausfällt.
Der ältere Herr hat an dem Tag, an dem Awads Vater erschlagen oder erschossen wurde, gelebt und lebt noch immer.
Jetzt klopft es, und im selben Moment geht die Tür auf, es ist ein Betreuer:
Entschuldigung, sagt er zu dem älteren Herrn. Hallo, zu Awad, how are you, wir nehmen gerade Blut ab, um zu erfahren, wer schon einmal mit Windpocken infiziert war, möchtest du kommen? Und wieder zu Awads Besucher: Wir untersuchen, wer womög-

lich schon Antikörper im Blut hat, können Sie ihm das vielleicht erklären?
Awad sagt: I don't understand.
Eine Blutprobe, sagt der Betreuer, es ist freiwillig, also nur, wenn du willst, Awad, wir warten oben in Zimmer 4015. Und ist schon wieder verschwunden.
Der ältere Herr sagt, so eine Untersuchung ist eine gute Sache. Wegen der sickness.
Awad sagt, ich geh da nicht hin.
Was ihm wohl sein Vater geraten hätte? Später einmal wird er, Awad, eine Frau haben und einen Sohn, und dem Sohn wird er den Namen seines Vaters geben. Und dann wird er seinen Sohn anreden mit: Daddy. Dann wird sein Vater wieder jeden Tag um ihn sein, verwandelt in ein Kind.
Wofür ist diese Lotion?, fragt jetzt der ältere Herr und nimmt die Flasche noch einmal zur Hand, um das Kleingedruckte auf der Rückseite zu lesen.
Daddy. Wie wird die Küche aussehen, in der er für seinen Sohn kocht? Wie wird das Bad aussehen, in dem er ihm zeigt, wie man sich mit einem Handtuch den Rücken abtrocknet? Später ihm zeigt, wie man sich rasiert? Und in welcher Stadt, in welchem Land wird das sein? In Italien? In Deutschland? In Frankreich? In Schweden? In Holland? In der Schweiz? Oder in Libyen? In Libyen, wo er zu Haus war? Wo immer noch Krieg ist? Wenn Krieg ist, sieht man nur den Krieg. Jetzt muss er aufpassen, dass er nicht wieder anfängt umherzulaufen. Er weiß, dass seine Zimmergefährten ganze Tage beim Billard sind, weil sie es nicht aushalten, wenn er auf und ab zu gehen beginnt. Er muss ruhig sein. Er hat Besuch. Wenn man irgendwo ankommen will, darf man nichts verbergen. Was hat der ältere Herr eben gefragt? Die Lotion, die ihm Awad gezeigt hat, hält er immer noch in der Hand.
Vom Licht hier in Deutschland bekommen wir fleckige Haut, sagt Awad. Das Licht hier tut uns nicht gut.
Der ältere Herr sieht zu dem blaukarierten Vorhang hinüber, hinter dem der graue Himmel wie ein Filz aufgehängt ist.

Man bekommt hässliche weiße Flecken, sagt Awad, und dagegen hilft nur die Cocobutter.
Der ältere Herr schaut unwillkürlich auf seine Hände, die voller brauner Flecken sind. Er sagt: Ich bekomme vom deutschen Licht eine andere Sorte von Flecken, er stellt die Flasche ab und zeigt seine Hand her. Awad hält seine dunkle Hand daneben, an manchen Stellen sieht sie tatsächlich so aus, als habe jemand die Farbe abzureiben versucht.
Awad wird nie vergessen, wie die Hände seines Vaters ausgesehen haben. Wo diese Hände inzwischen wohl sind? Unter der Erde oder von den Hunden, den Vögeln gefressen?
Und darf ich noch etwas fragen? Der Besucher streicht sich mit einer Hand über die andere, so als könne er die Altersflecken einfach wegwischen.
Ja, bitte.
Auf der Versammlung in der letzten Woche hat einer gesagt, die Duschen müssten abschließbar sein. Ist das tatsächlich eine Frage des Glaubens?
So ein Deutscher weiß also wirklich nicht, dass die Aura* eines Mannes vom Bauchnabel bis zu den Knien geht, und dass niemand, es sei denn die Ehefrau, einen erwachsenen Muslim je nackt sehen darf?
Nein, sagt der Besucher, das habe ich nicht gewusst, aber es ist sehr interessant. Und schreibt wieder alles sorgsam in sein Notizbuch.
Als Awad in Italien angekommen ist, im Lager, hat er zuerst nicht glauben können, dass die Männer da nebeneinander pinkeln sollen, ganz ohne Scham, so wie die Tiere.
Gut, sagt der Besucher und klappt sein Notizbuch zu. Du solltest wahrscheinlich jetzt zu dieser Blutuntersuchung gehen.
Warum?
Weißt du, was Windpocken sind?
Nein, sagt Awad.

* Von lat. *aura* (»Lufthauch, Dunst, Schimmer«) stammend heute meist für »besondere Ausstrahlung« verwendet; mit anderer Etymologie – als arabisches Lehnwort – für »zu verhüllende Blöße«.

Hast du die anderen Kranken nicht gesehen?

Nein.

Man bekommt Pickel, es juckt und ist sehr unangenehm.

Stirbt man daran?

Nein. Aber trotzdem.

Einen Moment lang ist Awad sehr glücklich darüber, dass ihm sein Vater sagt, was er tun soll. Sein Vater ist streng, aber gerecht. Und er will für seinen Sohn nur das Beste.

Als sie das Betreuerzimmer betreten, sitzt schon ein schwarzhäutiger Mann auf dem Stuhl in der Mitte. Die alte Betreuerin desinfiziert gerade die Stelle an seinem Arm, in die sie hineinstechen will.

Awad fragt: Wieso gibt es hier keinen Doktor?

Ich war von Beruf früher Ärztin.

Awad weiß nicht, was das nun wieder heißen soll. Bisher war diese Frau Betreuerin und hat beim Ausfüllen der Formulare geholfen. Ist sie morgen vielleicht, wenn sonst keiner die Rolle spielt, Richterin oder Polizistin? Und der ältere Herr dann plötzlich Verkäufer oder LKW-Fahrer? Was für ein merkwürdiges Stück spielten die Deutschen ihnen hier vor? Und warum überhaupt?

Setz dich, sagt der ältere Herr jetzt und zeigt ihm, dass der Stuhl nun leer ist und auf ihn wartet. Was machen die Deutschen hier nur mit uns, denkt Awad und merkt, wie Panik ihn anfällt, hoffentlich, denkt er, glückt ihm, bevor sie ihn fassen, die Flucht. Er sagt: Ich komme gleich wieder, nickt dem Besucher zu, dreht sich, so unauffällig wie möglich, um, geht aus dem Raum, geht dann ganz langsam die Treppe wieder hinunter, geht ganz langsam bis zu seinem Zimmer, das man von innen nicht abschließen kann, aber er macht die Tür wenigstens hinter sich zu und stellt sich drinnen ganz still mit dem Rücken an die Wand. Er atmet ganz flach. Wenn jetzt einer hereinkäme, stände er im toten Winkel, das wäre besser als gar nichts. Erst nach einiger Zeit beruhigt er sich wieder, als er merkt, dass ihm niemand gefolgt ist. Dann setzt er sich dorthin, wo er vorher gesessen hat, auf den Bettrand.

28

Einzelfallprüfungen soll es doch irgendwann geben, oder?, sagt Richard, nachdem Tristan aus dem Zimmer gegangen ist.

Ja, sagt einer von den Betreuern.

Haben sie schon begonnen?

Nein.

Warum eigentlich nicht?

Das wissen wir nicht, sagt der Betreuer.

Und Sie kümmern sich so lange um die Männer, bis ihre Anträge auf Asyl akzeptiert sind?

Es wird ja jetzt erst einmal geklärt, ob sie hier in Deutschland überhaupt einen Antrag auf Asyl stellen dürfen.

Amsel, Drossel, Fink und Star haben den Fehler gemacht, in Italien zwischenzulanden. Richard hätte es beinahe wieder vergessen.

Aber ist es nicht eine Gruppe, die unter denselben Umständen durch den Krieg aus Libyen vertrieben wurde?

Ja, aber jeder ist ursprünglich aus einem anderen Land nach Libyen gekommen.

Aha.

Möchten Sie einen Kaffee? Die Maschine gurgelt schon wieder.

Physikalisch gesehen ist es sicher eine kluge Sache, eine Gruppe in Einzelfälle zu zerlegen, denkt Richard und sagt: Ja, bitte.

Haben die Männer denn inzwischen die zweite Hälfte ihres Geldes bekommen?

Nein, der Umzug hat ja noch nicht stattgefunden.

Und sind Sie von Beruf alle eigentlich Altenpfleger, wenn ich das fragen darf?

Richard nimmt sich Würfelzucker aus einer Packung und gibt Milch in seinen Kaffee.

Nein, wir sind Sozialarbeiter oder Pensionäre vom Fach, wie die Frau Doktor. Wir sind nur für sechs Monate unter Vertrag. Das ist Teil der Vereinbarung vom Oranienplatz. Wir sollen den Flüchtlingen bei ihren Gängen zu den Behörden helfen.

Welche Behörden sind das?

Die Ärztin legt die Kanüle beiseite und kommt zum Kaffeetisch herüber:
Die Ausländerbehörde, das Bezirksamt, das Sozialamt, manchmal ein Arzt, manchmal ein Anwalt.
Bei denen, die sich etwas haben zuschulden kommen lassen?
Nein, bei denen, die sich einen Anwalt leisten können.
Wieviel kostet das denn?
Für Asylangelegenheiten 450 Euro, das wird von den Anwälten oft gestundet, aber dann sind es immer noch pro Monat 50 oder 100.
Richard rechnet: 357 Euro minus 57 für die Monatskarte macht 300, minus 100 an die Mutter in, zum Beispiel, Ghana, macht 200, minus den billigeren Anwalt macht 150. Vielleicht noch eine Prepaid-Karte fürs Handy. Dann bleiben zum Leben pro Tag nicht einmal 5 Euro.
Wie viele Betreuer gibt es denn für die Gruppe?
Zwölf halbe Stellen.
In der Stimme von Apoll hört er: Wir bekommen Geld, aber ich will lieber Arbeit. In der Stimme von Tristan hört er: Poco lavoro. In der Stimme des Klavierspielers hört er: Ja, ich will arbeiten, aber es ist nicht erlaubt. Zumindest zwölf Deutschen also haben die Flüchtlinge durch ihren Protest schon halbe Stellen verschafft, denkt Richard und sagt dann:
Wenn ich noch einmal etwas ganz anderes fragen darf –
Aber ja, sagt die ehemalige Ärztin, streift ihre Gummihandschuhe ab und setzt sich.
Warum zahlen die Männer eigentlich für eine Monatskarte den vollen Preis?
Weil sie keine Leistungen nach dem Asylbewerbergesetz erhalten.
Weil sie bis jetzt nicht einmal Asylbewerber sein dürfen?
Genau.
Deswegen bekommen sie ja auch 357 Euro – und nicht nur 300, sagt der Betreuer, der für die Kaffeemaschine zuständig ist.
Richard rührt seinen Kaffee um und sagt eine Weile nichts. Aber dann fängt er wieder an:
Haben sie das Geld auch schon auf dem Oranienplatz bekommen?

Nein.
Wovon haben sie da gelebt?
Von Spenden.
Richard fällt wieder der Pappkarton mit der Aufschrift *Spenden* ein, den er damals auf dem Oranienplatz gesehen hat, und die zwei wartenden Männer dahinter.
Und wenn die Einzelfallprüfung vorbei ist?
Dann wird man sehen, wer einen Anspruch hat und wer nicht.
Verstehe, sagt Richard. Er nimmt einen Schluck von dem Kaffeemaschinenkaffee, der hier genauso schmeckt wie im Wartezimmer eines Steuerberaters oder im Wartebereich eines Autohauses oder im Wartebereich eines Notars.
Meinen Sie, dass er noch einmal wiederkommt?, fragt er und zeigt mit dem Kopf in Richtung Tür.
Ich glaube nicht, sagt der Betreuer.
Sind schon viele zum Blutabnehmen hier bei Ihnen gewesen?
Naja.
Mit Blut sind die manchmal komisch, sagt der Dritte, der im Halbschatten unter der Dachschräge sitzt und bisher noch gar nichts gesagt hat.

Auf dem Weg nach unten wirft Richard wieder einen Seitenblick in den leeren Flur des ersten Stockwerks. Es ist niemand zu sehen. Unten beim Ausgang zeigt gerade Apoll, der hinausgehen will, dem Diensthabenden seinen Ausweis. *Wsjo w porjadkje*. Draußen holt Richard ihn ein: Ob er am Wochenende vielleicht Zeit habe, ihm bei der Gartenarbeit zu helfen. Er würde das natürlich bezahlen.
Kein Problem, sagt Apoll auf Deutsch.
Am Mittwoch wird der Klavierspieler wieder zu ihm kommen, das ist schon vereinbart, und bestimmt bald auch wieder Rufu, der Mond von Wismar, um weiter Dante zu lesen. Wie lange ist es eigentlich her, dass der Leiter der Seniorenresidenz zu Richard gesagt hat, es sei womöglich besser, hier im Altersheim, und nicht etwa bei Richard zu Hause, mit den Flüchtlingen zu sprechen? Ich sag's nur, hat der Leiter damals gesagt. Und was eigentlich

damit gemeint? Ich sag's nur. Mit sechs Wochen Verspätung fängt Richard jetzt, auf dem Heimweg, an, sich darüber zu ärgern. Und noch immer liegt der Tote im See, wenn er sich nicht schon längst aufgelöst hat.

Abends, als Richard zu Bett gehen will und sich auszieht, überlegt er, ob auch er eine Aura besitzt, wie Tristan das heute genannt hat. Das Gelände von seinem Bauchnabel abwärts bis zu seinen knochigen Knien sah schon einmal besser aus, denkt er, als er an seinem Körper hinabblickt. Selbst die Haare, die dort wachsen, sind inzwischen allesamt grau. Ob er mit der jungen Äthiopierin einmal im Bett liegen oder gemeinsam mit ihr unter die Dusche gehen wird – oder einfach nur in einer Umarmung mit ihr irgendwo stehen? Oder jemals noch, mit irgendeiner anderen Frau? Sich vom Wünschen zu verabschieden, ist am Alter wahrscheinlich das, was man am schwersten lernt. Aber wenn man es nicht lernt, scheint ihm, ziehen die Wünsche einen nur umso schneller, wie Wackersteine*, ins Grab.

29

Am Anfang war ein unterschiedsloses Ganzes, das alles enthielt: das Weibliche und das Männliche, den Raum und die Zeit, das Gleiche und das Verschiedene. Dieses Ganze ist durch die Leere hinabgestiegen und hat sich dann in den verschiedenen Gestalten gezeigt. Das Weibliche ist dicht und körperlich, es enthält den Urstoff und war zuerst da, dann ist das Männliche hinzugekommen, es ist von leichterem Wesen und beweglich. Ebenso sind der Raum und die Zeit entstanden. Aber all diese Erscheinungsformen bedingen sich gegenseitig, keine ist der anderen übergeordnet, sie ergänzen sich und bleiben in ihrer Verschiedenheit das eine Ganze, bleiben ein einziger Körper. Genauso sind die einzelnen Menschen in der Gesellschaft Teile einer lebendigen Ganzheit – wie unterschiedliche

* Alte Bezeichnung für Kiesel- oder Flusssteine; bekannt sind die Wackersteine im Bauch des Wolfes in *Rotkäppchen*, die ihn ertrinken lassen.

Organe eines Körpers üben sie in der Gesellschaft unterschiedliche Funktionen aus, sind aber untrennbar miteinander verbunden. Und schließlich gibt es auch einen politischen Körper, der aus den verschiedenen Stämmen zusammengesetzt ist. Die Tuareg sagen: In den sechziger Jahren haben die Franzosen durch die Aufteilung des traditionell von ihnen besiedelten Gebiets auf fünf verschiedene Länder diesen ihren politischen Körper zerschnitten.
Richard liest.

Begonnen hat er mit seiner Lektüre bei Herodot*, der die Garamanten, die Vorfahren der Tuareg, schon im fünften Jahrhundert vor Christus beschreibt. Die Kunst, einen Streitwagen zu lenken, hätten die Griechen von den Männern dieses Berbervolkes gelernt, und von deren Frauen die Poesie. Bis heute setzen die älteren Frauen sich vor Sonnenaufgang, noch in der Nacht, unter freiem Himmel hin und singen:

Auch wenn einer reich und vermögend ist,
ist der Tod ihm nahe.
Der Tod ist größer als die Zeit, er umfängt sie.
Gerade jetzt sendet er seine Pfeile aus, sie gehen nieder
in die Mitte der Herde.

Aus dem heutigen Syrien, vielleicht sogar aus dem Kaukasus, sollen die Vorfahren der Tuareg vor über 3000 Jahren über Ägypten nach Nordafrika gekommen sein, das in der Antike im ganzen Libyen hieß, also auch das heutige Tunesien und Algerien umfasste. Von dort sind sie im Laufe der Zeiten dann weiter west- und südwärts gezogen: bis nach Timbuktu, Agadez, Ouagadougou.
Richard liest, und während er liest, verrückt sich für ihn plötzlich auch der griechische Götterhimmel, der doch eigentlich sein Spezialgebiet ist, und er versteht plötzlich neu, was es bedeutet, dass sich für die Griechen das Ende der Welt da befand, wo heute

* Griechischer Geschichtsschreiber des 5. Jh. v. Chr.; seine *Historien* sind eine frühe, sehr umfassende und gelehrte Darstellung des Perserreiches seiner Zeit.

Marokko ist, am Atlasgebirge, dort stemmte Atlas Himmel und Erde auseinander, damit Uranus nicht wieder in Gaia hineinstürzt und ihr Gewalt antut. Die Gegenden, die heute Libyen, Tunesien, Algerien heißen, waren in der Antike das Gebiet *vor* dem Ende der Welt, also die Welt. Auf libyschem Sand stand der Sohn der Gaia, der Gigant Antaeus, der seine Kraft aus der Verbindung mit seiner Mutter, der Erde, schöpfte – und erst besiegt wurde, als Herakles ihn aufhob und so lange in der Luft hielt, bis die Verbindung des Antaeus mit seiner Mutter erlosch. Die eulenäugige Athene, von manchen Wissenschaftlern sogar als *schwarze Göttin* bezeichnet, wuchs bei ihrem Ziehvater Triton am Ufer des Tritonsees auf, im heutigen Tunesien. Die Amazonen, die Athene als erste verehrten, ursprünglich Amazigh genannte kriegerische Berberfrauen, tanzten am Ufer dieses Sees, von dort aus auch zogen sie in den Kampf – und sprachen Tamashek, die gleiche Sprache wie der, den Richard vor einigen Wochen, noch ganz in Verkennung der mythischen Lage, Apoll genannt hat: der Flüchtling aus Zimmer 2019.

Richard liest.

Auch Medusa, die Gorgone mit den sich ihr auf dem Kopf windenden Schlangenhaaren, die jeden, der sie ansah, durch ihren Blick in Stein verwandelte, sei, heißt es, einmal ein schönes libysches Berbermädchen und eine erfolgreiche Kriegerin gewesen. Erst nachdem Poseidon, der Gott des Meeres, am libyschen Ufer ausgerechnet in einem Tempel Athenes mit der Schönen geschlafen hatte, habe die empörte Göttin der Amazone die Schreckensgestalt verliehen und später Perseus den spiegelnden Schild gegeben, mit dem dieser dem tödlichen Blick der Gorgone ausweichen und ihr so, ohne zu Stein zu werden, endlich den Kopf abschlagen konnte. Noch aus den Blutstropfen, die bei der Enthauptung der Medusa in den libyschen Sand fielen, seien Schlangen geworden, liest Richard. Nein, es ist sicher kein Zufall, dass den Frauen der Tuareg auch heute noch die Viehherden und die Zelte gehören, dass sie sich die Männer aussuchen und sich scheiden lassen können, wie es ihnen beliebt, dass sie unverschleiert, die Männer aber verschleiert gehen, dass die Frauen die Erbfolge begründen und auch heute noch berühmt sind für ihre Dichtkunst und ihre Lieder, dass sie es sind, die ihre Kinder die Schrift lehren, und zwar dieselbe Schrift, die schon Herodot mit eigenen Augen gesehen hat.

Vieles von dem, was Richard an diesem Novembertag, einige Wochen nach seiner Emeritierung, liest, hat er beinahe sein ganzes Leben über gewusst, aber erst heute, durch den kleinen Anteil an Wissen, der ihm nun zufliegt, mischt sich wieder alles anders und neu. Wie oft wohl muss einer das, was er weiß, noch einmal lernen, wieder und wieder entdecken, wie viele Verkleidungen abreißen, bis er die Dinge wirklich versteht bis auf die Knochen? Reicht überhaupt eine Lebenszeit dafür aus? Seine – oder die eines andern?

Wenn er sich den Weg ansieht, den die Berber vielleicht genommen haben: vom Kaukasus über Anatolien und die Levante bis nach Ägypten und ins antike Libyen, später dann in den heutigen Niger und vom Niger wieder zurück ins heutige Libyen und über das Meer bis nach Rom und Berlin, ist es beinahe ein vollkommener dreiviertel Kreis. Tausende von Jahren dauert die Bewegung der Menschen über die Kontinente schon an, und niemals hat es Stillstand gegeben. Es gab Handel, Kriege, Vertreibungen, auf der Suche nach Wasser und Nahrung sind die Menschen oft dem Vieh, das sie besaßen, gefolgt, es gab Flucht vor Dürre und Plagen, Suche nach Gold, Salz oder Eisen, oder es konnte dem Glauben an den eigenen Gott nur in der Diaspora* die Treue gehalten werden, es gab Verfall, Verwandlung, Wiederaufbau und Siedler, es gab bessere oder schlechtere Wege, niemals aber Stillstand. Um einem Studenten zu erklären, dass er damit nicht einmal ein moralisches, sondern vielmehr ein Naturgesetz meine, hätte Richard nur aus dem Fenster zeigen müssen, wo so viele der Blätter, über deren Erscheinen er sich im Frühjahr gefreut hat, nun schon auf dem Gras liegen, indes die Knospen für den nächsten Frühling schon angelegt sind. Aber es gibt keinen Studenten hier, der ihn danach fragt.

Richard liest.

* In die Fremde verstreute religiöse oder ethnische Gruppe.

Von den verlorenen Städten der Garamanten liest er, von ihren verwehten Burgen und ausgeklügelten Bewässerungssystemen unter der Erde in den einstmals dicht besiedelten Oasen am Beginn der Handelsstraßen, die durch die Wüste nach Süden führten. Nun, nach Gaddafis Sturz sei endlich durch Satellitenbilder erwiesen, dass es sich bei den libyschen Ureinwohnern nicht um Räuber am Rande der Zivilisation, sondern um Menschen gehandelt habe, die technologisch auf der Höhe ihrer Zeit gewesen seien, heißt es auf der Website der Übergangsregierung. Die Website ist schon zwei Jahre alt, sieht Richard. Jetzt hoffe man, so heißt es weiter in dieser zwei Jahre alten Gegenwart, auf einen Neubeginn für die libysche Altertumsforschung, die unter Gaddafi sträflich vernachlässigt worden sei. Bald schon werde es für das libysche Volk zum ersten Mal die Möglichkeit geben, sich mit seiner lange unterdrückten, ureigenen Geschichte auseinanderzusetzen. Im Moment sei zwar der die Forschungen leitende Professor aufgrund der Unruhen evakuiert, aber sobald die Sicherheit im Lande wiederhergestellt sei, werde er mit seinen Untersuchungen, finanziert durch europäische Gelder, beginnen. Richard wohnt ja nun in dieser inzwischen schon zwei Jahre alten Zukunft und weiß daher, dass Libyen seit dem Sturz Gaddafis durch die verschiedenen Milizen, deren Ziele niemand mehr durchschaut, vollends in ein Schlachtfeld verwandelt worden ist. Das libysche Volk ist seit zwei Jahren durchaus nicht damit befasst, seine ureigenen, vorislamischen Wurzeln zu ergründen, sondern ausschließlich damit, zu überleben. Gaddafi hatte den landeseigenen Altertumsforschern zwar nur kärgliche Gelder für ihre Forschungen bewilligt, das mochte wahr sein, aber jetzt hatten auch die Europäer ihre Förderungen eingefroren, und die Altertumsforscher saßen wahrscheinlich seit zwei Jahren im Exil, während die Burgen, Städte und Dörfer der Garamanten allenfalls von uniformierten Antiquitätenjägern erforscht und all der Dinge beraubt wurden, die sich zu Geld machen ließen. Die Nachfahren der Garamanten wurden im heutigen Libyen als Ausländer angesehen und waren deshalb genauso wie alle anderen Ausländer vor zwei Jahren in Boote gesetzt und nach Europa gejagt

worden. In welchen Zeiträumen muss man messen, wenn man wissen will, was Fortschritt genannt werden kann?
Richard liest und liest.
Und deswegen hat er noch nicht einmal zu Mittag gegessen, als das Telefon klingelt und seine Freunde ihm vorschlagen, einen Spaziergang mit ihnen zu machen. Es werde ja schon bald wieder dunkel, sagt Sylvia. Und Detlef ruft aus dem Hintergrund: Thomas kommt auch mit.
Thomas muss nicht das ganze Wochenende zu Haus sein?
Nein, seine Frau hat Besuch von ihrer Cousine.

Der dicke Thomas, früher Wirtschaftsprofessor, inzwischen Computerspezialist, steckt sich beim Gehen eine Zigarette an.
Nur noch 6 drin, sagt er und schüttelt seine Zigarettenschachtel, bevor er sie in die Manteltasche zurücksteckt. Es scheint die letzte der 3 Schachteln zu sein, die ihm seine Frau pro Woche zuteilt.
Die neuen gibt's erst am Montag, sagt er.
Die Freunde nicken.
Richard, Thomas, Sylvia und Detlef wohnen alle kaum mehr als zehn Minuten zu Fuß voneinander entfernt, aber sie würden sich trotzdem wahrscheinlich nie treffen, riefe nicht Sylvia, wie heute, Thomas und ihn einfach an.
Wie geht's denn den Afrikanern?, fragt Detlef.
Sie ziehen bald um.
Welche Afrikaner?, fragt Thomas und hört nun die Kurzfassung der Geschichten, die Richard neulich den beiden andern erzählt hat. Richard erzählt auch von der Göttin Athene, von Medusa, Antaeus, und schließlich von seiner Verabredung mit Apoll.
Aber Apoll war aus Delos, sagt Thomas, der, obgleich sein Fach Wirtschaftsgeschichte war, immer schon auch alles andere mindestens genauso gut wusste wie Richard.
Jaja, sagt Richard, aber ich meine den Flüchtling. Morgen kommt er und hilft, ich will den Garten winterfest machen, das Ruderboot bringe ich allein nicht mehr aus dem Wasser. *Ziehe das Schiff an's Land und stütz es mit Steinen. / Ringsum, dass der Gewalt feucht-*

wehender Winde sie wehren. / Nimm auch den Zapfen heraus; sonst bringt es Zeus' Regen zum Faulen.
»Werke und Tage«, sagt Thomas.
»Werke und Tage«, sagt Richard. Thomas ist der einzige von seinen Freunden, der, so wie er, den alten Hesiod noch immer auswendig hersagen kann.
Wenn mein Rücken mitmachen würde, hätte ich dir geholfen, sagt Detlef.
Ich weiß schon, sagt Richard.
Tuareg ist dieser Apoll?, fragt Thomas.
Ja.
Aus Niger?
Ja.
Na, dann halt mal den Geigerzähler an ihn ran, bevor du ihm *Guten Tag* sagst.
Ich weiß, sagt Richard.
Wieso denn?, fragt Sylvia.
In Niger gibt es so viel Uran wie sonst auf der Welt fast nirgends, sagt Richard.
Und während sie an Kiefern und Eichen vorbeigehen, und während der Hund angelaufen kommt, der dem alten Ehepaar, dem er gehört, immer ausreißt, Cognac heißt er, erzählt Richard seinen Freunden Detlef und Sylvia, die wahrscheinlich nicht einmal wissen, wo genau Niger liegt, vom französischen Staatskonzern Areva, der das Monopol für die Minen hält und seinen Müll dorthin kippt, wo die Tuareg bisher ihre Kamelweiden hatten. Und natürlich auch selbst leben, sagt er.
Am Himmel versuchen ein paar Vögel, für ihre Reise nach Afrika fliegend ein Dreieck zu formen. Der Briefkasten bei dem verwilderten Grundstück ist, seit der Besitzer den Bungalow an Studenten aus Berlin vermietet, rosa gestrichen.
Dort, sagt Richard, ist das Trinkwasser inzwischen verseucht, die Kamele sind hin, die Menschen kriegen Krebs, ohne zu wissen, warum – der Strom aber fließt in Frankreich und hier bei uns, in Deutschland.

Hier bei uns, in Deutschland, wiederholt Detlef, und Richard weiß nicht genau, ob Detlef über den Inhalt des Satzes erstaunt ist, oder darüber, dass er, Richard, es so formuliert. Das Land, das Deutschland hieß, war schließlich bis vor einiger Zeit nur auf der andern Seite der Mauer. Naja, sagt Richard, als ob er sich für seine verbale Vereinigung der beiden deutsch sprechenden Länder entschuldigen wollte.

Und übrigens, sagt Thomas, ist der Gewinn dieses Konzerns pro Jahr zehnmal so hoch wie sämtliche Einnahmen des Staates Niger.

Woher weißt du das schon wieder?, fragt Richard.

Na, was man so liest, sagt Thomas und schnipst seine Kippe in den märkischen Sand*.

Es ist wirklich ganz übel, sagt Richard, die Tuareg haben schon 1990 einen Aufstand gemacht, dann gab's ein Massaker, dann war wieder Ruhe. Vor ein paar Jahren das Gleiche noch einmal.

Die Vertiefungen in dem Sandweg hat irgendwer mit Bruchstücken von Ziegeln und Fliesen ausgeglichen, sicher um die Stoßdämpfer seines Autos zu schonen.

Und die einzige Regierung, die die Franzosen rausschmeißen wollte, ist ganz schnell weggeputscht worden, sagt Thomas. Von wem auch immer.

Wollen wir umdrehen?, fragt Sylvia, so wie sie das immer fragt, wenn sie mit ihrem Spaziergang am Ende der Häuserzeile angelangt sind. Sie gehen dann einen Bogen durch den Wald, in dem es noch immer nach Pilzen riecht, obwohl die wahrscheinlich schon längst verfault sind.

Und auch Al-Quaida**, sagt Richard, hat von dem Uran schon gehört. Es scheint nur die Frage zu sein, ob die sich mit den Tuareg gegen die Regierung von Niger verbünden, oder eben gerade nicht.

Das eine schließt das andre wahrscheinlich nicht aus, sagt Detlef.

Ja, sagt Richard, die Wüste ist bestimmt groß genug für mehrere Fronten.

---

* Der für die »Mark Brandenburg« typische Sandboden; Berlin grenzt an Brandenburg.

** Radikal-islamistisches Terrornetzwerk, verantwortlich u. a. für den Anschlag auf das World Trade Center in New York am 11.09.2001.

Sylvia sagt, was der Konzern da mache, sei doch eigentlich genau das, was Richard vorhin erzählt habe: Herakles hebt Antaeus von der Erde, und erst dadurch verliert der seine Kraft.
Detlef sagt, hat der FC Nürnberg nicht Trikots, auf denen Areva steht?
Kann sein, sagt Richard und denkt, während sie, weiter miteinander redend, auf dem Rückweg ein zweites Mal an dem Grundstück vorübergehen, wo die Beamtin wohnt, die für jedes kleine Vergehen der Nachbarn gleich mit 2000 Euro Strafe droht, und dann noch einmal an dem Grundstück vorbeigehen, auf dem der Chef vom Anglerverein eine deutsche Fahne gehisst hat, und dann auch wieder an der Badestelle vorbeigehen, die den ganzen Sommer über verwaist war, denkt, während er sieht, wie Sylvia sich bei ihrem Mann Detlef einhakt, und wie Thomas einen Blick in seine Zigarettenschachtel wirft, und die Schachtel dann stirnrunzelnd wieder in die Manteltasche zurücksteckt, ohne sich eine Zigarette zu nehmen, denkt in genau diesem Moment, dass auch diese vier Menschen hier, von denen er einer ist, zu einem Körper gehören. Hand, Knie, Nase, Mund, Füße, Augen, Gehirn, Rippen, Herz oder Zähne. Egal.
Was wird sein, wenn Sylvia, die ihn oder Thomas oder auch ein paar von den Berliner Freunden manchmal einfach so anruft, nicht mehr da ist?

30

Den ganzen Sommer lag das Boot am Steg, aber wegen des toten Mannes im See hat Richard es kein einziges Mal benutzt. In den letzten Nächten hat es ein paarmal kräftig geregnet, seither ist das Boot voller Wasser, und es fehlt nicht viel, dann würde es sinken. Wie einen betrunkenen Walfisch ziehen die beiden Männer den Kahn zum Ufer hin, damit er Grund hat und sie auf die Ruderbank steigen können zum Schöpfen.
Sag mal, wann genau bist du geboren?, fragt Richard.
’91, sagt Apoll.

Richard hat sich das schon gedacht.
Und in welchem Monat?
Am 1. Januar.
Acht Monate nach dem Massaker zur Niederschlagung des Tuareg-Aufstands in Niger, von dem er gestern seinen Freunden erzählt hat. Das denkt er, sagt es aber nicht. Er sagt:
Pünktlich zum Feuerwerk, da hast du Glück.
Das legen die Italiener so fest, wenn es kein Dokument gibt.
Verstehe, sagt Richard.
Dann schöpfen sie eine Weile.
Sag einmal, fängt Richard nach einer Weile wieder an, im Internet hab ich gesehen, dass ihr sehr tiefe Brunnen grabt. Und dann zieht ein Esel die Eimer mit Wasser nach oben, ist das wirklich so?
Ja, sagt Apoll, so lang wie das Seil ist, an dem der Kanister hängt, so weit muss der Esel gehen. Und dann wieder zurück. Jeden Tag führt man ihn so drei, vier Stunden.
Aber das ist ganz schön mühsam.
Das Vieh braucht Wasser.
Warum rollt ihr das Seil nicht auf – mit so einem Gestell und einer Kurbel?
Das hält im Sand nicht.
Dann muss es auch gefährlich sein, diese Brunnen zu graben.
Ja, es wurden schon viele verschüttet.
Auf runden Hölzern, Stücken von einem zersägten Baum, die sie unterlegen, rollen sie nun das Boot über das Gras bis an den Rand der Wiese. Richard hat gestern gelesen, dass durch die enormen Mengen an Wasser, die nötig sind, um das Uran aus dem Stein zu spülen, sich der Grundwasserspiegel rings um die Minen merklich abgesenkt hat.
Kennst du Arlit?
Klar. Meine Gegend, sagt Apoll.
Bald wird die Welt von Neuem Gelegenheit haben, von den Tuareg zu sprechen, da der französische Minister das begonnene Werk mit Nachdruck fortzusetzen gedenkt. Wenn früher oder später der Plan einer Saharabahn verwirklicht werden und das schnaubende

Dampfroß als Rival des flinken Kameels auf dem Sande der Wüste erscheinen wird, werden wohl die Söhne der Wüste trübe Erfahrungen machen. Sie werden die Cultur aufhalten wollen, aber man wird ihre Angriffe mit wohlgezieltem Pelotonfeuer und Branntwein zurückweisen, bis sie wie die Indianer Amerikas ihr Land den Civilisirten überlassen. Das hatte man 1881 in der *Gartenlaube**, kurz nach der Erfindung des Journalismus, geschrieben. Aus der Saharabahn war dann zwar nichts geworden, aber knapp einhundert Jahre später hatten die Franzosen in ihrer ehemaligen Kolonie stattdessen nicht minder ungeniert den Uranabbau in Angriff genommen.

Kultur, denkt Richard. Fortschritt, denkt er.

Er sagt: Pass auf, du kippst das Boot an, und ich halte es auf der anderen Seite.

Während er das Boot hält, holt Apoll die runden Hölzer, um sie unter das Boot zu legen. Dann lassen sie es beide zusammen langsam hinunter, bis es verkehrtherum liegt.

Aber du hast nicht in Arlit in einer Mine gearbeitet, oder?

Nein, wir hatten Kamele.

Du bist mit der Karawane gezogen?

Ja.

Womit habt ihr gehandelt?

Wir haben die Kamele nach Libyen verkauft.

Von welchem Alter an hast du das gemacht?

So ab zehn. Ab zehn geht man mit den Männern.

Wie lange ist so eine Karawane unterwegs?

Ein paar Monate, manchmal ein Jahr.

Mitten durch die Wüste?

Ja.

Und wie findet ihr da den Weg?

Wir kennen ihn.

Ja, aber wie?

Der junge Tuareg zuckt mit den Schultern.

---

* *Die Gartenlaube* war der Titel einer äußerst beliebten, seit 1853 erscheinenden illustrierten Wochenzeitschrift für die ganze Familie.

Wir kennen ihn.

Richard würde es gern verstehen. Immer noch steht er da neben dem umgedrehten Ruderboot mit dem jungen Mann, der dreieinhalbtausend Kilometer zurückgelegt hat, um ihm bei der Gartenarbeit zu helfen.

Seht ihr es an den Sternen?

Ja.

Und tagsüber, wenn keine Sterne da sind?

Die Männer wissen, was auf dem Weg passiert ist.

Was wann auf dem Weg passiert ist?

Immer.

Jemals?

Ja.

Sie erzählen es?

Ja.

Beim Gehen?

Wir gehen ja nicht, wir reiten.

Ah ja.

Abends werden die Geschichten erzählt.

Aber sie erkennen den Weg an den Geschichten?

Ja.

Sie erkennen ihn durch ihre Erinnerung?

Ja.

Richard verstummt. Natürlich hat er immer gewusst, dass zum Beispiel die »Odyssee« und die »Ilias«, bevor Homer – oder wer auch immer – sie zum ersten Mal aufgeschrieben hat, mündlich weitergegebene Erzählungen waren.* Aber noch nie ist ihm der Zusammenhang zwischen Raum, Zeit und Dichtung so klar gewesen wie in diesem Moment. Vor dem Hintergrund einer Wüste sah man es nur besonders deutlich, aber im Prinzip war es

* Homers Epen *Odyssee* und *Ilias* gehören zu den ältesten antiken Dichtungen, die überliefert sind. Über Homer selbst ist allerdings nichts weiter bekannt, und weil zu seiner Zeit Literatur mündlich überliefert wurde, wurde immer die Frage diskutiert, ob er als historische Person wirklich existiert hat.

doch an keinem Ort auf der Welt je anders: Ohne Erinnerung war der Mensch nur ein Stück Fleisch auf einem Planeten.

Und dann harken sie noch die Wiese, und dann bringen sie die Gartenmöbel von der Terrasse unter das Schuppendach, lassen die Luft aus dem Schlauchboot, das Richard in diesem Sommer kein einziges Mal ausprobiert hat, bringen das Bruchholz aus dem Wald zur Feuerstelle hinüber und bauen den Grill ab. Dann zahlt Richard dem Flüchtling, der genauso aussieht, wie er sich Apoll immer vorgestellt hat, 50 Euro.

31

Am Montag zieht Richard die schwarzen Schuhe an, die zwar nicht bequem sind, aber besser zur grauen Hose passen. Was für Geschichten würde er über den Weg erzählen, den er zum Altersheim geht? Im See ist mal einer ertrunken? Da vorn bei dem Grundstück hat einer vor Jahren Pfauen gezüchtet? Über Kilometer hatte man die seltsamen Schreie dieser Vögel gehört. Bis zu dem gelben Mietshaus ist er immer mit seiner Mutter spaziert, als die noch lebte und gehen konnte, und er sie jeden Sonntag abgeholt hat: zu Essen, Spaziergang, Kaffee. In dem Restaurant am Platz hat er mit seiner Frau die Silberne Hochzeit gefeiert, kurz nachdem sie hierher umgezogen waren. In dem Eckladen, in dem jetzt ein Imbiss ist, war früher ein Werkzeuggeschäft – bis der Inhaber eines Morgens an einem Strick hing. Warum er nicht mehr hatte leben wollen, wusste niemand. Das flache Gebäude, in dem zu DDR-Zeiten der Konsum* war, stand lange leer, jetzt ist es eine Sparkassenfiliale. Und dann das kürzlich abgerissene Haus, an dessen Stelle jetzt nur noch der helle Sand zu sehen ist. Und die Anzeige, die immer rot leuchtet, wenn einer zu schnell fährt. Später einmal wird er, wenn er an dem Ziegelgebäude vorbeigeht oder -fährt, denken: Hier waren einmal die Afrikaner einquartiert.

* Name der in der DDR allgegenwärtigen »Konsumgenossenschaften« (Supermärkte).

Wird auch er einen Platz einnehmen in deren Geschichten? Vielleicht. Und bedeutet das etwas?

Aber dann ist er schon beim Haus angelangt, der eine vom Sicherheitsdienst hält ihm die Tür auf, nicht aus Höflichkeit, sondern weil die Tür wie immer abgesperrt ist, von innen.

Und nun erfährt er, dass der Sprachunterricht in seiner bisherigen Form ausfällt, und zwar für immer, die Lehrerin sei schon wieder gegangen, und die Männer richteten sich gerade her, denn heute um 11 Uhr beginne stattdessen der offizielle Kurs in einer Volkshochschule in Kreuzberg.

So, sagt er.

Er hat nicht einmal ihre Telefonnummer.

Das tut mir jetzt leid für Sie, sagt der eine vom Sicherheitsdienst und bietet ihm einen Stuhl an.

Danke, sagt er, aber er setzt sich nicht, sondern steht einfach weiter da und merkt, dass die Luft plötzlich ein Gewicht hat. Was soll er jetzt tun?

Und so steht er noch immer im Vorraum, als die ersten der Männer erscheinen, um sich zum Losgehen zu sammeln. Es erscheint der mit den goldenen Schuhen, den er hier im Altersheim noch nie gesehen hat, aber bei seinem ersten Besuch auf dem Oranienplatz damals: Hermes. Er trägt eine Brille mit sehr dicken Gläsern und hat seine Haare eng am Kopf in glänzende Zöpfe geflochten. Es erscheinen die guten Freunde Khalil und Mohamed, der erste mit einer Kette aus falschem Gold um den Hals, der zweite hat seine Hose soweit hinuntergeschoben, dass seine Pobacken mit der Unterhose nicht nur am Ansatz, sondern praktisch vollkommen zu sehen sind. Es erscheint Apoll, er hat seine Augen mit schwarzem Kohlstift umrandet und ein Tuch so um den Kopf gebunden, dass seine Haare nach oben stehen, come stai, tutto bene, es erscheint Raschid mit einem T-Shirt, auf dem ein Leopard aufgedruckt ist, everything good? Es erscheint der lange Ithemba, auch aus Zimmer 2017, er hat, obgleich draußen graues Novemberwetter ist und im Vorraum Neonlicht brennt, eine verspiegelte Sonnenbrille aufgesetzt, a real school, is more better. Es erscheint Tristan, an den Füßen das gute Paar Schuhe, das ihm, wie Richard jetzt weiß, einmal ein freundlicher Deutscher gekauft hat, how are you? Auch Tristan hat eine Sonnenbrille dabei, hat sie aber verkehrtherum aufgesetzt, mit den Gläsern nach hinten. Es erscheint Osarobo, zum ersten Mal sieht Richard ihn frisch rasiert, er trägt viele verschieden lange Perlenketten um den Hals und Hosen mit riesigen Taschen, und wieder seine zu dünne Jacke, aber diesmal hat er sie, wie eine Diva ihre Pelzboa, nur halb heraufzogen, so dass der Kragen auf der Höhe seiner Ellenbogen ist, crazy, he?, sagt er und grinst, als er Richard mitten in der Ansammlung entdeckt. Es erscheint Zair, der damals mit Raschid auf demselben Boot war, heute ist er angetan mit einem weißen Hemd, einer Anzughose und einem Jackett, es erscheint Yaya, Richard kennt ihn vom letzten Deutschunterricht, auf dessen T-Shirt ist die Freiheitsstatue zu sehen, und Yayas Freund Moussa, der hat ein Tuch um die Hüfte gebunden, das genauso taubenblau ist wie die Tätowierungen auf seinen Wangen, es erscheint Abdusalam, heute trotz Silberblick mit hocherhobenem Haupt, es erscheinen Yussuf, der Tellerwäscher aus Mali, und Ali, der zukünftige Krankenpfleger aus dem Tschad, beide Richards fortgeschrittene Schüler, es erscheinen die drei bisher immer stummen und reglosen Billardspieler, Richard sieht sie heute zum ersten Mal miteinander reden und lachen. Überhaupt reden alle und lachen, begrüßen sich, es riecht nach Cocobutter und Duschbad. Viele sind da, die Richard nur vom Sehen kennt, aber ganz hinten sieht er endlich auch den Dünnen aus dem leeren ersten Stockwerk, nach dem er so lange gesucht hat. Ganz still steht der am Rand und lächelt hinüber zu Richard, über all die bezopften Köpfe und über die Köpfe derer vom Sicherheitsdienst und über die Köpfe der Betreuer, die jetzt auch plötzlich da sind, hinweg.

Und dann soll es losgehen: der erste Ausflug in eine richtige deutsche Schule, geradenwegs in die Zukunft hinein. Ein Betreuer fragt, ob jeder ein Ticket dabei hat, und da erst fällt Richard auf, dass doch einer noch fehlt: Rufu, der Mond von Wismar. Ja, aber jetzt ist es zu spät, sagt ein Betreuer, wir müssen. Richard notiert sich eben noch den Namen der Schule, da setzt sich auch schon die festliche Prozession in Gang: Häuptlinge und Prinzen mit stolzem Blick, um den Hals Ketten aus Kaurimuscheln, wippende Pfauenfedern auf dem Kopf, in schimmernde Gewänder gehüllt, verlassen den glänzenden Palast, Freudentriller erfüllen die Luft, das Tor öffnet sich wie von Zauberhand, zahme Antilopen und ein Einhorn schließen sich der Delegation an, den Abschluss des Zuges aber bilden drei weiße Elefanten: auf deren gewaltigen Rücken schaukeln in edelsteinbesetzten Sitzen die drei Betreuer. Noch bis der prächtige Zug am Horizont entschwunden ist, sieht man die Diener, die das Tor für all die Herrlichkeit aufgemacht haben, mit den Stirnen im Staub.

Ohne dass Richard lange darüber nachdenken müsste, klopft er im zweiten Stock bei Zimmer 2018 an: bei der Tür, die ihm noch nie einer aufgemacht hat, auf dem Schild draußen steht der Name *Heinz Kröppcke*. Und wenn Rufu nun gar nicht mehr lebt? Wenn ihn, der immer allein ist, nicht einmal jemand vermisst? Richard drückt die Klinke vorsichtig hinunter, aber die Tür von Heinz Kröppcke ist zu. Rufu, ruft er in den Flur hinein, auf gut Glück. Rufu. Geht den Flur hinunter. Rufu. Und da öffnet sich ganz am Ende des Gangs, kurz vor der Küche, in der er neulich noch zusammen mit der Lehrerin das Bode-Museum aufgehängt hat, eine Tür, und heraus schaut tatsächlich Rufu, der Mond von Wismar. Dante?, fragt er.
Nein, sagt Richard, heute beginnt der Deutschunterricht in einer richtigen Schule. Komm.
Rufu sieht ernst aus, wie immer, aber er nickt und sagt: Un attimo, bevor er die Tür wieder schließt und fünf Minuten später in Jacke und Mütze erscheint.

Ob sie wirklich um soviel schneller sind mit dem Auto, weiß Richard nicht, aber er hofft es. Erst nach dem Tod seiner Frau hat er sich ein Navigationsgerät gekauft, denn bis dahin hatte sie, seine Frau Christel, den Atlas auf den Knien, immer auf dem Beifahrersitz gesessen und ihm gesagt, wann er rechts fahren sollte, wann links. Christel. Der Name ist noch lebendig, nur der Mensch nicht mehr, zu dem der Name gehört. Jetzt sagt eine Frauenstimme, mit der er nicht verheiratet ist, zu ihm: Biegen Sie rechts ab, biegen Sie links ab. Auf einer Fahrt nach Rügen hat diese Stimme ihm zum ersten Mal gute Dienste geleistet, das zweite Mal auf einer Fahrt nach Weimar.

Hast du Autofahren gelernt?, fragt Richard den stillen Rufu, der neben ihm sitzt.

Nein.

Die ersten drei roten Ampeln braucht Richard, um die Adresse einzugeben, dann sagt die Frau in dem kleinen Gerät plötzlich: Drehen Sie, wenn möglich, um. Die Frau denkt wohl immer noch, er sei auf der Rückfahrt von Weimar.

Rufu zuckt zusammen und fragt: Was ist das?

Sie sagt mir, wie ich fahren soll.

Aha, sagt Rufu und runzelt die Stirn.

Nach 80 Metern fahren Sie geradeaus.

Wozu brauchst du das?, fragt Rufu und zeigt noch einmal auf das Navigationsgerät.

Ich kenne mich im Westen nicht so gut aus, sagt Richard, dann fällt ihm wieder sein Gespräch mit Osarobo ein.

Fahren Sie geradeaus.

Weißt *du*, dass zwischen dem Westen und dem Osten von Berlin beinahe dreißig Jahre lang eine Mauer war?

Nein, sagt Rufu.

Richard kennt die Untiefen dieses Dialogs jetzt schon, deswegen sagt er nur:

Es gab eine Grenze, und es war nicht erlaubt, vom Osten in den Westen Berlins zu gehen. Bei dem Versuch, über die Grenze zu kommen, wurden manchmal sogar welche erschossen.

Ah, capisco, man wollte sie im Westen nicht haben.

Nein, man wollte sie aus dem Osten nicht rauslassen.

Okay.

Nach 200 Metern halten Sie sich rechts, sagt jetzt die weibliche Stimme des Navigationsgeräts, die in der Gebrauchsanleitung sogar einen Namen hat, an den Richard sich aber nicht erinnert. Annemarie vielleicht, oder Regina.

Aber wenn sie es geschafft haben, haben sie dann im Westen einen Pass bekommen?

Ja, ohne Probleme. So, als ob sie schon immer Bürger im Westen gewesen wären.

Warum?

Halten Sie sich rechts.

Weil sie Deutsche waren. Brüder und Schwestern, sagt Richard und denkt wieder an das Gedränge aus weinenden West- und Ostberlinern, durch das er sich nach der Öffnung des Grenzübergangs den Weg hatte bahnen müssen.

Es waren alles Brüder und Schwestern?

Nein, natürlich nicht. Also manche schon, aber nicht alle.

Okay, sagt Rufu, aber Richard sieht, dass Rufu nicht wirklich versteht, was es mit dem Westen und dem Osten und den Brüdern und Schwestern und dieser Mauer, die es da offenbar gegeben hat, auf sich haben soll.

War die Mauer so hoch wie der Zaun in Melilla*?

So ungefähr, sagt Richard.

Einen Freund von mir haben die Spanier gleich wieder nach Marokko zurückgeschickt, sagt Rufu. Obwohl er es über den Zaun geschafft hat. Sein Bruder lebte in Spanien. Aber trotzdem.

War sein Bruder Spanier?

Nein.

Na, siehst du.

Was sehe ich?

Ja, was soll Rufu eigentlich sehen? Annemarie oder Regina hat in diesem Moment auch keine Antwort auf Rufus Frage parat, sie sagt nur: Abbiegung vor Ihnen.

* Zu Spanien gehörende Stadt in Nordafrika an der Grenze zu Marokko, wo viele afrikanische Flüchtlinge den Grenzübertritt auf das Territorium der EU versuchen.

Richard überlegt, ob er Rufu erklären soll, dass hinter den Bäumen das Sowjetische Ehrenmal ist, entscheidet sich aber dagegen. Soll er etwa auf Italienisch erklären, was schon auf Deutsch schwer zu verstehen ist, nämlich dass dort ein sowjetischer Soldat ein deutsches Kind auf dem Arm trägt, zum Zeichen eines Neubeginns nach dieser letzten Schlacht des Weltkriegs, bei der 80 000 sowjetische Soldaten für die Befreiung eines Berlins, das gar nicht hatte befreit werden wollen, gefallen sind? Und dass die sowjetischen Soldaten Helden gewesen sind. Einerseits. Richard weiß nicht, was *Vergewaltigung* auf Italienisch heißt.

Fünfhundert Meter weiter überqueren sie die unsichtbare Linie auf dem Asphalt, die früher die Grenze war, und fahren bald darauf an einem Wachturm vorüber, der als Relikt aus der Zeit der Grenze mitten in einem Park steht, auf dem Gelände, wo früher die Spanischen Reiter aufgestellt und die Minen im Sand versteckt waren.

Auch dazu sagt Richard nichts.

Ein wenig ist es so, denkt er, als sei Rufu krank oder schwerhörig, und er, Richard, sein Besucher, der sich nicht die Mühe macht, die Sätze, die ein Gespräch in Gang bringen könnten, zu sagen. Zuviel müsste erklärt werden. Zuviel fehlt.

Wenig später ist immerhin wieder Annemarie oder Regina zu hören: Biegen Sie links ab.

Draußen sieht man jetzt eine Kirche, einen Taxistand, eine restaurierte Feuerwache, Häuser aus dem letzten Jahrhundert.

Rufu sagt: Das ist schön.

Wieso warst du nie hier? Der Oranienplatz ist doch gar nicht so weit entfernt.

Die U-Bahn fährt unter der Erde, da sieht man nicht, wo man ist.

Verstehe.

Sotto terra, sagt Rufu. Sotto terra.

Sie kommen gerade noch rechtzeitig in der Schule an, die Betreuer stehen mit dem Leiter der Schule im Flur und sprechen über Termine. Der eine zeigt, als er Richard und Rufu sieht, mit dem Zeigefinger auf eine Tür. Tatsächlich sitzen da in einem großen

Raum die afrikanischen Männer schon an den Tischen. Ein Zettel mit Fragen soll ausgefüllt werden, damit die Lehrerin, die die Einteilung macht, weiß, wer von den Männern überhaupt lateinische Buchstaben lesen und schreiben kann. Das Eingeständnis, nicht schreiben zu können, kommt Richard in dieser Welt, die das Schreiben voraussetzt, kaum weniger intim vor als das Ablegen der Kleider bei einem Arzt, er will gleich wieder gehen, aber dann fragt ihn Tristan, ob er hier etwas eintragen muss? Und Osarobo hat keinen Stift. Und die schon etwas ältliche Lehrerin versteht das afrikanische Englisch so schlecht. Könnten Sie vielleicht noch so nett sein, mir nachher beim Einsammeln der Zettel zu helfen, nur wegen der Namen? Ja, sicher. Und so setzt er sich auf einen Stuhl an den Rand, während die Männer ganz still sind und jeder versucht, den Zettel so gut auszufüllen wie möglich, und die ältliche Lehrerin an ihrem Tisch sitzt und leise ihre Papiere sortiert.

Schließlich sind alle fertig. Raschid sagt: I can help you. Er kennt ja jeden der Männer. Mit Richard zusammen geht er von Tisch zu Tisch, während der mitschreibt und zu klären versucht, welches jeweils der Vor- und welches der Nachname ist: das ist Awad Issa aus Ghana, das ist Salla Alhacen aus Niger, das ist Ithemba Awad aus Nigeria, das ist Yussuf Idrissu aus Mali, das ist Moussa Adam aus Burkina Faso, das ist Mohamed Ibrahim, und immer so weiter. Die Nachnamen sind die Vatersnamen, und so kann es sein, dass der eine Flüchtling mit Vornamen, der andere aber mit Nachnamen zum Beispiel Idrissu heißt. Um die Verwirrung vollkommen zu machen, nennen manche der Männer den Nachnamen zuerst, so wie es auf dem Land in Süddeutschland und auch bei den Österreichern üblich ist. Richard erinnert sich noch sehr gut an den Möstl Toni, Inhaber eines Heurigenlokals bei Wien, in das er und seine Frau einmal eingekehrt waren und von dem sie dann über Jahre hinweg den Riesling bezogen. Christel. Aber schließlich ist die Liste komplett, und Richard weiß nun, obwohl es ihn im Grunde wirklich nichts angeht, dass 5 von den insgesamt ungefähr 40 Männern das lateinische Alphabet weder schreiben noch lesen können, darunter Hermes, der Kurzsichtige mit den goldenen Schuhen, auch Khalil, Mohameds bester Freund, dessen glänzende Kette ganz sicher nicht echt ist, und Abdusalam, der Sänger.

Für die Rückfahrt teilt sich Raschid ganz selbstverständlich für Richards Auto ein, wer hätte auch jemals davon gehört, dass ein Blitzeschleuderer mit der S-Bahn nach Haus fährt? Und Abdusalam soll mit von der Partie sein, Richard räumt ein paar leere Flaschen vom Rücksitz in den Kofferraum, aber weil hinten genug Platz ist für drei, winkt Raschid schnell noch den langen Ithemba heran, der muss seinen Kopf einziehen, car is more better than S-Bahn! Während die drei Nigerianer sich lachend und schubsend hinten hineinzwängen, sitzt Rufu, der Mond von Wismar, schon ernst und still vorn auf seinem Platz neben Richard. Auf dieser Rückfahrt erfährt Richard, dass Raschid nicht nur Auto, sondern sogar Bagger fahren kann, aber seine Fahrerlaubnis hier nicht anerkannt wird, weil er weder einen Aufenthaltstitel hat noch einen Nachweis seiner Identität. Abdusalam beginnt zu singen, und Richard erzählt, dass es über solche Fuhren, wie es diese gerade ist, auch ein deutsches Lied gibt, und beginnt seinerseits: *Hab mein Wagen vollgeladen, voll mit Afrikanern!* Er weiß natürlich, dass in der Urfassung nicht von Afrikanern die Rede ist, sondern von alten, beziehungsweise jungen Weibern – aber was die Silbenzahl angeht, sind die Afrikaner perfekt. An einer roten Ampel blickt Richard, der noch aus voller Kehle singt, während die Männer hinten klatschen und johlen, und sogar Rufu im Rhythmus mit dem Kopf nickt, zufällig in ein Nachbarauto hinein, darin sitzt eine junge Familie: Vater, Mutter, zwei Kinder – alle die Köpfe zu Richards Auto gedreht, stumm und fassungslos angesichts so vieler ausgelassener Mohren und eines offensichtlich verrücktgewordenen Weißen. Als er mit einem *Hüh, Schimmel!* bei Grün wieder anfährt, hört Richard noch, wie hinter der in ihrem Staunen festgefrorenen Familie ein Hupkonzert einsetzt.

32

Am nächsten Tag räumt Richard hier und da ein paar Sachen zusammen, dann bringt er den Müll hinaus, da ist es schon kurz vor halb zwölf, bezieht sein Bett neu, sucht im Schuppen ein Maßband. In der Mittagszeit zu den Männern hinüberzugehen, ist sicher nicht günstig, also saugt er noch Staub, und weil er nun einmal dabei ist, putzt er schließlich auch Küche und Bad, dann ist alles sauber und aufgeräumt, wenn morgen der Klavierspieler zu Besuch kommt. Ehe er sich's versieht, ist es Abend geworden, Fußball, eine Talkshow, in der keiner den andern zu Wort kommen lässt, eine Verfolgungsjagd, ein brennender LKW, zwei, die sich küssen, Spätnachrichten, der Wetterbericht. Erst unmittelbar vor dem Zubettgehen gibt er im Internet die beiden Suchbegriffe *äthiopisch* und *Sprachlehrerin* ein, aber natürlich weiß er, noch während er die Buchstaben tippt, dass das eine Kinderei ist.

Am nächsten Vormittag klingelt um zehn Minuten nach elf Richards Telefon, es ist Osarobo, der an einer Kreuzung irgendwo in der Nähe steht und sich nicht mehr daran erinnert, wie er von dort zu Richards Haus hinkommt. Richard sagt: Lies mir vor, was da, wo du gerade bist, auf dem Straßenschild steht. Und dann sagt er: Ich hol dich. Was wohl die anderen in so einem Fall machen würden: Hermes, Khalil oder Abdusalam, die weder ein Straßenschild lesen können, noch den Namen zum Beispiel einer U-Bahn-Station?
Osarobo steht an der Kreuzung, und Richard sieht schon von weitem, dass er nicht die geringste Ahnung hat, aus welcher Richtung Richard kommen wird, um ihn zu holen. Eigentlich steht er da wie ein Blinder, denkt Richard. Ich bin eben nicht klug, sagt Osarobo nach der Begrüßung und klopft sich mit den Knöcheln seiner Finger gegen den Kopf. Die Geste erinnert Richard daran, wie Osarobo damals in dem Café an der schwarzen Haut auf seinem Handrücken gezupft hat. Das hat mit Klugheit nichts zu tun, sagt Richard. Life is crazy. Was statt der Erinnerung an ein

paar vorstädtische Straßen in Osarobos Kopf ist, kann er sich inzwischen ungefähr denken.

Die Tonleiter, C-Dur, Übersetzen und Untersetzen der Finger, und dann der Versuch, einen ganz einfachen Bass zu spielen. Erklären, was Noten sind, dass jede Taste eine Entsprechung auf dem Papier hat, und zwischendrin immer wieder hinausgehen und nichts Besonderes machen, die Gelegenheit nutzen, dass jemand, der lebendig ist, durch Erzeugen irgendwelcher Geräusche, in diesem Fall sind es Töne, die Zeit, die im Haus vergeht, in so etwas wie einen Alltag verwandelt. Es gibt heute Kürbissuppe mit Brot, Osarobo isst wieder wenig und trinkt wieder nur Leitungswasser, danach trägt Richard einen zweiten Stuhl ins Wohnzimmer und stellt ihn neben den Schreibtisch, setz dich mal hier hin, sagt er, und setzt sich selbst auch, und zeigt nun dem Jungen auf einem Video, wie zum Beispiel diese eine ganz hervorragende Pianistin Klavier spielt: Osarobo schüttelt staunend den Kopf. Staunt er über Chopin? Oder über die schöne junge Frau, die, noch bevor sie mit dem wilden Stück fertig ist, über das, was sie da anzurichten vermag, selber lächelt? Will er vielleicht auch noch einen anderen Pianisten hören?, ja, gern, der zum Spielen nicht einmal die Armbanduhr abnimmt und trotzdem so viel von Schubert versteht, ist das nicht wunderbar?, yes, und zum Schluss dann aber unbedingt auch noch den dritten, no problem, der auf seinem niedrigen Schemel den eigenen Fingern beim Spielen zuschaut. Eine ganze Weile sitzen der Alte und der Junge da nebeneinander am Schreibtisch und sehen und hören, wie diese drei Menschen mit schwarzen und weißen Tasten etwas erzählen, das mit der Farbe der Tasten nicht das geringste zu tun hat.

Lange schon hat Richard mit niemandem mehr gemeinsam seine Musik gehört. Lange schon hat sich keiner mehr für diese Aufnahmen interessiert, die ihn begeistern. Und dann sind schon wieder zwei oder drei Stunden um, und Osarobo sagt, ich mach

mich vielleicht jetzt auf den Weg, okay, Richard gibt ihm von einem Bügel an der Garderobe die dünne Jacke herunter.
Findest du jetzt allein zu euerm Heim zurück?
No problem.
Richard schaut ihm noch nach, ob er wirklich die richtige Richtung einschlägt, dann geht er wieder zurück in sein Haus. Wie das für so einen Jungen aus Niger wohl sein wird, wenn er zum ersten Mal in seinem Leben Bachs Pauken und Trompeten hört? Er setzt sich noch einmal an seinen Computer und bestellt für das Weihnachtsoratorium im Dom zwei Karten.

33

Als Richard am nächsten Tag wieder im Heim erscheint, erfährt er vom Sicherheitsdienst, dass die Windpockenepidemie nun endlich vorbei sei: Den heutigen Tag haben die Männer zum Packen, und morgen geht's dann wirklich los mit dem Umzug nach Spandau.
Gerade kommen ein paar Afrikaner, sagen im Vorbeigehen zu Richard *how are you?*, und holen aus dem Kämmerchen, in dem er vor einiger Zeit mit Raschid zwischen Stapeln von Stühlen saß, die zusammengefalteten Umzugskartons zum Packen.
Gehen, ging, gegangen.

An diesem Tag macht Richard einen Spaziergang rings um den See, zweieinhalb Stunden geht man. Nach seinem kurzen Besuch in dem roten Ziegelgebäude ist er gar nicht erst nach Haus zurückgekehrt, sondern in seiner Straße gleich nach rechts eingebogen. Vielleicht hält so ein kreisrunder Spaziergang irgend etwas zusammen? Den See? Den ertrunkenen Mann? Denn auch um den Mann geht er ja herum, der im See liegt oder sich in ihm aufgelöst hat. Auch um die Fischschwärme, die den See bewohnen, und um die Untiefen, von deren Existenz er zwar weiß, die er aber nie sehen wird, weil sie durch das Wasser, mit dem sie gefüllt sind, im Verborgenen liegen, er umkreist die Blesshühner und Schwäne, deren Nester im fahlen Schilf allmählich sichtbar werden. Und

er zieht durch sein Gehen auch einen Kreis um die Häuser, die direkt am Wasser liegen, und um die Grundstücke, an deren Ufer die Stege wie Zungen ins Freie ausgestreckt sind. Er geht, zu seiner Rechten Felder und Wald, zu seiner Linken die Häuser. Er geht und geht, und vielleicht sieht ihn bei seinem Spaziergang die eine oder die andere Nachbarin, wenn sie den Blick kurz hebt und durchs Küchenfenster hinausschaut, oder sieht ihn der eine oder andere Nachbar, der Laub harkt oder, auf einer Leiter stehend, auf seinem Schuppen die Dachpappe festmacht. Aber auch um die, die ihn nicht sehen können, zieht Richard mit seinem Gehen den Kreis: um die in den Häusern schlafenden Hunde, um Kinder, die da drin vor dem Fernseher sitzen, oder auch um irgendeinen verlorenen Trinker, der in seinem Keller die leeren Flaschen sortiert.
Spandau.

Aber möglicherweise geht es ihnen dort sogar besser, sagt Sylvia abends am Telefon, und ist der Umzug ein Zeichen dafür, dass sie jetzt akzeptiert werden sollen. Immerhin ist das in Spandau doch, wie du sagst, ein richtiges Asylbewerberheim.
Ich weiß nicht, sagt Richard.
Bestimmt wollen sie im Senat, dass über Weihnachten alles in Ordnung kommt.
Kann sein, sagt Richard.
Ich geb dir mal Detlef.
Jaja.
Vielleicht setzen wir uns mal wieder zum Skat zusammen, was meinst du?, sagt Detlef.
Gute Idee.
Am Freitag?
Freitag ist gut, sagt Richard.
Nach Spandau, sagt Detlef, kommt man übrigens viel schneller, seit der neue Abschnitt auf der Stadtautobahn fertig geworden ist.
Ich weiß.
Wirst sehen, ist alles halb so weit, wenn du den Weg erst einmal kennst.

Weißt du, der eine war gestern noch bei mir, aber da hat er von dem Umzug noch nichts gewusst.
Vielleicht freut er sich.
Kann schon sein, sagt Richard.

34

Raschid hat ein Einzelzimmer, deswegen sitzt er im Zimmer von Ithemba, Zair und noch einem, der auf dem hintersten Bett liegt und schläft. 3 Betten, 3 Stühle, 1 Tisch, 1 Schrank, 1 Waschbecken, 1 Fernseher, 1 Eisschrank.
It's normal here, sagt Raschid. We're happy.
Normal, was meinst du damit?, fragt Richard.
Es gibt Kinder hier, sagt Raschid. Wir sind glücklich. Wir haben so lange keine Kinder um uns gehabt, keine Familien.
Zair fragt Richard: Wieviel Kinder hast du? Wie viele Enkel?
Keine.
Wirklich, du hast keine Kinder?, fragt Zair.
Richard zuckt mit den Schultern.
Das tut mir leid für dich, sagt Zair, in einem Ton, als sei jemand gestorben. Offenbar geht er davon aus, dass nur ein sehr großes Unglück dazu führen kann, dass ein Mann, der so alt ist wie Richard, gar keine Nachkommen hat.
Meine Frau und ich, wir haben das so entschieden.
Wirklich?, sagt Zair. Dann verstummt er, aber Richard sieht ihm an, dass er nicht versteht, wie jemand sich freiwillig dafür entscheiden kann, einsam zu sterben.
Der lange Ithemba, der kurz draußen war und nun wieder hereinkommt, stellt einen großen Teller mit dampfendem Essen vor Richard hin: Fleisch, Reis, Spinat. Und holt aus dem Schrank eine Packung mit Fruchtsaft.
Richard erinnert sich noch sehr gut an seine Rechnung mit den 5 Euro pro Tag. Er ist gerührt, aber er kann sich selber nicht leiden, wenn er gerührt ist. Den Afrikanern gefällt in Deutschland der

Fahrkartenautomat, und den Deutschen gefällt auf der Safari die Gastfreundschaft des Mohren.

Ist das nicht ein bisschen sehr viel für mich allein?, fragt er, allerdings ohne viel Hoffnung, dass diese Gastfreundschaft, die aus ihm einen Idioten macht, plötzlich aufhört.

Nein, nein, iss nur, more is more better, echt afrikanisches Essen: Fufu.

Wie zu einem Gefängnisbesuch hat sich Richard hierher aufgemacht, und nun sitzt er in dem Asylbewerberheim in Spandau und isst zu Mittag. Das Essen schmeckt gut, draußen im Hof hört man die Kinder herumrennen und spielen, rumänische, syrische, serbische, afghanische, auch ein paar afrikanische Kinder. Zur Verabschiedung begleitet Raschid Richard zum Ausgang, so, als hätte er den Besucher bei sich zu Hause empfangen.

It's normal here, hat er gesagt.

Innerhalb der nächsten zwei Wochen beschafft Raschid seinen Leuten Arbeit als *volunteers*. Unentgeltlich harken sie Laub in den Parkanlagen Berlins, putzen in Kindergärten und Schulen, waschen Teller in einem Wohngebietsclub. Wir sind froh, wenn wir etwas zu tun haben, sagt Raschid.

Und trotzdem muss Richard jedesmal, wenn er in das zweistöckige Haus zu Besuch kommt, denken: Aus einem zweistöckigen Gebäude kann sich kein Verzweifelter zu Tode stürzen. Die Station für die todkranken Krebspatienten in der Charité, auf der seine Mutter starb, hatte im obersten Stockwerk die schönste Aussicht, aber dafür auch Fenster, die sich nicht öffnen ließen.

In der Ausländerbehörde beginnen die ersten Gespräche zur Klärung der einzelnen Fälle.

Sehr geehrter Herr XXX, Sie sind unter der Nummer XXX als »Teilnehmer Vereinbarung Oranienplatz« registriert.

Richard denkt an die Dreiviertelseite.

Zur Prüfung Ihrer Aufenthaltsangelegenheit werden Sie gebeten, unter Vorlage dieses Schreibens am XXX um XXX Uhr in meinem Dienstgebäude im Warteraum C 06 vorzusprechen.

Was ist *Totensonntag?*, fragt Khalil Richard am Totensonntag.
Wie kommst du denn darauf?, sagt Richard. Am Vormittag war er gerade auf dem Friedhof in Berlin-Pankow, wo seine Eltern begraben liegen.
Der Club, in den wir sonst immer gehen, hatte gestern Nacht zu.
Was ist das für ein Club?
Wir tanzen da, wir dürfen rein ohne Eintritt. *Totensonntag* stand gestern auf einem Schild am Eingang.
Am Totensonntag, sagt Richard, ist Tanzverbot, und es gibt auch kein Kino.
Warum?
Man denkt an die Gestorbenen, an die Toten.
Ach so.
Und schon verwandelt sich das Gesicht eines jungen Mannes, der letzte Nacht hätte tanzen gehen wollen, in das Gesicht eines jungen Mannes, der die Flucht über ein Meer hinter sich hat und nicht weiß, ob seine Eltern noch leben. An dem Tag, an dem sie auf die Boote getrieben wurden, sei Khalil von ihnen getrennt worden, hat Raschid Richard neulich erzählt. Khalil wisse nicht, ob sie noch dort seien, ob sie erschossen worden seien oder auch auf ein Boot hätten gehen müssen, wisse nicht, in welchem Land sie angekommen sein könnten, wenn überhaupt.
Immer wieder hat Richard in letzter Zeit Meldungen über gekenterte Flüchtlingsboote im Mittelmeer gelesen. An den Stränden Italiens werden inzwischen beinahe täglich Leichen von afrikanischen Flüchtlingen angespült. Wo werden sie begraben? Wer kennt ihre Namen? Wer sagt ihren Familien Bescheid, dass sie es nicht geschafft haben bis Europa – und nie mehr zurückkehren werden?
Im Internet schreibt einer, der sich *MirEgal* nennt: *Die einzigen, die mir wirklich leid tun, sind die Rettungskräfte! Wieso müssen sie ausrücken, um die vielen Toten aus dem Wasser zu ziehen?* Ein

anderer, mit Namen *Schlachtgott*, schreibt: *Der Planet ist sowieso schon maßlos überfüllt. Früher hat das die Natur (Grippe, Pest, etc.) selber geregelt.* Und ausgerechnet in dem Teil Deutschlands, in dem bis vor fünfundzwanzig Jahren der *proletarische Internationalismus** das Motto für unzählige Spruchbänder abgegeben hat, steht nun auf Wahlplakaten einer zunehmend beliebten Partei zu lesen: *Lieber Geld für die Oma – als für Sinti und Roma.* Richard muss, wenn er solche Meinungsäußerungen liest, immer an ein Gedicht von Brecht denken, in dem Nachkriegsberliner einem zusammengebrochenen Pferd, das *lebte überhaupt noch und war gar nicht fertig mit dem Sterben*, das Fleisch von den Knochen reißen. Und während es bei lebendigem Leib zerstückelt wird, macht sich das Pferd Sorgen um seine Mörder: *Was für eine Kälte / Mu über die Leute gekommen sein! / Wer schlägt da so auf sie ein, / Dass sie jetzt so durch und durch erkaltet? / So helfet ihnen doch! Und tut es in Bälde!* Aber welchen Krieg hatten die Menschen jetzt hinter sich? Ich habe gesehen, wie sie ertrunken sind, hat Osarobo neulich gesagt. Hat am Klavier gesessen, die Hände noch auf den Knien, und den Kopf geschüttelt, als wolle und könne er es nicht glauben. Meinte er diejenigen seiner Freunde, die bei seiner eigenen Überfahrt gestorben waren, quälte ihn die Erinnerung? Nein, er hatte nur einen Fernsehbericht über ein aktuelles Schiffsunglück gesehen. Nur. Hatte Ertrinkende gesehen und in den Ertrinkenden sich selbst erkannt, seine Freunde und die, die neben ihm gesessen hatten.

Vor etwa einhundert Jahren hatte der junge Revolutionär Eugen Leviné in seiner letzten Rede vor Gericht, unmittelbar vor seiner Erschießung, sich und seine kommunistischen Genossen als *Tote auf Urlaub*** bezeichnet. Den Unterschied zwischen den Flüchtlingen, die heutzutage auf dem Meer irgendwo zwischen Afrika und Europa ertrinken, und denen, die nicht ertrinken, macht

* Ein länderübergreifender Bund der Arbeiterschaft war Teil der ideologischen Grundüberzeugungen im Sozialismus; bereits im *Kommunistischen Manifest* von 1848 stand: »Proletarier aller Länder, vereinigt euch!«

** In der ursprünglichen Bedeutung von »dienstfreier Zeit«, z. B. bei Militär.

allein der Zufall. In diesem Sinne ist auch jeder von den afrikanischen Flüchtlingen hier, denkt Richard, gleichzeitig ein Lebendiger und ein Toter.

Am Vormittag, bevor er nach Spandau gefahren ist, hat Richard das Grab seiner Eltern mit Tannengrün zugedeckt, so wie er das jedes Jahr am Sonntag vor dem ersten Advent macht. Die Besuche auf dem Friedhof gehörten schon, als er ein Kind war, für seine Mutter und ihn zum Alltag, nur sein Vater kam niemals mit. Als Richard ein Kind war, half er der Mutter, den Sandweg vor dem Grab der Großeltern *schön zu harken,* später, als er schon kräftiger war, holte er ihr die Gießkannen voll Wasser vom Friedhofsbrunnen oder trug Säcke mit Blumenerde von der Friedhofsblumenhandlung zur Grabstelle A XIV/0058. Im Frühling pflanzte seine Mutter Stiefmütterchen an, im Sommer Begonien, im Herbst schnitt sie die trockenen Blüten ab, und am Totensonntag wurde das Weihnachtsgesteck aufgelegt. Irgendwann ruhte dann auch ihr Mann, Richards Vater, dort unter der Erde, und noch ein paar Jahre später sie selbst. Nun stutzt Richard allein die Buxbaumhecke rings um den Hügel, mit derselben Schere, die schon seine Mutter dafür gebraucht hat, harkt mit derselben kleinen eisernen Harke, die er als Kind schon in der Hand gehalten hat, noch immer denselben Sand vor dem Grab, zieht kurz vor dem Winter die verdorrten Blumen samt Wurzelwerk aus der Erde und legt am Totensonntag für seine Eltern das Weihnachtsgesteck auf. Er weiß, dass seine Mutter lieber *Ewigkeitssonntag* dazu gesagt hat, manchmal auch *Tag des Jüngsten Gerichts**. Als Kind hat er sich deswegen immer vor diesem Tag gefürchtet, weil er glaubte, in irgendeinem November irgendeines Jahres käme die Reihe bestimmt auch an ihn – für die ewige Prüfung. Mit seiner Mutter saß er in der Kirche und hörte, während die Glocken geläutet wurden, wie der Pfarrer die Namen der gestorbenen Gemeindemitglieder vorlas, auch sein Name hätte jederzeit darunter sein können, er saß mit all den anderen

* Das endzeitliche Gericht Gottes über alle Menschen.

schweigend da, bis das Läuten verklungen war: *Lauschen wir dem Verhallen der Glocken, das uns alle daran erinnert, dass auch unser Fleisch eines Tages zu Staub wird.*
Tannengrün am letzten Sonntag vor dem Advent, und eine Kerze auf dem Grab anzünden, die der Wind irgendwann auslöscht, und dann Winterruhe, ein paar Wochen später ist nur noch der Buxbaum grün unter dem Schnee – all das genauso seit bald sechzig Jahren. Einen Grabplatz zu haben, in dem drei Generationen ruhen, ist, wenn man so will, auch ein Luxus, aber der Gedanke ist Richard erst in den letzten Wochen gekommen. Die längste Zeit seines Lebens hat er im hintersten Winkel seiner Seele gehofft, dass die Menschen aus Afrika weniger um ihre Toten trauern, weil das Sterben dort schon seit jeher so massenhaft auftritt. Jetzt saß in diesem hintersten Winkel seiner Seele stattdessen die Scham darüber, dass er es sich die längste Zeit seines Lebens so leicht gemacht hat.

35

Für die Vorweihnachtszeit haben in der ganzen Stadt die Geschäfte schon vor Wochen ihre Tannenbäume aus dem Magazin geholt und an die Stellen gestellt, wo sie auch im letzten Jahr standen, fertig präpariert mit Kugeln und Bändern. Überall sieht man Kränze, Lichterketten und Pyramiden, die sich elektrisch drehen. Wenn Richard bei sich zu Hause ein Bier aus dem Keller holt, liest er das Wort *Vorweihnachtszeit* in der Handschrift seiner Frau auf den zwei, drei Kartons, die im Regal unten stehen.
Richard borgt Rufu, dem Mond von Wismar, den Dante, Band 1. Ithembas Fischsuppe schmeckt ebenfalls sehr gut. I'm a little bit fine.
So kommt der erste Advent.
Raschid begleitet Richard nach jedem Besuch zum Ausgang, als sei er bei sich zu Hause, einmal treffen sie dort auf eine kurzhaarige Frau, Raschid begrüßt sie mit Handschlag, Abgeordnete sei sie, sagt er zu Richard – und zu ihr, Richard sei ein Supporter. Die

Beamten in der Ausländerbehörde hätten Anweisung von ganz oben, sagt die Abgeordnete zu Richard halblaut auf Deutsch, die Entscheidungen über die Einzelfälle mit aller Härte zu fällen. Sie mache sich Sorgen. Richard fragt sich, ob sie das auch Raschid sagen wird. Aber vielleicht ist es ja auch nur ein Gerücht.

Zu Apoll sagt Richard: Du weißt, von der Lage in Libyen einmal ganz abgesehen, gehörst du in deiner Heimat, in Niger, als Tuareg einer verfolgten Minderheit an – sag das, wenn du dein Interview hast. Wenn ich mein Interview habe, erzähle ich meine Geschichte. Ja, sagt Richard, aber du kannst doch die Rebellion erwähnen. Ich erzähle meine Geschichte, so wie sie war. Verstehe, sagt Richard.
Wenn ich gehen muss, kann ich gehen, sagt Apoll. Ich habe keine Familie zu ernähren. Ich bin frei: Ich habe in Italien schon einmal sechs Monate auf der Straße gelebt.
Richard denkt, dass er das Wort *Freiheit* in Deutschland schon oft in ganz anderen Zusammenhängen gehört hat.
Es kommt der zweite Advent.
Es nieselt.
Ich hätte niemals gedacht, dass Ziegenfleisch wirklich so gut schmeckt, sagt Richard, wieder vor einem sehr vollen Teller sitzend, zu Ithemba, dem Koch.
Der oder jener begrüßt Richard jetzt schon auf Deutsch: Guten Tag, wie geht es? Und Richard sagt: Gut.
Tristan bittet Richard, für ihn seinen Anwalt anzurufen und nachzufragen, wie es um seinen Fall steht. Richard ruft den Anwalt an und der sagt:
Der Mann ist doch über Italien gekommen.
Ja, sagt Richard.
Nunja, sagt der Anwalt, das ist ein Problem.
Ich weiß, sagt Richard.
Und geboren ist er in Ghana.
Ja, sagt Richard.
Ghana gilt als sicheres Land, das macht es nicht besser.
Aber, sagt Richard, aufgewachsen ist er in Libyen.

Das fällt in diesem Fall leider nicht ins Gewicht, sagt der Anwalt. Verfahrensfehler der zuständigen Behörden geben ihm noch einen gewissen Aufschub, aber danach wird es voraussichtlich schwierig. Khalil, dessen Eltern erweißnichtwo sind, hat, weil er noch nicht so gut schreiben kann, die Stationen seiner Flucht in ein Notizbuch gezeichnet. Richard sieht ein Boot, das wie eine sehr dünne Mondsichel aussieht, darunter viel Wasser.
Ein anderer Flüchtling, Zani, es ist der Ältere mit dem kaputten Auge, der bei Richards erstem Besuch auf dem Oranienplatz auf der Lehne der deutschen Parkbank saß, Zani zeigt Richard Kopien von Zeitungsartikeln: *Massacre* liest Richard beim Blättern, *Massacre, Massacre*. Das war in meiner Heimatstadt, sagt Zani, deswegen bin ich nach Libyen geflohen, es war nicht leicht, die Artikel hier zu bekommen, aber in dem Interview brauche ich doch einen Beweis.

Richard weiß die ganze Adventszeit über, dass das Abkommen *Dublin II* nur die Zuständigkeit regelt, aber er sagt nichts.

36

Trotz der Kälte sitzen die Männer oft auf den Bänken im Hof und sehen den Kindern zu, manchmal spielen sie mit ihnen Fußball.
An dem Tag, als sie aus den Nachrichten erfahren, dass in Deutschland kein Flüchtling mehr in Abschiebehaft genommen werden kann, sind sie außer sich, Richard versteht nicht, warum. Ithemba, der Koch, fuchtelt mit seinen langen Armen herum, Zair und Tristan diskutieren, aber Raschid, der Blitzeschleuderer, ist geradezu unheimlich still, als stummer Koloss sitzt er am Tisch. Als Richard ihn fragt, was los sei, sagt er, ja, die Abschiebehaft gebe es nun zwar nicht mehr, aber damit sei klar, dass die Praxis der Abschiebung grundsätzlich bleibe.
Die wollen uns hier wirklich nicht haben, sagt er. Sie wollen uns hier wirklich nicht, und schüttelt den Kopf.
Später steht er auf, um Richard zum Abschied nach draußen zu begleiten.

Als die Temperatur zum ersten Mal unter Null fällt, sagt Tristan: Ich bin wirklich froh, dass ich einen Schlafplatz in einem Haus haben darf, denn im letzten Winter sind ein paar von unseren Zelten unter dem Schnee eingestürzt.
An einem anderen Tag sitzen alle um einen Laptop und sehen sich einen Film an, in dem ein Landwirt seinen Lämmern vor der Schlachtung die Schlappohren über die Augen legt und sie dadurch beruhigt. Ohne Widerstand lassen die Lämmer sich dann bei den Füßen packen und hinlegen und erwarten so, vollkommen ruhig, ihr Ende.
Wenn das kleine afghanische Mädchen vom Zimmer gegenüber vorbeikommt, schenkt Ithemba ihm einen Bonbon.
Zwei, drei Mal holt Richard Osarobo zum Klavierüben ab, einmal nimmt er Tristan zum Laubharken mit, zwei Stunden Arbeit, 20 Euro. Work, work.
Seine Freundin Anne, die Fotografin, erzählt ihm am Telefon, die Pflegerin für ihre Mutter fahre nun doch über Weihnachten nach Polen zurück, zu ihrer eigenen Familie – und auf den Aushang hin, den sie, Anne, in der Schwesternschule gemacht habe, melde sich niemand. Ich allein kann doch meine Mutter gar nicht mehr heben, sagt Anne. Richard diktiert ihr die Nummer von Ali, seinem fortgeschrittenen Schüler, der später einmal Krankenpfleger werden will – falls irgendein europäisches Land ihm das gestattet.

Die Zeit fühlt sich, seit die Briefe von der Ausländerbehörde eintreffen, seitdem jeder der Männer hier auf sein Interview wartet oder es schon hinter sich hat, anders an. Einmal versucht Richard, eines seiner Gespräche zu beginnen und fragt: Wie eigentlich werden in der Wüste die Toten begraben? Aber als sei diese Frage der Einsatz in einer Inszenierung, deren Urheber unsichtbar bleibt, heult in genau diesem Moment eine Alarmsirene auf. Und hört nicht mehr auf zu heulen. Warnt die Sirene, selbst eine Folter, vielleicht vor der Folter? Vor dem Bombenabwurf? Brennen die Häuser zwischen Oberbaumbrücke und Alex? Richards Mutter hat mit ihm, er war noch ein Säugling, in einem Berliner Bombenkeller

gesessen. Ob Richard sich an die Angst des Säuglings, der er war, oder an die Angst seiner Mutter erinnert? Es ist nichts, sagt der Blitzeschleuderer, das machen sie manchmal. Das ist nur eine Übung, sagt Zair, der noch in seinem Bett liegt und von dem Alarm aufgewacht ist. Richard hält sich die Ohren zu, aber das hilft nichts. Die Sirene ist mörderisch. Vielleicht brennt es doch? Richard läuft auf den Flur hinaus, eine rundliche Frau schlurft gerade in Richtung Küche. Riecht es nach Feuer? Brennt es? Aber weil Richard sich die Ohren zuhält, kann er nicht verstehen, was die rundliche Frau ihm zur Antwort gibt, sie zuckt mit den Schultern, geht weiter und verschwindet in der Küche, zehn Herde stehen da nebeneinander. In der Küche brennt nichts, die rundliche Frau lässt Wasser laufen, hantiert mit Töpfen. Die Sirene heult und heult. Richard läuft nun schon in leichtem Galopp zum Einlass, und siehe, genau in diesem Moment, in dem er dort ankommt, hört der Alarm plötzlich auf. Hat es tatsächlich gebrannt? Nein, sagt der Mann am Einlass, das war nur eine Übung, irgendwer lässt in der Küche immer den Herd an, das geht nicht, das müssen die lernen. Jetzt kommt ein anderer Angestellter des Heims über den Hof gerannt und brüllt seinem Kollegen entgegen: Durchgeschnitten hat der den Klingeldraht! Einen Augenblick später kommt Yaya, zusammen mit seinem im Gesicht blau tätowierten Freund Moussa, aufgeregt aus dem Haus gelaufen. Er gestikuliert und ruft irgendetwas. Schnell sammelt sich eine Gruppe um ihn. Der Angestellte des Heims schreit zur Gruppe hinüber: Der fliegt raus! Der bekommt Hausverbot! Der hat die Alarmanlage mutwillig zerstört – wer soll das zahlen?
Wie eigentlich werden in der Wüste die Toten begraben?
Richard ist, aber das darf er nicht sagen, froh, dass Yaya den mörderisch lauten Alarmton einfach zerschnitten hat. *Mörderisch* ist der richtige Ausdruck. Erinnert ein Säugling sich an den Krieg? Tristan hat gesagt: Wir saßen in den Baracken, als die europäischen Bomben auf Tripoli fielen, und hatten Angst, dass eine davon uns trifft. Auf dem Hof schreien sich jetzt der Angestellte des Heims und Yaya, der den Draht der Alarmanlage zerschnitten hat, an.

Als Richard in das Zimmer zurückkehrt, in dem er eben versucht hat, ein Gespräch zu beginnen, setzt der lange Ithemba Teewasser auf und Zair liegt noch immer im Bett. Der Tag ist noch jung an so einem Vormittag, und wenn man nicht die Hälfte davon verschläft, kann er sehr lang sein.

37

In der Woche vor dem dritten Advent kennt Richard den Weg aus der Vorstadt zum Asylbewerberheim in Spandau schon ziemlich gut.
Auch Kochbananen, in der Pfanne gebraten, sind eine Delikatesse. Is more better. Man bekäme sie in jedem Afroshop, einer sei ganz in der Nähe, erklärt ihm Ithemba.
Besuch für Besuch begleitet Raschid Richard zum Ausgang.
Anne hat sich inzwischen mit Ali, Richards fortgeschrittenem Deutschschüler, getroffen und ihn ihrer Mutter vorgestellt. Meine Mutter, erzählt sie am Telefon, hat im ersten Moment Angst vor Ali gehabt, weil er schwarz ist, aber das wird schon. Richard sagt, er spricht erstaunlich gut Deutsch, findest du nicht? Ja, sagt sie, und man darf nicht vergessen, sie ist noch eine ganz andere Generation. Richard nickt nur, aber das kann Anne am Telefon natürlich nicht sehen. Ich hätte sonst wirklich nicht gewusst, was ich über Weihnachten mit meiner Mutter machen soll, sagt sie noch, danke. No problem, sagt Richard.
Als Richard am Ende der Woche noch einmal ins Heim kommt, die Karte für das Weihnachtsoratorium am Sonntag hat er in einen roten Umschlag gesteckt, ist Osarobo nicht da.
Wo ist er?
In Italien, seine Papiere erneuern.
Richard fällt plötzlich ein, wie Raschid vor einigen Tagen, als es um die Abschiebung ging, gesagt hat: Die wollen uns hier wirklich nicht haben. Sie wollen uns wirklich nicht. Und wenn der Klavierspieler nun einfach für immer wegbleibt? Oder wenn ihm etwas passiert? Als er die Nummer von Osarobo wählt, meldet

sich niemand. Bei Richard zu Hause liegt schon ein Weihnachtsgeschenk für ihn: ein Keybord, das man zusammenrollen kann. Das passt auch in einen kleinen Rucksack, hatte Richard gedacht, und man könnte sich im Notfall damit auf der Straße ein paar Euro verdienen. Was für ein schäbiger Gedanke, denkt er jetzt, da er mit seinem roten Umschlag in der Hand dasteht. *Jauchzet, frohlocket.* Oder wäre etwa ein Rollpiano für seinen eigenen Sohn, hätte er denn einen gehabt, ein möglicher Zukunftsentwurf gewesen? Eine Zukunft für 65,90 Euro? Wann ist der Übergang passiert, der aus ihm, dem mit den großen Hoffnungen für die Menschheit, einen Almosengeber gemacht hat? Sicher nicht gleich mit dem Mauerfall, aber irgendwann danach, irgendwann unterwegs ist er eingeknickt und versucht nun im Kleinen, wie man so sagt, hier und da, wo es halt möglich ist, das eine oder das andere Gute zu tun. Hat er wirklich so gründlich alle Hoffnung verloren?

38

Ich vermisse meine Orte.
Ich bin ganz auf mich gestellt.
Nur Gott kann mich beurteilen.
Diejenigen der Männer, die ein Telefon mit Internetzugang haben, schicken sich, das weiß Richard inzwischen, über einen Dienst, der nichts kostet, Nachrichten, Fotos und Tonaufnahmen. Sie stellen Profilfotos ein und schreiben in einer sogenannten *Statusanzeige*, wie es ihnen gerade geht. Manche ändern diese Statusanzeige täglich, bei anderen bleibt sie über Wochen und Monate hinweg gleich.
Ich vermisse die Zeit mit meinem besten Freund Bassa.
Mach dir keine Sorgen, was andere von dir denken.
Bin in der Schule.
Vor einiger Zeit hat Richard begonnen, sich diese Zeilen herauszuschreiben. Manchmal, wenn einer von den Männern in ein Berliner Mädchen verliebt ist, das ihn aber keinesfalls heiraten will, steht da nur:

Ich will einfach mit dir zusammen sein.

Aber manchmal stehen dort auch solche Dinge wie:

Bleib dir selbst treu.

Oder:

Der Fehler liegt in der Auswahl.

Darf ich dich etwas fragen?, sagt er in der Woche vor dem vierten Advent zu Apoll.

Aber ja.

Wie kannst du dir so ein teures Handy und einen Internetzugang leisten?

Ich hab keine Familie. Ich hab niemanden, dem ich Geld schicken muss.

Richard sieht auf dem Kühlschrank noch immer den Teller stehen, der mit Silberpapier abgedeckt ist. Vor zwei Tagen stand der schon da, und Apoll hatte auf Richards Frage hin das Silberpapier angehoben, um Richard zu zeigen, was er gekocht hat. Auf dem Teller war etwas wie Couscous gewesen, eine flache Portion, von der erst ein Viertel gegessen war. Richard hatte an die hochaufgetürmten Portionen denken müssen, die ihm Ithemba immer hinstellte, wenn er zu Besuch kam.

Das reicht für ein paar Tage, hatte Apoll gesagt.

Dieser eine Teller?

Ja. Wenn man mehr isst, wird man wie ein Säugling.

Wie ein Säugling?

Zu verwöhnt.

Verstehe.

Man kann doch nie wissen, was kommt. Es kann sein, man muss wieder hungern oder hat nichts zu trinken, dann muss man das aushalten können.

Im Fernsehen hat Richard einmal einen Bericht über ein jüdisches Berliner Mädchen in der Nazizeit gesehen, das schon wusste, dass es bald nach Osten deportiert werden würde, und deshalb bei zwölf Grad Minus mit Halbschuhen zur Schule ging statt mit Stiefeln: *Ich will mich abhärten für Polen*, schrieb es in einem Brief an

seine Eltern. Daran hatte Richard denken müssen, als Apoll ihm vor zwei Tagen den Teller mit der flachen Portion gezeigt hatte, von der erst ein Viertel gegessen war, und daran denkt er nun wieder, als er sieht, dass der Teller noch immer dasteht, der Teller, von dem Apoll pro Tag wie vom Zifferblatt einer Uhr nur je eine Viertelstunde aufisst.
Ich hab keine Familie. Ich hab niemanden, dem ich Geld schicken muss.
Richard hat Apoll auch noch nie etwas anderes als Wasser trinken sehen. Wasser aus dem Wasserhahn, ohne Sprudel. Keiner von den Männern trinkt hier je Alkohol. Keiner raucht. Keiner von ihnen hat eine eigene Wohnung oder auch nur ein eigenes Bett, die Kleidung stammt aus der Kleidersammlung, es gibt kein Auto, keine Stereoanlage, keine Mitgliedschaft in einem Sportclub, keinen Ausflug, keine Reise. Es gibt keine Frau und keine Kinder. Und auch keine Aussicht auf eine Frau oder auf Kinder. Tatsächlich ist das einzige, was jeder von den Flüchtlingen besitzt, ein Handy, manche haben eines mit zersplittertem Display, manche ein neueres Modell, manche eines mit Internetzugang, manche eins ohne – aber jeder besitzt irgendeines. Broke the memory, hat Tristan gesagt, als er Richard davon erzählt hat, wie die Soldaten die Speicherkarten der Mobiltelefone aller Gefangenen zerbrochen haben, damals in Libyen.
Verstehe, sagt Richard.

Es könnte sein, erzählt ihm Tristan, dass der Freund seines Vaters vielleicht doch noch lebe und nach Burkina Faso geflüchtet sei. Ein Bekannter habe ihm eine Nachricht geschickt. Der Name sei tatsächlich derselbe, und nun hoffe er darauf, dass der Bekannte ihm die Telefonnummer dieses Mannes beschaffe. Burkina Faso. Wenn der Freund meines Vaters doch noch am Leben wäre –, sagt Tristan und hört mitten im Satz auf.
Raschid sagt: Seit dreizehn Jahren habe ich meine Mutter nicht mehr gesehen, nur manchmal, wenn wir über Facebook telefonieren. Hat sie einen Computer? Nein, aber einer der Nachbarn.

Raschid setzt sich bei diesen Telefonaten dann so hin, dass seine Mutter die Narbe über seinem Auge nicht sehen kann. Wie geht es dir, Junge? Gut. Manchmal gehe ich auch nicht ans Telefon, wenn sie anruft, sagt Raschid – es bewegt sich hier ja nichts seit zwei Jahren, was soll ich ihr sagen.
Für Khalil, sagt Raschid, versuche ich seit zwei Jahren, über Facebook seine Eltern wiederzufinden. Neulich, sagt Raschid, hat er wieder bei mir im Zimmer gesessen und geweint. Richard muss an die Zeichnung von Khalil denken: Ein Boot, wie eine Mondsichel flach, und darunter sehr, sehr viel Wasser.
Richard merkt bei jedem seiner Besuche, dass die Männer in den paar Funkwellen mehr zu Hause sind, als in irgendeinem der Länder, in denen sie auf eine Zukunft warten. Ein Netz aus Zahlen und Kennwörtern spannt sich quer über die Kontinente und ersetzt ihnen nicht nur das, was für immer verloren gegangen ist, sondern auch den Neuanfang, der nicht stattfinden kann. Das, was ihnen gehört, ist unsichtbar und aus Luft.

An meinem Telefon hat Raschid mich wiedererkannt, sagt der Dünne. Sein Mobiltelefon ist aus billigem Kunststoff, mit Klebeband zusammengehalten, pinkfarben, ein abgelegtes Mädchentelefon. Ich habe es seit Lampedusa, seit bald drei Jahren, sagt er, und hebt es in die Höhe. Aber jetzt hat es manchmal einen Wackelkontakt. Im Verzeichnis hat er italienische, finnische, schwedische, französische, belgische Telefonnummern – von afrikanischen Freunden, die so wie er durch Europa irren: die ursprünglich auch aus Ghana sind, oder in Libyen auf derselben Baustelle gearbeitet haben, oder bei der Überfahrt mit ihm auf demselben Boot waren, die er in Lampedusa, im Camp, auf irgendeinem Bahnhof, in irgendeinem Caritasquartier kennengelernt hat. Alles Freunde, die, weil sie keine Arbeit haben, auch keine Wohnung haben und damit keine Adresse, die nirgends gemeldet sind, und deren Vor- und Nachnamen auf den Behelfsausweisen in lateinischen Buchstaben nur annäherungsweise richtig notiert sind.
Wie sollte ich sie ohne Telefonnummer je wieder finden?

Der dünne Mann, der heute den Besen nicht dabei hat, lehnt an der Tür zur Terrasse, das schwarze Rechteck in seinem Rücken verbirgt das, was bei Tageslicht ganz selbstverständlich der Garten genannt wird.
Mein bester Freund und ich, sagt er, haben bei der Ankunft in Europa beschlossen, jeder seinen eigenen Weg zu gehen. Wir dachten uns, vielleicht hat wenigstens einer Glück und kann dann später dem anderen helfen.
Richard denkt an Grimms Märchen, die er als Kind so gern gelesen hat: Von den Brüdern, die von ihrem Vater ausgesandt werden, um ihr Glück zu machen, um eine schöne Königstochter zu finden, um Aufgaben zu lösen und sich ihr Erbe zu verdienen. Die dem Pfeil folgen, den ein jeder von ihnen in eine der vier Himmelsrichtungen abgeschossen hat, Prinzen, die sich an einer Wegkreuzung trennen, oder die der Vater auf Pferde setzt, den ältesten auf ein schwarzes, den mittleren auf ein rotes, den jüngsten Sohn aber auf ein weißes Pferd, um sich zu bewähren. Eines Tages dann kehren sie heim, abgeschlagene Drachenhäupter und Gold im Gepäck, sie sind Männer geworden, haben vor sich im Sattel die Braut. Oder aber sie bleiben aus, verzaubert durch einen Bann, in Erwartung der Erlösung durch einen andern der Brüder, bis dahin in ein Tier verwandelt im fremden Wald, oder versteinert, oder zungenlos, oder zerstückelt im Hexenkochtopf. In diesen Märchen war die Welt immer das, was an einer Kreuzung, einer Weggabelung begann: Die Geschichte führte von da aus nach Norden, nach Süden, nach Osten, nach Westen. In diesen Märchen blieb die Erlösung nie aus. Wenn das Schwert rostig wird, wisst ihr, dass ich in Not bin. Ein Prinz braucht keinen Pass. Es ist noch gar nicht so lange her, denkt Richard, da war die Geschichte der Auswanderung und der Suche nach Glück eine deutsche Geschichte.

39

So wie er am Anfang, als die Männer noch bei ihm in der Vorstadt lebten, deren Mobiltelefone für die vielleicht bescheidenste Variante von Luxus, aber doch für einen Luxus gehalten hatte, konnte Richard sich zunächst auch nicht so recht vorstellen, wozu jeder Flüchtling eine eigene Monatskarte braucht. Einer, der keine Arbeit hat und kein Geld fürs Museum? Warum gingen sie nicht zum Beispiel rings um den See spazieren? Und wenn sie schon in die Stadt hinein wollten, warum fuhren sie dann nicht schwarz – ohne zu zahlen? Wirklich, warum fuhren die Schwarzen nicht schwarz, hatte er anfangs gedacht und dazu noch im Stillen gegrinst, so wie er das manchmal an sich bemerkt, seit er in Pension ist. Inzwischen weiß er: In diesen paar Monaten der Entscheidungsfindung, in denen der Senat den Flüchtlingen Sprachunterricht erteilen lässt und die Behörden ihnen Termine geben, die sie unbedingt einhalten müssen, muss von Staats wegen auch für die Fahrkarten gesorgt sein. So lange, aber natürlich nicht länger.

Zu verschenken haben wir nichts, sagt das Gesetz, das eherne.

Und wenn einer, wie zum Beispiel der Dünne, die 57 Euro zwar nimmt, aber sich kein Ticket davon kauft, sondern sie seiner Mutter in Ghana schickt?

Wenn ein Schwarzer, der schwarz hier ist, schwarz mit dem Bus oder der S-Bahn oder der U-Bahn fährt, muss der, wenn er zum ersten Mal erwischt wird, wie alle zum ersten Mal Erwischten 40 Euro Strafe bezahlen, sagt das Gesetz. Wenn er zum zweiten Mal erwischt wird, sagt das Gesetz, kommt schon ein Strafbefehl: Dann kann er einsitzen oder eine gewisse Anzahl von *Tagessätzen* bezahlen. Wie hoch ein Tagessatz ist, bemisst sich am Einkommen des Delinquenten. Bei den ärmsten der armen Teufel sind es oft nur 10 Euro. 60 Tagessätze à 10 Euro zum Beispiel nach dem dritten Mal Schwarzfahren wären für einen Deutschen, der lieber bezahlt, statt ins Gefängnis zu gehen, eine noch glimpfliche Strafe. Denn erst ab 90 Tagessätzen gilt ein Deutscher als vorbestraft. Ein Ausländer aber hat schon ab einem Strafmaß von 50 Tagessätzen einen

Ausweisungsgrund gesetzt, also damit, das versteht sich von selbst, jedes Recht auf Asyl verwirkt. Und so stellt für einen Ausländer die geringe Höhe einer Geldstrafe durchaus keine Erleichterung dar, denn sein Asylverfahren wäre bereits in dem Moment, in dem er zum Beispiel 60 – wenn auch noch so niedrig bemessene – Tagessätze als Strafe bekommt, für immer entschieden.
Das alles weiß das Gesetz.

Nachdem Richard über Wochen hinweg gesehen hat, wie die Männer ihre Tage verbringen, weiß er, dass auch die Monatskarte in so einem Leben kein Luxusartikel ist.
Wir rufen unsere Freunde an, haben die Männer gesagt, wir verabreden uns.
Richard erinnert sich, die Gruppe war bei der Räumung des Platzes auf drei verschiedene Unterkünfte aufgeteilt worden, und nur eine von diesen Unterkünften war das Altersheim in der Vorstadt gewesen. Die anderen sind im Friedrichshain und im Wedding. Freunde, mit denen man anderthalb Jahre in Zelten auf dem Oranienplatz gewohnt hat, mit oder ohne Schnee, mit oder ohne warmes Essen pro Tag, und nach einer deutschen Attacke auf den Sanitärwagen nur noch mit vier, statt mit acht Toiletten für 476 Personen. Mit Wartelisten für die Duschen in einem Gebäude der Diakonie. Mit Rattennestern unter den Zelten.
Und was macht ihr dann, wenn ihr euch trefft?
Wir kochen zusammen. Wir reden. Oder wir gehen zum Alex, jetzt ist da der Markt.
Der Weihnachtsmarkt?
Ja.
Fahrt ihr Achterbahn oder Karussell?
Nein, sagen sie, das ist zu teuer. Aber der Markt ist schön.
Auf dem Profilfoto eines der Männer ist zu sehen, wie er und ein paar seiner Freunde neben einer Wurstbude um einen Feuerkorb herum stehen und sich die Hände wärmen.

Im Sommer sind wir manchmal zum Sportplatz gegangen. Wenn Leute spielten. Aber meistens gehen wir zum Oranienplatz, da steht noch das Zelt.
Die Männer meinen das Informationszelt, dessen Verbleib auf dem Platz Teil der Vereinbarung mit dem Senat ist, inzwischen haben ausländerfeindliche Berliner es schon dreimal in Brand gesteckt, dreimal ist es wieder neu aufgebaut worden.
Was macht ihr dann da?
Wir stehen und reden.
Ich werde den Oranienplatz immer in Ehren halten, hat Tristan damals, ganz am Anfang der Gespräche, die Richard geführt hat, gesagt.

Richard erinnert sich, als er zwei Tage vor Weihnachten die Zeitung aufschlägt, daran, dass in der sogenannten *Vereinbarung* auch gestanden hat, es solle über die Fälle derjenigen, die in Unkenntnis der europäischen Gesetze zuerst irgendwo anders in Deutschland einen Asylantrag gestellt hätten, dennoch in Berlin entschieden werden. Damit die Gruppe als solche in Berlin bleiben könne.
Nach Möglichkeit, hieß es.
Und natürlich nur: wenn das Gesetz es erlaubt.
Das eherne.
Das Gesetz erlaubt es dann aber leider doch nicht. Das Gesetz erhebt sich, zwei Tage vor Weihnachten, mit knirschenden Knochen. Richard liest in der Zeitung: Anfang des Jahres sollen die ersten der Männer, die asylrechtlich nach Magdeburg oder in ein Containerwohnheim am Rande von Hamburg oder in ein bayrisches Bergdorf gehören, dorthin zurückkehren.
Selbst Richard, der erst seit wenigen Wochen mit diesem Gesetz bekannt ist, weiß, was das bedeutet. Es bedeutet, dass der oder jener der Männer nach Magdeburg, Hamburg oder in das bayrische Bergdorf zurückkehren soll, um dann kurz darauf dort zu erfahren, dass er, weil über Italien eingereist, nur in Italien leben und arbeiten darf. Zwei oder drei Monate höchstens, so schätzt Richard, bis die Fingerabdrücke von Amsel, Drossel, Fink oder Star

gefunden und analysiert sind. Noch zwei oder drei Monate lang dürfte so einer in Magdeburg oder im bayrischen Bergdorf oder im Containerwohnheim am Rande von Hamburg als Einzelner ein legaler Asylbewerber sein, mit einem Salär von 300 Euro pro Monat, müsste dann aber für immer und unumkehrbar nach Italien zurück.
Die Buben und Mädels einsammeln und ab dahin, woher sie gekommen sind, schreibt in den Internetforen der Volksmund.
Macht es denn wirklich einen so großen Unterschied, ob einer der Flüchtlinge diese zwei oder drei Monate, in denen sein Fall – der eigentlich ja gar kein Fall, sondern ein Leben ist – untersucht wird, fern von seinen Freunden irgendwo in einem Heim verbringt oder hier in Berlin mit den andern?
Anscheinend.
Denn diese Kerle, diese übergeschnappten Neger sagen, sie würden das Geld nicht nehmen als Preis für die Übersiedlung in eine andere Stadt, würden dankend verzichten auf zwei- oder dreimal 300 Euro. Wollen das Geld einfach so in den Wind schreiben, die haben's wohl dicke, Drogenhändler sind das doch alle, afrikanische Mafia.
Anscheinend macht es tatsächlich einen Unterschied, ob die Gruppe zusammen bleibt, hier in Berlin, oder ob sie nach der ersten Zerteilung in die drei großen Gruppen nun allmählich immer weiter zerteilt wird.
Denn warum sonst wäre das eherne Gesetz aus seinem Schlaf geweckt worden von den Ämtern?
Anscheinend macht es einen Unterschied.
Ein Freund, ein guter Freund, das ist das Beste, was es gibt auf der Welt. Die Männer sagen tatsächlich, sie blieben lieber ohne das Geld und, wenn es sein muss, auch illegal, in Berlin. Aber als Gruppe.
Kriminelle, Rechtsbrecher, schreibt die Nation in den Internetforen.
Das Männersextett, das 1930, zur Zeit der Weltwirtschaftskrise, vom *Freund*, vom *guten Freund* gesungen hatte, war, wie sich etwas später herausstellte, zur Hälfte jüdischer Herkunft. Drei von den

Sängern retteten ihr Leben nur durch die Flucht nach Amerika, die anderen drei wurden in die Reichskulturkammer* aufgenommen.

Von da an war es aus mit der Freundschaft.

Querulanten, die sich zusammengerottet haben, nur um Ärger zu machen, sagt die Politik in Berlin. Die Politik sagt auch: Ausnahmen gibt's nicht. Sagt: Bloß keinen Präzedenzfall – sonst sitzen drei Tage später schon die nächsten 200 Figuren da auf dem Platz.

Alle vier Jahre wird der Bürgermeister gewählt in Berlin.

Aber wir wollen doch hier keine Lösung für uns allein, sagt Raschid, sondern für sämtliche Flüchtlinge in Europa. Deswegen hieß unser Camp auf dem Platz ja *Protestcamp*. Das Gesetz kann so, wie es ist, nicht bleiben.

Aber da reißt nun das Gesetz sein Maul weit, weit auf und lacht, ohne beim Lachen einen Laut von sich zu geben.

Nachdem es lange genug sein unheimliches Lachen gelacht hat, also nach reiflicher Prüfung aller Möglichkeiten, spricht das eherne, deutsche Gesetz:

Der einzige stichhaltige Grund für die Verlegung eines Falles in ein anderes Bundesland, also zum Beispiel Berlin, sei die Zusammenführung einer Familie.

Eine Familie aber hat ja hier leider kein einziger von diesen Männern, du liebes, schönes Gesetz. Nur ein paar Freunde.

Freunde sind aber nun einmal keine Familie, antwortet das Gesetz und beginnt, mit den Zähnen zu mahlen.

Liebes Gesetz, was hast du vor? Was soll werden?

Was schon.

Das Gesetz frisst heute zum Abendbrot Hand, Knie, Nase, Mund, Füße, Augen, Gehirn, Rippen, Herz oder Zähne. Egal.

---

* 1933 von den Nazis geschaffene Dachorganisation für deutsche Künstler; Nichtmitglieder erhielten faktisch Berufsverbot; nicht den Nazi-Rassengesetzen entsprechende Künstler und Künstlerinnen waren natürlich von der Mitgliedschaft ausgeschlossen.

40

Detlef und Sylvia werden das Weihnachtsfest mit dem Sohn von Detlef bei Marion, dessen Mutter, und deren jetzigem Mann in Potsdam verbringen. Alle zusammen wollt ihr unter dem Weihnachtsbaum sitzen?, fragt Richard. Die erste Frau und die zweite Frau, der Sohn aus Detlefs erster Beziehung und beide Männer? Ach weißt du, sagt Sylvia, ist doch alles schon lange her, und wenn der Markus aus China schon mal nach Berlin kommt.

Peter, der Archäologe, hat seiner zwanzigjährigen Freundin versprochen, zum ersten Mal mit ihr zu ihren Eltern nach Bamberg zu fahren. Die Eltern, sagt er, sind fünf Jahre jünger als ich. Na dann, sagt Richard. Aber Bamberg soll ja sehr schön sein. Sicher, sagt Peter.

Die Germanistin Monika und ihr schnurrbärtiger Mann Jörg haben, weil die Schwiegertochter sie zu Weihnachten nicht zu sich einladen wollte, einen Flug nach Florenz gebucht. Stell dir vor, sie hat nicht einmal meine selbstgebackenen Kekse genommen, aber ich hab der Kleinen die Büchse später heimlich gegeben. Früher sind die beiden mit Richard und Christel oft zusammen in den Urlaub gefahren, aber seit Richard allein lebt, haben sie ihn nicht mehr gefragt, vielleicht weil es Monika mit zwei Männern zuviel ist.

Die Fotografin Anne hat Richards fortgeschrittenen Schüler Ali schon seit mehreren Tagen bei sich im Haus einquartiert, denn die polnische Pflegerin ist noch vor dem vierten Advent zu ihrer eigenen Familie nach Polen gereist.

Und, wie ist es?, fragt Richard.

Stell dir vor, er hat noch nie in seinem ganzen Leben in einem Zimmer allein gewohnt.

Das kann ich mir gar nicht vorstellen, sagt Richard. Und sonst – ist er dir eine Hilfe?

Wir machen das mit dem Heben ganz gut beide zusammen. Er lernt viel von mir.

Verstehe, sagt Richard.

Er ist nett, sagt sie, wirklich. Nur meine Mutter hat immer noch vor ihm Angst.
Das ist die verdammte Nazierziehung, sagt Richard.
Wahrscheinlich.
Solche Sachen kommen im Alter wieder stärker hervor.
Kann sein. Dabei bemüht er sich. Stell dir vor, er hat sie auf die Stirn geküsst, weil er gesehen hat, dass ich das bei ihr mache.
Und, hat deine Mutter geschrien?
Naja. Ich hab ihm erklärt, dass hier in Deutschland nur die Tochter das darf.
Richard weiß noch, wie es sich angefühlt hat, als er zum ersten Mal auf Dienstreise in Amerika war. How're you doin'? Mir geht es gut, danke, und wie geht es Ihnen? Aber ehe er seine höfliche Antwort überhaupt zu Ende gesprochen hatte, waren der Verkäufer oder der Doorman oder der Kellner längst schon woanders. An der Kasse im Supermarkt wurde der Einkauf in unzählige Tüten gepackt und der Verkäufer sah ihn ganz merkwürdig an, wenn er beim Einpacken mithalf. Das Wasser aus der Leitung war ungenießbar. Und die Fenster ließen sich nur 20 Zentimeter nach oben schieben, aber nicht wirklich öffnen. Anfang April wurde vor den größeren Villen einfach der neue Rollrasen ausgelegt, dann war von einer Stunde zur andern alles grün. Nach zwei, drei Tagen war Richard ganz durcheinander vom Fremdsein. Wüsste er, wie man sich um eine afrikanische Großmutter kümmert? *Nana*?

Richard hat das letzte Weihnachtsfest zusammen mit Andreas, dem Hölderlinleser, ganz gut absolviert. Ohne Weihnachtsbaum und ohne Gans haben sie zusammengesessen, Whiskey getrunken und sich »Some like it hot« angesehen. Den Film kann man sich gar nicht oft genug ansehen, darin sind sie sich schon immer einig gewesen. Dieses Jahr ist Andreas Anfang Dezember zu seiner Kur abgereist, die bis Ende Januar dauern soll. Das hat Richard gewusst, aber erst jetzt, als er am 23.12. im Supermarkt die leeren Tiefkühlregale sieht, wird ihm plötzlich klar, dass er, als einziger von all seinen Freunden, vollkommen allein sein wird an Heiligabend.

Kaum hat er angerufen, kaum hat Raschid *no problem* gesagt, und Richard *fine*, da steht er auch schon im Flur, um sich die Schnürsenkel zuzubinden, und schaut zwischendrin auf die Uhr, hoffentlich hat der Weihnachtsbaumhandel noch auf, hoffentlich gibt es irgendwo noch eine Bio-Gans, die so teuer ist, dass keiner sie weggekauft hat. Der Weihnachtsbaum muss nicht groß sein, aber es muss einen geben, einen echten Tannenbaum in einem Wohnzimmer, das hat so ein Nigerianer sicher noch nie im Leben gesehen. Der Tannenbaum ist dann doch gar nicht so klein, dafür gibt es nirgends mehr eine Gans, aber immerhin ein paar Keulen, schon fertig abgepackt samt der Sauce, dazu Instant-Serviettenknödel und ein Glas mit Spreewälder Rotkohl, *ein Schuss Essig dran und zwei Nelken, dann schmeckt es wie selber gemacht*, das war Jahr für Jahr, so lang sie noch lebte, der Weihnachtstext seiner Frau. Noch am Abend des 23. soll der Weihnachtsbaum aufgestellt sein, *aushängen muss er*, das war Richards eigener Weihnachtstext bis vor fünf Jahren. Das Fluchen, wenn der Baum, obwohl er ihn schon mit der Axt angespitzt hat, nicht auf Anhieb in den schweren, gusseisernen Ständer hineinpasst, das Kriechen unter den Baum, um den Stamm so zu drehen, dass die am weitesten ausladenden Äste zur Seite zeigen, damit man an ihnen vorbei noch gut zur Terrassentür kommt, das Heraufholen der Kartons aus dem Keller, in der Handschrift von Christel steht da auf der Pappe, fünf Jahre nach ihrem Tod, noch immer: *Vorweihnachtszeit*. Die Engel im Haus verteilen, die Nussknacker, die Sterne. All diese Handgriffe kennt er noch gut, diese Handgriffe, die er sonst nie wieder getan hätte, sind ihm erschreckend vertraut. Was alles mag da wohl noch im Dunkel seines Gedächtnisses warten, aber nie wieder aus der Abstellkammer hervorgeholt werden, bevor der Laden irgendwann endgültig zugemacht wird?

Und obgleich der vierte Advent schon vorbei ist, steckt er, damit er morgen dem Fremdling erklären kann, was *Advent* überhaupt heißt, in den gläsernen Kranz, der seit fünf Jahren auf dem Wohnzimmertisch steht, vier rote Kerzen. Am Vormittag des 24. dann schmückt er den Baum und baut schließlich, während die Gänsekeulen schon im Ofen schmoren, auch noch die große erzgebirgische Pyramide auf, deren Propeller ihn, wenn sie auf dem Tisch steht, um zehn Zentimeter überragt. Die kleinen hölzernen Engel kommen in die oberste Etage, auf die mittlere Scheibe dann Maria, Josef, die Rindviecher, Esel, Lämmer, Hirten, Könige aus dem Morgenland und natürlich die Krippe mit dem winzigen Jesus darin. Dorthin, wo in der Pyramide *unter Tage* sein soll, gehört die Bergarbeiterkapelle: auf die größte, unterste Scheibe. Wenn man nicht alles sorgfältig austariert, bringt ein wankender Engel alles, selbst die Bergleute, ins Schleudern, oder bringt im Gegenzug dazu ein Bergmann, dessen Trommel vielleicht ein paar Gramm schwerer ist als die Querflöte seines Kollegen auf der gegenüberliegenden Seite, bringt dieser Bergmann nicht nur die Kollegen, sondern auch Maria und Josef und schließlich sogar die himmlischen Heerscharen zu Fall, ja, wenn man ungeschickt ist, setzt sich das Umstürzen der Figuren auf den nur leicht aufliegenden Platten durch die Heilige Familie hindurch von oben nach unten, oder genauso von unten nach oben fort, purzeln Lämmer aufs Christkind, fällt Maria ins Bergwerk hinein, mit ihrem hellblauen Jungfrauenkleid an den Rand, dort auf den wirren Haufen, wo ein erzgebirgischer Trompeter, ein Trommler, ein Tambourmajor schon hingerutscht sind, die Instrumente verheddert in die Heiligenscheine ein paar kleiner, pausbäckiger, aus dem Himmel herabgestürzter Englein, und das alles nur, weil Richard vielleicht einen Moment lang unachtsam war, oder weil seine Hände viel größer sind, als die seiner gestorbenen Frau, die die Aufstellung früher immer gemacht hat, und er beim Herumfuhrwerken deshalb irgendwo anstößt, oder einfach auch nur, weil er das Gewicht der Figuren falsch eingeschätzt hat.

41

Wie leergefegt ist die Welt am Nachmittag, kurz vor dem Heiligen Abend. Auf dem Weg aus dem Asylbewerberheim in die Vorstadt fragt Raschid beim Blick aus dem Autofenster: Die Felder hier – gehören die der Regierung, dem government? Nein, ich glaube nicht, sagt Richard. *Junkerland in Bauernhand.* Was die Bodenreform war, könnte er noch erklären, aber was eigentlich nach '89 aus den LPGs geworden ist, weiß er selbst nicht.* Kann aus einem sozialistischen Kollektiv ohne viel Mühe eine GmbH gemacht werden? Hat die Planwirtschaft Ähnlichkeit mit einem Konzern? Das muss er seinen Freund Thomas, den Wirtschaftsprofessor, bei Gelegenheit fragen. Als das Metalltor zu Richards Grundstück automatisch auffährt, sagt Raschid: Solche Tore hab ich gebaut – das war meine Arbeit. Als Raschid den See sieht, fragt er: Wie lange gibt es den schon? Richard versteht die Frage nicht. Na, wann hat man den gemacht? Wer soll denn den See *gemacht* haben? Na, die Regierung – the government. Nein, sagt Richard, den See gibt es schon seit ein paar Millionen Jahren, seitdem hier das letzte Mal Eiszeit war. Ein paar Millionen Jahre – wirklich?, fragt Raschid und schüttelt ungläubig den Kopf.

Und dann steht der atheistische Richard, der eine evangelische Mutter gehabt hat, mit seinem muslimischen Gast vor dem illuminierten, heidnischen Weihnachtsbaum, auf den, das war bei Richard und seiner Frau immer die Regel, nur Kerzen aus echtem Wachs aufgesteckt sind. Der Thomanerchor singt, die Gänsekeulen sind warmgestellt, die Klöße werden bald aufsteigen und der Rotkohl brodelt, mitsamt Essig und Nelken. Und nun soll sich der Gast, weil Richard sonst kein Geschenk für ihn hat, aus dem Schrank eine Winterjacke aussuchen und probieren, es findet sich

* Bei der Bodenreform in der sowjetischen Besatzungszone und späteren DDR wurde Grundbesitz der »kapitalistischen« Großgrundbesitzer (»Junkerland«) enteignet und kollektiviert, also in Volkseigentum (»in Bauernhand«) überführt. Das Land wurde aber nicht von Kleinbauern bewirtschaftet, sondern von in Landwirtschaftlichen Produktionsgenossenschaften (LPGs) zusammengeschlossenen Bauern.

eine, die Richard immer zu groß war, aber dem Blitzeschleuderer passt und gefällt. Thank you, I really appreciate that. Zum Essen setzen sie sich, weil es praktischer ist, in die Küche: Auch wenn's nicht ganz so feierlich ist – no, what do you think, I like it, it's nice here, very nice! But what about the burning candles on the tree?, sagt Raschid. Keine Angst, die Kerzen gehen von selbst aus, wenn sie heruntergebrannt sind, sagt Richard, als wäre diese Erfindung des Westens für ihn eine vollkommen selbstverständliche Sache. Das Essen scheint Raschid gut zu schmecken, wächst in Nigeria eigentlich Rotkohl? Danach führt Richard den Gast wie durch ein Weihnachtsmuseum von Zimmer zu Zimmer, von Engel zu Engel, erklärt ihm, was der Stern zu bedeuten hat, was ein Adventskranz ist und entzündet zum Schluss noch die Kerzen der Pyramide, die neben dem Fernseher steht. Raschid kann offensichtlich kaum glauben, dass das Wunderding nur mit der Wärme der Kerzen in Gang gesetzt wird, er wirft einen Blick hinter den kleinen Tisch, auf dem es aufgestellt ist, hält Ausschau nach einer Steckdose, einem Kabel. Richard erklärt ihm das Prinzip mit der aufsteigenden Luft und den schräg gestellten Lamellen am großen Propeller, die die Drehung bewirken. Raschid sieht eine gute Weile lang zu, wie die Bergmänner, das Viehzeug, die Hirten, die Heiligen Drei Könige, die Jungfrau Maria, das Kind in der Krippe, Josef und zuoberst die Engel sich wieder und wieder an ihm vorbeidrehen.

You know, Jesus is a prophet also in the Koran.

Ich weiß, ich weiß, sagt Richard und erinnert sich an die fünf Säulen des Islam.

Und einer ist schwarz, sagt Raschid und zeigt auf den einen der drei Heiligen Könige.

Ja, der Caspar, sagt Richard.

Hast du die Pyramide gebaut?, fragt Raschid.

Nein, sagt Richard, und erklärt Raschid, während er die Kerzen nun wieder ausbläst, was das Besondere ist an einer erzgebirgischen Laubsägearbeit.

Dann stehen sie, um frische Luft zu schöpfen, einen Moment lang draußen auf der Terrasse.
Richard muss daran denken, wie seine Frau vor einigen Jahren den Gänsebraten einmal hier im Freien, auf einem Tisch direkt vor dem Fenster, kühlgestellt hat, weil der Bräter nicht in den Eisschrank passte. Als sie die Gans dann aufwärmen wollte, war der Bräter samt Gans verschwunden. Es gab also jetzt tatsächlich mitten in Deutschland Menschen, hatte er damals, einige Jahre nach der Vereinigung beider Länder gedacht, die wirklich so arm waren, dass sie anderen Leuten das Festessen stahlen. Auch der Braten seiner Nachbarn zwei Häuser weiter war damals abhanden gekommen. Die Spuren der Räuber waren im Schnee deutlich zu sehen gewesen, aber natürlich hatten weder er noch die Nachbarn Anzeige erstattet.
In diesem Jahr liegt zur Weihnacht kein Schnee, die Temperatur ist mehrere Grad über Null, gestern hat es genieselt, aber heute ist der nächtliche Himmel klar, und man sieht schon die ersten Sterne.
Mein Sohn war beinahe drei, und meine Tochter schon fünf Jahre alt, sagt Raschid.
Sind sic noch drübcn?, fragt Richard.
Ganz am Anfang, sagt Raschid, als ich nach meiner Flucht aus Kaduna zuerst in Agadez ankam und von dort aus nach Libyen weiterwollte, wusste ich nicht einmal, was *Schlosser* auf Arabisch heißt oder auf Englisch, sagt Raschid. Ich bin ja Schlosser.
Wollen wir wieder reingehen?, fragt Richard.

Wir hatten in Tripoli auch so ein Wohnzimmer, auch so einen Salon wie den hier, und dazu drei Schlafzimmer, Flur, Bad und Küche, sagt Raschid, als sie drin auf dem Sofa sitzen. Die Pyramide steht still. Weil Raschid kein Bier trinken wollte, hat Richard für sie beide eine Kanne mit Pfefferminztee gemacht und die vier roten Kerzen angezündet, auch wenn der Advent nun vorbei ist.
Zum Frühstück gab es immer Yam, Plantains oder Eier.
Um acht Uhr gingen wir aus dem Haus, ich brachte die Kinder zur Schule. Ahmed, beinahe schon drei, und Amina, fünf Jahre

alt. Von zu Hause bis zur Schule war es ungefähr so weit wie vom Oranienplatz bis zum Wedding. Meine Frau musste zum Arbeiten in ein anderes Viertel.

Meine Firma war in der Nähe der Schule. Zwei Gebäude, außen zwar nicht verputzt, aber innen. Und ein Hof. Beinahe genauso groß wie die Firma, die ich in Kaduna hatte. Die Miete 500 Dinar, das sind ungefähr 300 Euro.

Halb eins oder eins, wenn die Schule vorbei war, kamen die Kinder zu mir. Ahmed und Amina. Zogen ihre Schuluniformen aus und ihre normalen Kleider an, um bei mir zu spielen, bis es Zeit war, um nach Hause zu gehen. Ich passte immer gut auf, dass sie nicht direkt in der Werkstatt spielten, damit sie den Metallstaub nicht in die Augen bekamen.

Manchmal holte meine Frau uns am Nachmittag ab, manchmal trafen wir uns erst zu Hause.

Das Abendbrot hab immer ich gekocht. Der Kleine durfte von meinem Teller essen. Danach gingen die Kinder zu Bett. Und gegen halb elf dann wir selber. Manchmal ist der Kleine nachts noch einmal zu uns gekommen. Er hat immer viel geträumt. Ahmed. Dann ließ ich ihn bei mir schlafen, und meine Frau ging für den Rest der Nacht ins Kinderzimmer zu unserer Tochter. Amina.

Der Pfefferminztee ist wahrscheinlich schon kalt. Richard sitzt ganz still, während er zuhört, und kommt nicht im entferntesten auf die Idee, nach seiner Tasse zu greifen. Er weiß, dass diese Erzählung von Raschid so etwas ist wie ein Geschenk.

Vorher hatte es schon einmal Unruhen gegeben, da waren wir fünf Tage im Haus geblieben und nicht nach draußen gegangen.

Aber an dem Tag war zuerst alles normal. Ich habe ein großes Metalltor für eine Einfahrt fertig gemacht. Zwei Tage brauche ich für so ein Tor. Am frühen Nachmittag wurde es abgeholt und ich bekam die dritte Rate dafür, 500 Dinar. Die Kinder spielten bei mir im Hof.

Dann rief meine Frau mich von ihrer Arbeitsstelle aus an, es sei etwas im Gange, sie habe Angst, allein nach Hause zu gehen. Ich

sagte: Ich hol dich. Ich wusste nicht, dass sie das Viertel, in dem meine Firma war, auch schon blockweise abgesperrt hatten. Wir kamen nicht mehr durch. Die Soldaten brachten mich, meine Kinder und auch drei schwarze Angestellte von mir in ihr Lager. Ahmed war damals beinahe schon drei, und Amina war fünf.
Einige von den Satzfetzen, die Richard jetzt hört, kennt er schon, gesprochen von Tristan: Überall Tote auf den Straßen. Überall Blut. Baracken. Nicht nur Männer, auch Frauen, Kinder, Säuglinge, alte Menschen. Broke the memory. Die Soldaten, sagt Raschid, haben mir das Geld, das ich für das Tor bekommen hatte, und auch alles Kleingeld, das ich in der Hosentasche hatte, abgenommen. Ich war ja noch in Arbeitskleidung. Eigentlich hatte ich ein Konto bei einer libyschen Bank. Vielleicht gibt's das noch immer. Die Nummer ist 2074.
Richard schaut auf die still brennenden roten Kerzen und nickt mit dem Kopf, obwohl das Nicken an dieser Stelle eigentlich gar keinen Sinn ergibt.
Fünf Tage waren wir in den Baracken, es gab Bombenangriffe der Europäer und wir hatten Angst, dass die Bomber das Camp, in dem wir gefangengehalten wurden, für ein Waffendepot halten. Vor allem die Kinder hatten schreckliche Angst, und ich wusste nicht, wie ich erklären soll, warum ihre Mutter nicht da ist.
Nach fünf Tagen mussten wir auf das Boot. Insgesamt etwa 800 Leute. Zair war auch mit dabei. The Europeans bomb us – so we'll bomb them with blacks, hat Gaddafi gesagt. Wir bombardieren Europa mit Schwarzen.
Raschid sieht sehr müde aus. So müde, dass Richard ihn fragt, ob er sich hinlegen will.
Nein, nein, sagt Raschid. Ich kann nachts oft nicht schlafen, aber es geht schon.
Einer ist vom Boot gesprungen und hat versucht, zurück zum Ufer zu schwimmen, den haben sie noch im Wasser erschossen.
Für die ersten sieben Tage reichte das Essen und Trinken, das wir an Bord hatten. Es gab sowieso nicht viel, aber schließlich haben

wir Erwachsenen ganz aufgehört zu essen und zu trinken, und den Rest nur noch den Kindern gegeben.

Dann fiel der Kompass aus.

Drei Tage fuhren wir einfach herum, ohne die Richtung zu wissen.

Der Kapitän übersah nachts ein paar Bojen, da schrammte das Boot über Felsen. Der Motor ging kaputt. Panik brach aus.

Zwei Tage schaukelte das Boot wild hin und her. Wir konnten es nicht mehr lenken, und wir hätten auch nicht gewusst, wohin.

Fünf Tage insgesamt ohne Essen und Trinken. Es ging uns allen sehr schlecht. Einige sind gestorben. Und die, die noch lebten, hatten überhaupt keine Kraft mehr. Ich war so schwach. So schwach. Ich hab alles nur noch verschwommen gesehen.

Aber dann war plötzlich das Rescue-Boot da.

Es gab einen Tumult. Die vom Rettungsboot wollten uns helfen, sie warfen Essen und Wasserflaschen zu uns herüber, alle versuchten, etwas zu fangen, und das Boot geriet dadurch ins Schwanken.

Und dann kippte es plötzlich um.

Einfach so.

Von einem Moment auf den andern.

Es ging so schnell.

Innerhalb von fünf Minuten, nicht länger, innerhalb von nur fünf Minuten waren hunderte, hunderte Menschen tot. Die, neben denen ich eben noch gesessen hatte. Mit denen ich eben noch gesprochen hatte.

Cut, denkt Richard. Cut.

Ich kann nicht schwimmen, aber ich habe irgendwie ein Kabel zu fassen bekommen.

Manchmal war ich über, manchmal unter Wasser.

Unter Wasser habe ich all die Leichen gesehen.

Raschid sagt jetzt eine Weile nichts. Und Richard muss auch nichts fragen. Die Adventskerzen brennen. Die Pyramide ist dunkel und steht.

Ungefähr 550 von den 800 Leuten sind ertrunken. Die meisten konnten nicht schwimmen, und die Leute, die unter Deck waren, kamen nicht so schnell heraus, dort war alles sofort geflutet. Fischer kamen mit ihren Kuttern, um uns zu helfen, aber da waren schon viele tot. Und die größeren Rettungsboote konnten nicht näher an uns heran – wegen der Klippen. Die Fischer zogen uns in ihre Boote. Alle weinten und schrien. Wir, und auch die Fischer. Ein Junge ist gerettet worden, aber seine Eltern und sein Bruder sind ertrunken. Viele suchten ihren Mann, ihre Frau. Alle weinten und schrien.

Noch eine Woche, nachdem wir an Land waren, bin ich nachts aufgewacht und habe geglaubt, ich sei unter Wasser. Meine Frau hat sich an dem Tag, als ich sie in Tripoli nicht von ihrer Arbeit abholen kam, in ein Büro der UN gerettet. Am Telefon habe ich ihr sagen müssen, was passiert ist. Ich stand in einer Telefonzelle in Agrigento. Vor einem Jahr hat sie sich von mir scheiden lassen. Sie lebt jetzt in Kaduna und hat einen neuen Mann. Sie ist wieder schwanger.
Noch heute denke ich manchmal, eins von unseren Kindern käme plötzlich zur Tür herein.

Nach einer ziemlich langen Pause, in der die beiden Männer auf den schwarzen Fernseher starren, als wäre da irgendetwas zu sehen, sagt Richard:
Könntest du mir eine Skizze von dem Tor machen, das an dem Tag gerade fertig geworden ist?
Aber ja, sagt Raschid, you know, this was my work.
Und während er die ersten Linien auf den kleinen karierten Block zu zeichnen beginnt, den Richard ihm vom Schreibtisch geholt hat, sagt er:
You know – the measurement is always the first thing to do. Das Maßnehmen ist immer das erste, was man macht.
Dann zeichnet er, korrigiert, zeichnet weiter, bis Richard deutlich erkennen kann, wie das Tor ausgesehen hat, das Raschid für seinen

letzten Auftrag in seinem Leben als Schlosser gebaut hat, und das sicher immer noch irgendein libysches Grundstück abschließt.
And in the end I put the design in the middle. Wenn du mich arbeiten sehen könntest, sagt Raschid, der Schlosser, den Richard, wie er jetzt merkt, mit vollem Recht immer den Blitzeschleuderer genannt hat, wenn du mich arbeiten sehen könntest, sähest du einen ganz anderen Raschid. A complete other Raschid. Weißt du, sagt er, Arbeiten ist für mich so natürlich wie Atmen.

42

Noch vor Silvester kehrt die polnische Pflegerin zu ihrer Arbeit bei Anne nach Berlin zurück.
Sie wäre gern noch ein paar Tage länger bei ihrer Familie in Polen geblieben, aber du weißt ja, sagt Anne, meine Mutter und Ali –
Ja, schade, sagt Richard.
Eigentlich war das Weihnachtsfest nett, sagt Anne. Ich schick dir mal ein Foto.
Abends dann sieht Richard auf seinem Computer das Bild: links neben dem Weihnachtsbaum die neunzigjährige Mutter von Anne, im Rollstuhl sitzend, eine Decke über den Knien, sie hält den Kopf schief, so dass man beinahe glauben könnte, sie blicke Ali, der rechts vom Weihnachtsbaum sitzt, durch ihre dicken Brillengläser aufmunternd an. Ali lächelt. Es sieht friedlich aus, dieses Weihnachtsarrangement mit dem schwarzen König aus dem Morgenland, genauso friedlich wie all die Fotos reinrassig deutscher Weihnachtsfeste, denen man ebensowenig ansieht, was vor oder nach dem Druck auf den Auslöser verschwiegen oder worum gestritten wurde.
Anne schreibt in der Mail, Ali habe ihr, als sie ihn einmal gefragt habe, warum er so gut Deutsch sprechen könne, zur Antwort gegeben: Die deutsche Sprache sei seine Brücke in dieses Land. Er hat tatsächlich *Brücke in dieses Land* gesagt, schreibt sie Richard. Er ist unglaublich talentiert, schreibt sie. Unter anderen Umständen würde er wahrscheinlich längst Medizin studieren.

In der Woche zwischen Weihnachten und Neujahr kehren Monika und Jörg aus Italien zurück. Sie laden Richard, Detlef und Sylvia zum Kaffeetrinken ein, um ihre Fotos zu zeigen und von Florenz zu erzählen. Sie berichten von Giottos Turm, von Michelangelos schönem David, von den Weihnachtskrippen, die dort überall in den Kirchen aufgebaut sind: ganze Landschaften, wie bei der Modelleisenbahn! Sie berichten vom Essen: ein Restaurant mit vierzig verschiedenen Sorten Büffelmilchmozzarella! Und berichten vom Weihnachtsfest selbst, das vom Hotel wunderbar ausgerichtet worden ist: Und man hat um so viel weniger Arbeit! Lichterketten, mit denen ganze Straßenzüge geschmückt sind: Da wird einem vom Ansehen richtig schwindlig! Riesige Weihnachtsbäume: so fantasievoll geschmückt! Allerdings, sagen sie: so viele Afrikaner. Überall. Nach Arezzo, sagen sie, haben wir ein Mietauto genommen, Jörg wollte unbedingt die Fresken von Piero della Francesca sehen, eine schöne Fahrt durch die Toskana, dachten wir uns und haben extra die Landstraße genommen, es lag sogar Schnee. Aber wisst ihr, in der Mitte von Nirgendwo stehen da schwarze Frauen, Afrikanerinnen!, am Straßenrand und bieten sich an. Mitten in der Landschaft, wo nie jemand vorbeifährt. In Stiefeln und so kurzen Jacken. Stehen da in der Kälte, im Schnee, und viele! Das war irgendwie unheimlich.
Richard hat ja in letzter Zeit auch ein paar Flüchtlinge kennengelernt, die sich hier durchzuschlagen versuchen, sagt Sylvia, während sie das Tablet mit dem Bild an ihren Mann weiterreicht.
Ach wirklich?, sagt der schnurrbärtige Jörg.
Und Monika fügt hinzu: Da musst du aufpassen, die schleppen oft Krankheiten ein, Hepatitis, Typhus und Aids.* Hab ich zumindest gehört.
Es sind Männer, sagt Sylvia.
Ach so, sagt Monika.
Richard sagt nichts, er betrachtet den Bildschirm, den Detlef ihm gerade gegeben hat. Auf dem Bild sieht man Frauengestalten, die,

* In Afrika häufige Infektionskrankheiten; die Ansteckung erfolgt durch Austausch von Körperflüssigkeiten und Sexualkontakt.

jede für sich, wie auf einem Schachbrett auf weiten, verschneiten Flächen stehen, wartend auch am Straßenrand stehen oder auf den Kuppen der sanft geschwungenen Hügel.
Dabei weit und breit kein einziger Kunde, sagt Monika.
Auf dem nächsten Bild ist dann schon eine der Fresken von Arezzo zu sehen: eine Frau, die hinter einer Knienden steht, eine lange weiße Schleppe ist an ihrem Kleid befestigt, und die Frage, die sie der anderen stellt, ist nur an ihrer Handhaltung abzulesen.
Ich hätte nie gedacht, dass ich eines Tages einfach so zu dieser Kirche hinfahren könnte, einfach so, sagt Jörg.
Das ist wirklich die Reisefreiheit, sagt Monika, seine Frau.

In der Woche zwischen Weihnachten und Silvester kehrt auch der Archäologe vom Besuch bei der Familie seiner zwanzigjährigen Freundin zurück. Er sitzt bei Richard auf dem Sofa, ein Whiskeyglas in der Hand und sagt: Komm doch am Silvesterabend mit zu der Party bei Maries Freundin, sonst bin ich dort der einzige Alte.
Wie war denn ihre Familie?
Schwierig, sagt er, ich glaube, die halten mich für pervers.
Ist halt ihre Tochter.
Der Vater ist sowieso eifersüchtig, sagt Peter, und die Mutter hätte mich vielleicht selber gern.
Dann ist doch gut, dass sie weit weg sind.
Ja, sicher. Peter nimmt noch einen Schluck.
Die Hauptsache ist doch, dass ihr beide euch gut versteht.
Da hast du recht. Kommst du nun mit zu der Party?
In Ordnung, sagt Richard.

In der Woche zwischen Weihnachten und Silvester kehrt auch Osarobo endlich aus Italien zurück.
Richard lädt ihn zu sich ein, spielt ihm am Klavier »Leise rieselt der Schnee« vor und singt dazu, so gut er eben singen kann. *Still schweigt Kummer und Harm*, singt er und übersetzt hinterher Osarobo den Text. Weihnachten soll ein Fest der Freude sein, sagt er.

Okay, sagt Osarobo.
Wie war es denn in Italien?
Naja, sagt Osarobo.
In welcher Stadt warst du nochmal?
Milano.
Schön, sagt Richard.
Naja, sagt Osarobo. In der U-Bahn stehen die Italiener auf und setzen sich woandershin, wenn ich mich neben sie setze.
Richard erinnert sich, das hat Osarobo auch schon bei ihrem ersten Treffen erzählt.
Sie denken, ich bin kriminell. Jeder Schwarze.
Das glaube ich nicht.
Doch. Es macht keinen Unterschied, ob wir es sind oder nicht sind.
Aber natürlich macht es einen Unterschied, sagt Richard. Hast du denn wenigstens deine Papiere bekommen?
Ja, in acht Wochen kann ich sie abholen.
Wie – dann musst du noch einmal dahin?
Ja.
Wieviel kostet das denn?
Eine Busfahrt 100 Euro.
Also hin und zurück 200 Euro?
Ja. Osarobo schlägt ein paar hohe Töne an. Und 80 Euro für die *Marca da Bollo*, sagt er.
Für das Dokument?
Ja, sagt Osarobo. Pling, pling, pling. Und außerdem braucht man eine italienische Adresse.
Was heißt das?
Es gibt Leute, die einem eine Adresse geben. Das kostet nochmal 200 Euro.
Privatleute, die sich von euch bezahlen lassen?
Irgendein African guy, der ein Zimmer hat. Aber ich darf dann auch da wohnen. Bis zu dem Termin. Es gibt ja Kontrollen.
Richard würde wirklich gern wissen, ob das Gesetz von Angebot und Nachfrage ein Naturgesetz ist.

Das heißt, sagt er nun wieder laut zu Osarobo, man braucht zusammengerechnet 680 Euro für die zwei Fahrten, die Adresse und die Gebühren?
Ja.
Und was isst du in der Zeit?
Osarobo zuckt mit den Schultern.
Das kostet doch mehr, als du hier für zwei Monate zum Leben bekommst.
Der *permesso* ist schon im letzten Frühling abgelaufen. Aber da hatte ich gar kein Geld.
Was für ein *permesso*?
Eben das Dokument, der *permesso di soggiorno*, die italienische Aufenthaltserlaubnis.
Braucht man den wirklich?
Sonst haben wir gar keinen Ausweis. Und ohne *permesso* gibt's auch keine Krankenversicherung.
Über Italien seid ihr versichert?
Ja.
Verstehe. Und du hast also bei dem African guy gewohnt?
Bis zu dem Termin.
Und danach?
Naja, sagt Osarobo und schlägt ein paar tiefe Töne auf dem Klavier an, life is crazy.
Hast du auf der Straße geschlafen?
Osarobo antwortet nicht. Pling, pling, pling. Quintparallelen sind in der abendländischen Musiktradition schon seit 600 Jahren verboten.
Erst jetzt fällt Richard ein, dass er ja noch ein Weihnachtsgeschenk für den zukünftigen Straßenmusiker hat: das Rollklavier, er hätte es beinahe vergessen.

I appreciate that very much.
Sie rollen es auf dem Küchentisch aus, stecken den Stecker ein und probieren die verschiedenen Register: Schlagzeug und Englisch Horn, Saxophon oder Harfe.

Es funktioniert auch mit Batterien, sagt Richard.
Oh, very good.
Und mit den Tasten hier, sagt Richard, kann man einen Rhythmus unterlegen: zum Beispiel Chachacha oder Tango.
Erst in der Pause zwischen Walzer und Marsch hört er, dass es an der Tür klingelt: Sylvia und Detlef hatten, so sagen sie, spontan die Idee, ihn zu besuchen.
Was ist denn bei dir los – Tanztee?
Das sind Sylvia und Detlef, sagt er zu Osarobo, als er sie in die Küche führt, meine ältesten Freunde, und das ist Osarobo.
Osarobo steht auf und gibt den beiden die Hand, aber sein Blick flackert hin und her, es sieht so aus, als wäre er gern irgendwo anders, wo nicht zwei fremde Menschen auf einmal zur Tür herein kommen.
Spiel ruhig noch weiter, sagt Richard, wir setzen uns derweil ins Wohnzimmer, reden ein bisschen, und dann fahr ich dich nach Hause.
Nein, nein, sagt Osarobo, it's okay. Ich fahr mit der S-Bahn.
Hast du eine Monatskarte?
Osarobo schüttelt den Kopf.
Richard holt, während Osarobo sich im Flur die Schuhe anzieht, 60 Euro aus seinem Portemonnaie, 57 Euro kostet die billigste Monatskarte – für Menschen, die nicht morgens vor 10 Uhr mit Bus oder Bahn fahren müssen. Hartz-4-Empfänger und Asylbewerber bekämen eine Ermäßigung, aber nicht diese Flüchtlinge, die nicht einmal Asylbewerber sein dürfen. Richard drückt Osarobo die zwei Scheine in die Hand und gibt ihm die Tasche mit dem rollbaren Keyboard.
Kennst du dich aus mit dem Weg?
Jaja. Osarobo schaut zu Boden und sagt: God bless you.
Ist schon in Ordnung.
Wie war es denn überhaupt im Weihnachtsoratorium?, fragt Richard seine Freunde, als er ins Wohnzimmer zurückkehrt. Ihnen hatte er nach seiner Enttäuschung über die plötzliche Abreise des Jungen die zwei Karten gegeben.

Ach, es war wirklich schön, sagt Sylvia.
Die Arie mit dem Echo haben sie ganz toll gemacht, sagt Detlef, die andere Sängerin stand neben der Empore auf einem kleinen Balkon.
Nette Idee, sagt Richard.

43

Einen Tag vor Silvester fällt Schnee. Richard hat für Raschid, Apoll und Ithemba, die alle drei, wie er inzwischen weiß, am 1. Januar Geburtstag haben, Winterpullover in verschiedenen Farben zum Geburtstag gekauft. Als er mit der großen Einkaufstüte in der Hand eben vom Eingang zum Haus hinüber über den Hof stapfen will, erkennt er in der Gestalt, die in der Kälte auf der Bank sitzt, den Dünnen. How are you? Good. Ist es nicht zu kalt, um hier draußen auf einer Bank zu sitzen? Ich habe auf dich gewartet. Woher sollte der Dünne, den er seit Wochen nicht gesehen hat, wissen, dass er ausgerechnet heute über den Hof kommen würde? Egal.
Can I show you something?
Sicher.
Der Dünne zieht aus der Brusttasche seiner Jacke eine Vorladung zur Polizei: *Zur erkennungsdienstlichen Behandlung.*
Was ist denn passiert?, fragt Richard.
Sie haben mich vorgestern am Alexanderplatz kontrolliert und gesagt, das sei nicht ich auf dem Foto.
Der Mann auf dem Foto sieht wirklich ganz anders aus, aber vielleicht war der Dünne nicht immer so dünn wie jetzt. Richard liest den Namen: Karon Anubo.
Du heißt wirklich Karon?
Ja, sagt der Dünne.
Polizeirevier Mitte, Zimmer 104, Fr. Lübcke, Mo – Fr 9 bis 16 Uhr ohne vorh. Anmeldung, steht auf dem Papier.
Ich bring dich mit dem Auto, sagt Richard.

Es ist Stau in der Stadt, so wie immer, wenn in Berlin zum ersten Mal im Jahr Schnee fällt, Straßenbahnen stehen mit geöffneten Türen irgendwo auf den Schienen, Autofahrer schreien sich an. Hier und da hört man ein scharfes Pfeifen und kurz darauf die Explosion einer Rakete, weil manche die Silvesternacht nicht abwarten können. Anderthalb Stunden fährt Richard mit Karon quer durch Berlin, von Spandau bis zum Polizeirevier Mitte, *biegen Sie rechts ab, biegen Sie links ab, fahren Sie geradeaus über den Kreisverkehr, zweite Ausfahrt.*

Danke, dass du mich bringst, sagt Karon, ich hätte mir sonst eine Fahrkarte kaufen müssen.

Hast du kein Monatsticket?

Normally I send 150 Euro to my mom, my sister and my brothers. Aber diesen Monat habe ich noch einmal 50 Euro extra geschickt, weil mein Bruder sich bei der Arbeit auf dem Feld mit der Cutlass geschnitten hat und ins Krankenhaus musste.

Das tut mir leid. Aber hätte nicht irgendwer anders ihm helfen können?

Culture, sagt der Dünne.

Kultur?

Das heißt, es gehört sich so: Der älteste Sohn muss für die Familie sorgen.

Wegen seiner Frau war Richard als Angehöriger einmal bei einem Treffen der *Anonymen Alkoholiker* gewesen, auch die Männer und Frauen dort hatten sich solche Geschichten erzählt, die immer an irgendeinem einfachen Punkt anfingen, und immer beim Schwierigen endeten. Da gab es den Hamster, der entwischt war und nun nicht hinter der Schrankwand hervorkommen wollte, die Schrankwand musste komplett auseinandergebaut werden. Und was lag im untersten Fach, wo man schon seit Jahren nicht mehr hingeschaut hatte, hinter der Wäsche? Unzählige leere Flaschen, dort versteckt in der Zeit der Sucht. Und dann war der Durst plötzlich wieder da. Indirekt sind die Wirkungen, nicht direkt, denkt Richard, wie er es in der letzten Zeit schon öfter gedacht hat.

Wie alt ist dein Bruder?

Dreizehn, sagt der Dünne.

Polizeirevier Mitte, auf der Vorladung steht: *Mo-Fr 9 bis 16 Uhr, ohne vorh. Anmeldung.* Als sie anlangen, ist es Dienstag, 15.25 Uhr. Aber Frau Lübcke, sagt die Frau am Anmeldefenster, ist heute nicht da. Warum nicht? Ist auf Außendienst. Hier steht aber: *Mo-Fr, 9 bis 16 Uhr ohne vorh. Anmeldung.* Richard ärgert sich so, dass er das »vorh.« abgekürzt spricht, so wie es dasteht, er bellt das »h« durch das perforierte Sprechsieb hindurch. Ich habe Ihnen doch schon gesagt, dass Frau Lübcke nicht da ist. Und jetzt? Müssen Sie nochmal wiederkommen, tut mir leid. Und wenn Herr Anubo jetzt allein hierhergefahren wäre? Von Spandau? Hin und zurück, Zone A und B? Es tut mir sehr leid. Es tut der Polizeibeamtin nicht leid, und schon gar nicht *sehr* leid, das kann Richard sehen, aber Frau Lübcke jedenfalls ist nicht zu sprechen.

Als sie wieder in Spandau anlangen, ist es schon dunkel, nach einer Geburtstags-Vorfeier mit drei Jubilaren ist Richard jetzt nicht mehr zumute, schon auf der Rückfahrt hat er beschlossen, die Pulloverübergabe ins neue Jahr zu verschieben. Bevor er den Dünnen vor dem Heim aussteigen lässt, sitzen sie noch ein paar Minuten im Auto und reden.

Wenn ich nach dem Interview nicht in Deutschland bleiben kann, sagt Karon, wo soll ich dann hingehen? Wo soll ich in Italien eine Arbeit finden? Wie soll ich meine Mutter und meine Geschwister ernähren? Wo auf der Welt ist der Platz, wo ich mich in Ruhe zum Schlafen hinlegen kann? Das Problem ist sehr groß, sagt Karon. Ich habe keine Frau und keine Kinder, sagt er – ich bin klein. Aber das Problem ist sehr groß, es hat eine Frau und viele, viele Kinder.

Die Afrikaner müssen ihre Probleme in Afrika lösen, hat Richard in letzter Zeit häufig Leute sagen hören. Hat Leute sagen hören: Dass Deutschland überhaupt so viele Kriegsflüchtlinge aufnehme, sei sehr großzügig. Im gleichen Atemzug sagen sie: Aber wir können nicht ganz Afrika von hier aus ernähren. Und sagen außerdem: Die Armutsflüchtlinge und Asylbetrüger nehmen den wirklichen

Kriegsflüchtlingen, das heißt also den Kriegsflüchtlingen, die auf direktem Wege nach Deutschland kommen, die Plätze in den Asylbewerberheimen weg.
Die Probleme lieber in Afrika lösen. Richard stellt sich einen Moment lang vor, wie ein Erledigungszettel für die Männer, die er in den letzten Monaten hier kennengelernt hat, dann aussehen müsste.
Während auf seinem eigenen Zettel zum Beispiel stünde:

Monteur für Reparatur Geschirrspüler bestellen
Termin beim Urologen ausmachen
Zähler ablesen

würde auf der Erledigungsliste für Karon stattdessen stehen:

Korruption, Vetternwirtschaft und Kinderarbeit in Ghana abschaffen

Oder bei Apoll:

Klage gegen den Konzern Areva *(Frankreich) einreichen*
neue Regierung in Niger einsetzen, die sich durch ausländische Investoren nicht bestechen oder erpressen lässt
unabhängigen Tuareg-Staat Azawad *gründen (mit Yussuf besprechen)*

Und bei Raschid stünde da:

Christen und Muslime in Nigeria miteinander versöhnen
Boko Haram* *davon überzeugen, die Waffen niederzulegen*

* In Nigeria entstandene terroristische islamistische Organisation.

Zuletzt sollten Hermes, der Analphabet mit den goldenen Schuhen, und Ali, der zukünftige Krankenpfleger, sich gemeinsam um diese beiden Aufgaben kümmern:

Verbot von Waffenlieferungen an Tschad (USA und China)
Verbot, im Tschad Erdöl zu fördern und außer Landes zu bringen (USA und China)

Sag einmal, fragt Richard Karon, wie groß müsste ein Grundstück in Ghana sein, von dem sich deine Familie dort selbständig ernähren könnte?
Karon überlegt einen Moment und sagt dann: Ein Drittel vom Oranienplatz etwa.
Und wieviel würde das kosten?
Karon überlegt wieder und sagt: Ich denke, zwischen 2000 und 3000 Euro.
Noch im Sommer vor anderthalb Jahren hätte Richard sich beinahe ein Surfbrett gekauft (1495,– Euro), aber bevor er sich hatte entscheiden können, war schon der Herbst dagewesen, und im letzten Sommer, nachdem der Mann im See ertrunken und nicht mehr aufgetaucht war, hatte ihm natürlich nichts ferner gelegen als der Kauf eines Surfbretts. Dagegen wäre der Kauf eines staubsaugenden Roboters (799,– Euro) sicher auf jeden Fall eine gute Idee, auch einen Video-Beamer für die Filmabende mit seinem Freund Andreas, der bald aus der Kur zurückkommen wird, könnte er gut gebrauchen (1167,– Euro). Wenn Christel noch am Leben wäre, hätten sie sich zu Weihnachten vielleicht gemeinsam eine neue Videokamera geleistet (1545,– Euro) oder ein Tablet mit ausreichendem Speicherplatz (709,– Euro), das man auf Reisen leichter mitnehmen könnte als den Computer – aber das waren Dinge, auf die er leicht auch verzichten konnte. Dagegen stand sein Plan, im Frühling endlich einen sogenannten Aufsitzrasenmäher zu kaufen (999,– Euro bis 2999,– Euro), eigentlich fest.
Jedenfalls bis vor fünf Minuten.

Wie groß, hast du gesagt, ist deine Familie?
Meine Mutter, meine Schwester und zwei jüngere Brüder.
Also vier Personen?
Ja.
Was würden sie auf so einem Grundstück anpflanzen?
Plantains, Cassava*.
Und damit wären sie unabhängig?
Einen Teil der Ernte würde meine Mutter verkaufen oder gegen andere Dinge eintauschen, die sie braucht, und der Rest wäre für die Familie selber zum Essen.
Was würdest du sagen, wenn ich dir für deine Familie ein solches Grundstück kaufe?
Richard erwartet nun einen vielleicht zuerst ungläubigen, dann vor Begeisterung fassungslosen, aber schließlich ganz und gar glücklichen Afrikaner, einen Afrikaner, der vor Erleichterung Luftsprünge macht, Richard umarmt oder zumindest vor Rührung in Tränen ausbricht.
Nichts aber von alledem geschieht.
Karon ist ganz ruhig und sehr ernst und sieht so aus, als ob er angestrengt nachdenkt.
Du müsstest dir zumindest um deine Familie keine Sorgen mehr machen.
Karon sagt immer noch nichts.
Was ist das Problem?
Es dauert ein Jahr, bis man zum ersten Mal ernten kann.
Karon hat recht.
Aber noch etwas anderes versteht Richard in diesem Moment: dass Karons Sorgen ihn schon so aufgefressen haben, dass er sogar Angst davor hat, zu hoffen.

* Maniok, wegen ihrer Wurzelknollen angebaute Pflanze.

Und dann ist das neue Jahr da. Die zwanzigjährigen Freundinnen der zwanzigjährigen Freundin von Peter haben getanzt und getrunken, haben sich über Frisuren unterhalten, über den neuen Film, der im Kino »International« läuft, über den Schnurrbart einer Popsängerin, über Bands, von denen Richard noch nie gehört hat, aber auch über Richard Wagner, Harry Potter, Kierkegaard, Virginia Woolf, schöne Männer und das neue Einkaufszentrum am Alex. Haben einigen der vorhandenen Gäste Zungenküsse gegeben, dann zu fortgeschrittener Stunde gestritten, eins von den Mädchen ist kurz vor Mitternacht in Tränen ausgebrochen und musste von ihrer besten Freundin getröstet und in den Arm genommen werden, einer von den jungen Männern hat zu viel getrunken und ist beim Hinausgehen auf den Balkon über die Schwelle gestolpert, ist hingefallen, hat geblutet und brauchte noch knapp im alten Jahr ein Pflaster quer über die Nase. Wie lang ist es her, dass Richard so jung war? Sein Freund Peter hat gute Figur gemacht, hat mit seiner Freundin, die auf den schönen Namen Marie hört, zum Queen-Song »We are the Champions« getanzt, und Richard hat sich gefragt, ob Marie einfach nur so nett ist, die Musik zu spielen, die ihren über dreißig Jahre älteren Freund an seine Jugend erinnert, oder ob ihr das Lied wirklich so gut gefällt.

Während pünktlich um 12 Uhr die Sektkorken knallen, Gäste sich um den Hals fallen, Raketen abgeschossen und Wunderkerzen geschwenkt werden, steht Richard einfach nur da und fragt sich, was das eigentlich ist: so ein Jahresanfang. Noch nie hat er so recht verstanden, was in der entscheidenden Sekunde eigentlich von einem abfällt – während das andere, das man noch nicht kennen kann, einem plötzlich ganz nah kommt. Früher hat er manchmal versucht, sich um Mitternacht auf die Zukunft, die in diesem Augenblick eingetreten zu sein schien, zu konzentrieren. Aber wie konzentriert man sich auf etwas, das man noch nicht kennt? Wer wird sterben? Wer wird geboren werden? Je älter er wurde, desto dankbarer war er dafür, dass es ihm ebensowenig wie anderen Menschen gegeben war zu wissen, was sein wird.

Der erste Tag in diesem neuen Jahr ist ein Mittwoch. Die meisten Beamten der Berliner Ausländerbehörde haben daher beim Übergang vom alten zum neuen Jahr die Gelegenheit genutzt, mit nur zwei Urlaubstagen beinahe eine ganze Woche Ferien zu gewinnen. Erst am Montag, dem 6. Januar, betreten sie wieder ihre Büros und drehen das Rädchen auf dem Jahresstempel um eine Zahl weiter, blättern in Ordnern und Papieren, tippen dies und tippen das, verschicken am Dienstag einige Briefe. Am Mittwoch, dem 8., treffen im Spandauer Heim und auch im Friedrichshain und im Wedding die Listen mit den ersten 108 Namen derer ein, die am Freitagmorgen, dem 10., ihr bisheriges Heim verlassen sollen, um zum Beispiel nach Magdeburg, oder in ein Containerwohnheim am Rande von Hamburg oder in ein bayrisches Bergdorf zurückzukehren, wo sie vor etwa zwei Jahren in Unkenntnis der europäischen und der deutschen Regelungen mehr oder weniger zufällig einen Antrag auf Asyl gestellt haben. Von wo sie vor zwei Jahren nach Berlin aufgebrochen sind, um gegen das Gesetz, das ihnen den Aufbau einer selbständigen Existenz und sogar den Ortswechsel innerhalb Deutschlands während des Asylverfahrens verbietet, zu protestieren. Das Gesetz ist noch immer das Gesetz und hat nun am Freitag ab acht Uhr seine große Stunde. Zwar darf man die Flüchtlinge, deren Namen auf der Liste stehen, nicht zwangsweise in den oder jenen abgelegenen Ort, der für sie zuständig ist, transportieren, aber zumindest die Räumung der bisher von ihnen bewohnten Zimmer in den Berliner Heimen ist nun von Gesetzes wegen Sache der Polizei.

Raschid hat die Liste fotografiert und das Bild Richard am Donnerstag zugeschickt. Von den Spandauer Bewohnern stehen 12 auf dieser Liste, darunter der Sänger Abdusalam mit dem Silberblick, der gerade dabei ist, schreiben zu lernen, außerdem Zair, der mit Raschid auf einem Boot war und die Kenterung nur überlebt hat, weil er, während das Boot kippte, über die Reling auf die Unterseite des Boots geklettert ist. Und dann steht noch ein Name auf dieser Liste, den Richard da wirklich nicht sehen will: Osarobo. Erst jetzt versteht Richard, warum eine wichtige Bedingung des Senats vor Abschluss der Vereinbarung die Nennung der Namen der Flüchtlinge war, denn natürlich nur, wenn ein Name bekannt ist, kann man ihn in solch eine Liste eintragen. Erst wenn ein Name bekannt ist, gibt es überhaupt eine Liste. In der Nacht von Donnerstag auf Freitag schläft Richard unruhig und wacht schon vor fünf Uhr auf. Wo soll Osarobo jetzt hingehen?

Als Richard kurz vor acht Uhr in Spandau eintrifft, stehen schon zwanzig Mannschaftswagen der Polizei teils direkt vor dem Heim, teils auf Parkplätzen in der Nähe. Mit Metallgittern ist der Eingang zum Heim abgesperrt. Ein paar Heimbewohner stehen vor der Absperrung auf dem Gehsteig herum, auch ein paar Frauen und Kinder. Nein, er könne das Gebäude jetzt nicht betreten, sagen die Wachen, und zu wem er denn wolle. Zu Raschid, sagt er, und zeigt auf den Blitzeschleuderer, den er auf dem Hof inmitten einer Gruppe von Flüchtlingen reden und gestikulieren sieht. Nein, heute sei überhaupt kein Besuch hier möglich, wird Richard gesagt, aber gerade in diesem Moment entdeckt ihn Raschid und beginnt zu toben, als er merkt, dass sein Gast nicht zu ihm vorgelassen wird. Er sei doch hier nicht im Gefängnis! Er sei kein Verbrecher! Seinem Freund könne man doch nicht verbieten, zu ihm zu kommen! Jetzt entsteigen den vorderen Mannschaftswagen Polizisten in voller Montur: Kampfanzüge, Helme mit heruntergeklapptem Visier, Knüppel, Pistole. *Gewaltig dröhnt die Erde unter ihren Füßen, als sie marschieren.* In Viererreihen nehmen sie Aufstellung vor dem Tor zum Asylbewerberheim. Richard fragt sich, ob tatsächlich 40 schwerbewaffnete Männer notwendig sind, um 12 afrikanische Flüchtlinge aus so einem Heim zu tragen, ganz zu schweigen von den übrigen rund 150 Polizisten, die in den anderen Wagen auf ihr Startsignal warten. Morgen, das weiß er jetzt schon, wird in der Zeitung stehen, wieviel der Einsatz gekostet hat, und die Kosten werden vom Volk der Buchhalter den Objekten des Abtransports als Schuld zugeschrieben werden, wie das auch in anderen Zeiten, wenn Deutschland irgendwen hat abtransportieren lassen, üblich gewesen ist.*

Eine Grenze, denkt Richard, kann also auch plötzlich sichtbar werden, kann plötzlich an einem Ort erscheinen, wo sonst nie eine war – was in den letzten Jahren an den Grenzen Libyens ausgefochten wurde oder an den Grenzen Marokkos oder Nigers, findet nun mitten in Berlin-Spandau statt. Wo es zuvor nur irgendein Haus, einen Bürgersteig, einen Berliner Alltag gab, wuchert plötzlich so eine Grenze, schießt ins Kraut, unvorhergesehen wie eine Krankheit.

Auf der Silvesterfeier hat ihm sein Freund Peter, während sie beide auf dem Balkon von Maries Freundin standen und in die Dunkelheit des alten Jahres blickten, die bald die Dunkelheit eines neuen Jahres sein würde, davon erzählt, dass für die Inka das Zentrum des Universums nicht ein Punkt gewesen sei, sondern eine Linie, an der die zwei Hälften des Universums aneinanderstießen. War auch das, was Richard hier am Eingang des Asylbewerberheims sah, vielleicht eine solche Linie? Waren auch die beiden Gruppen von Menschen, die sich hier gegenüberstanden, so etwas wie die zwei Hälften eines Universums, die eigentlich zusammengehörten, und deren Trennung dennoch unüberwindlich war? War der Graben zwischen ihnen tatsächlich bodenlos tief und entfesselte deshalb so heftige Turbulenzen? Und verlief er zwischen Schwarz und Weiß? Oder zwischen Arm und Reich? Oder zwischen Fremd und Freund? Oder zwischen denen, deren Väter nicht mehr am Leben waren, und denen, deren Väter noch lebten? Oder zwischen denen mit den geringelten Haaren und denen mit glatten? Oder zwischen denen, die ihr Essen *Fufu* nannten, und denen, die *Gulasch* dazu sagten? Oder zwischen denen, die gern gelbe, rote und grüne T-Shirts anzogen, und denen, die sich lieber

* Den von den Nazis deportierten Juden wurden von den Behörden des Dritten Reiches die Kosten der eigenen Deportation oft in Rechnung gestellt.

einen Schlips umbanden? Oder zwischen denen, die gern Wasser tranken, und jenen, die Bier lieber mochten? Oder zwischen der einen Sprache und der andern? Wieviel Grenzen gab es überhaupt in einem einzigen Universum? Anders gefragt, was war die wirkliche, eine, entscheidende Grenze? Vielleicht die zwischen tot und lebendig? Die zwischen dem Sternenhimmel und dem Klumpen Erde, auf dem er täglich umherlief? Zwischen dem einen Tag und dem andern? Oder die zwischen Fröschen und Vögeln? Zwischen Wasser und Erde? Zwischen Luft, in der man Musik hörte, und Luft ohne Musik? Zwischen dem Schwarz eines Schattens und einem Grillkohlen-Schwarz? Zwischen dreiblättrigem und vierblättrigem Klee? Zwischen Fell und Schuppen? Oder millionenmal die zwischen innen und außen, wenn man jeweils einen einzigen Menschen oder ein einziges Tier oder eine einzige Pflanze als ein Universum ansah? Richard vertrug sich mit seinen Organen, hatte seinen Frieden gemacht mit dem rohen Fleisch in seinem Innern, das ihn am Leben hielt, ihn, mitsamt seinen Gedanken über Helenas Schönheit oder über die beste Art, eine Zwiebel zu schneiden.

Zieht man all diese möglichen Grenzen in Betracht, scheint Richard der Unterschied zwischen dem einen Menschen und dem anderen dagegen eigentlich lächerlich gering, und ist es vielleicht gar kein Graben, der sich hier am Eingang eines Asylbewerberheims in Berlin plötzlich auftut, und gibt es auf dieser Ebene des Universums vielleicht gar keine Verschiedenheit und keine zwei Hälften, denn immerhin geht es nur um ein paar Pigmente in dem Material, das von allen Menschen in der jeweiligen Sprache *Haut* genannt wird, und dann wäre die Gewalt, die sich hier gerade zeigt, durchaus nicht der Vorbote eines Sturms im Zentrum eines Universums, sondern beruhte nur auf einem absurden Missverständnis, das die Menschheit entzweit und sie davon abhält, sich klarzumachen, um wieviel länger der Atem eines Planeten im Vergleich zum Atem eines jeden von ihnen ist. Ob man Hose und Jacke aus einer Kleidersammlung am Leibe trägt, einen Markenpullover, ein teures oder ein billiges Kleid oder eine Uniform plus Helm und Visier, ist man darunter doch immer nackt, und wird sich, wenn es gut geht, vielleicht ein paarmal an der Sonne gefreut haben oder am Wind, am Schnee oder am Wasser, wird vielleicht das eine oder andere Gute gegessen oder getrunken haben, wird vielleicht irgend jemanden geliebt haben und vielleicht wiedergeliebt worden sein, bevor man stirbt. Was in der Welt wächst und fließt, reicht längst schon für alle, und dennoch findet hier, das sieht Richard an den zwanzig Mannschaftswagen, offenbar ein Überlebenskampf statt. Sollte die Polizei hier tatsächlich für diejenigen Deutschen im Einsatz sein, die so arm sind, dass sie zum Fest nur gestohlene Gänsebraten auftischen können? Eher doch nicht, denkt Richard, denn sonst hätte er längst schon vor der oder jener Bankfiliale 20 Mannschaftswagen sehen müssen und Polizisten in voller Montur, um die Manager, die Milliarden veruntreut haben, herauszutragen. Ja, denkt er, was hier vor sich geht, sieht wie Theater aus, und es ist auch Theater – ist eine künstliche Front, die eine andere, wirklich existierende Front verdeckt. Das Publikum brüllt aufs Stichwort nach Opfern, und die Gladiatoren tragen aufs Stichwort ihr wirkliches Leben in die Arena. Hatte man ausgerechnet in Berlin schon wieder vergessen, dass eine Grenze sich nicht nur an der Größe des Gegners bemaß, sondern ihn auch erschuf?

Es reiche ihm, schreit nun Raschid, er zünde alles an, er reiße das Haus hier nieder, er sprenge es in die Luft, er zerschlage das Mobiliar, reiße das Dach ab, trete die Türen ein, irgend so etwas schreit Raschid drinnen auf dem Hof, während draußen Richard steht und hört, wie der Heimleiter und seine Assistentin leise darüber beraten, ob es an der Zeit sei, dem Rasenden Hausverbot zu erteilen. Dann setzt sich der Zug aus den 40 martialisch* kostümierten Polizisten in Gang. Im Gleichschritt nehmen sie allerdings nicht Kurs auf Raschid, sondern biegen schon vorher ab und verschwinden

* Kriegerisch, kämpferisch, Furcht einflößend.

zügig im vorderen Gebäude, wo, wie Richard weiß, gar keine Flüchtlinge untergebracht sind, sondern nur die Büros der Verwaltung. Wenige Minuten später kommen sie, ebenfalls im Gleichschritt wieder heraus und nehmen dort, wo sie vorher standen, vor dem Tor, ihren Platz wieder ein. Wo ist Raschid geblieben?, sagt jetzt die Abgeordnete, die auch neulich im Heim war, zu Richard. Dass sie neben ihm steht, hat er noch gar nicht bemerkt. Er weiß ebensowenig wie sie, wo der Empörte hingekommen sein mag, wie ein Schwamm hat die Spezialeinheit über das Bild gewischt und nun ist der Blitzeschleuderer nicht mehr zu sehen. Keine Ahnung, sagt er. Er ist schwer herzkrank, sagt die Abgeordnete, ich mache mir Sorgen. Jetzt erinnert sich Richard wieder daran, dass Raschid damals auf der Versammlung im Altersheim ein Bändchen um sein Handgelenk getragen hatte, auf dem *Charité* stand. Er hatte sich darüber gewundert und dann für möglich gehalten, dass es eine Hilfsorganisation gab, die auch, ebenso wie das große Berliner Krankenhaus, *Charité*, also *Nächstenliebe*, hieß. Ist er hier in Berlin in Behandlung?, fragt Richard. Ja, sagt die Frau, er sollte vor drei Monaten operiert werden, aber dann ist er aus dem OP-Vorbereitungsraum weggelaufen, um sich um seine Leute zu kümmern. Seitdem wartet er auf einen neuen Termin.

Wir könnten ihn anrufen, sagt Richard.

Das Netz ist seit heute morgen gestört, sagt die Abgeordnete, ich hab es vorhin auch schon versucht.

Welches Netz?

Das, über das die Flüchtlinge alle telefonieren.

Genau heute, das ist allerdings seltsam, sagt Richard.

Ja, ziemlich seltsam, sagt die Abgeordnete.

Und nun kommt plötzlich Yussuf, der Tellerwäscher aus Richards fortgeschrittenem Sprachunterricht, aus dem Heim gelaufen, Richard hat ihn schon lange nicht mehr gesehen, er schreit etwas in einer afrikanischen Sprache, dann auf Französisch, dann auf Italienisch, auch ein paar Brocken Deutsch, *verdammt nochmal, lasst uns in Frieden,* und boxt jeden, der versucht, mit ihm zu reden, boxt auch Richard, als der zu ihm hingeht und ihn zu beruhigen versucht, *ich habe genug*, schreit er, dreht sich wie ein Rumpelstilzchen um seine eigene Achse und spricht dann aufgeregt auf die Polizisten ein, aber die lassen sich nicht aus der Ruhe bringen, halten ihm nur ihre Wand aus Schilden entgegen. Richard denkt daran, wie stolz Yussuf darauf war, dass er das Wort *Tellerwäscher* gelernt hat, denkt auch daran, wie er gesagt hat, dass er gern Ingenieur werden würde. Jetzt ist er nur noch ein Wilder, den man, wenn er sich nicht bald beruhigt, in eine Zwangsjacke stecken wird und abtransportieren.

Irgendwann erscheint auch Raschid wieder auf dem Hof. Er tobt nicht mehr, er schreit nicht mehr, er sieht einfach nur noch erschöpft aus. Hinausgehen aus dem Heim darf er, aber natürlich, sagen die Wachen, und so kommt er zu ihnen hinaus auf den Vorplatz.
It's really bad, sagt er, wirklich, wirklich schlimm heute, er gibt der Abgeordneten und Richard die Hand und vergisst trotz allem nicht, die beiden *how are you* zu fragen.
Good, sagt Richard pflichtgemäß.
Good, sagt auch die Abgeordnete.
Sie behandeln uns wie Verbrecher. Aber was haben wir denn getan?
Richard zuckt mit den Schultern.
Raschid zieht sein kleines Telefon aus der Hosentasche und drückt ein paar Tasten.
Das Telefon geht immer noch nicht.
Ja, wir haben es auch schon gemerkt.
Kommt ihr nachher zur Demonstration? Wir ziehen vom Oranienplatz zum Senat.
Richard und die Abgeordnete nicken.
Dann geht Raschid zu Yussuf hinüber, der noch immer auf die Wand aus geharnischten* Polizisten einredet und dabei mit dem Zeigefinger auf sie hinsticht, als würden sich hinter den Visieren

* Harnisch: (Ritter-)Rüstung, Schutzkleidung.

besonders starrsinnige Schüler verbergen. Raschid klopft ihm ein paarmal freundschaftlich auf die Schulter, it's okay, sagt er, it's okay. Yussuf tritt noch einmal gegen das Metallgitter, das heute früh aufgestellt worden ist, flucht, indem er sich von den Geharnischten abwendet, noch ein paarmal über die Schulter und geht dann wieder ins Heim.
Steht er etwa auch auf der Liste?, fragt Richard den Blitzeschleuderer, als der zu ihnen zurückkommt.
Nein, aber das alles hier stresst ihn. Auch Rufu war über Weihnachten schon in der Psychiatrie.
Ach, um Gottes Willen, sagt Richard.
Ja. Jetzt ist er wieder draußen, aber es geht ihm nicht gut.
Was hat er?
Er kann nicht mehr essen. Er kann oder will den Mund nicht mehr aufmachen.
Richard merkt, wie ihn für einen kurzen Moment Panik anfällt. Ist das alles hier vielleicht wirklich nie mehr zu retten?
Wo sind überhaupt die 12 Leute?, fragt die Abgeordnete.
Einige sind gestern schon weggegangen, und die anderen kommen gleich.
Sie verlassen das Heim freiwillig?, fragt Richard.
Sollen sie etwa schon wieder kämpfen? Das sind Leute, die vor dem Krieg geflohen sind.
Und dann kommen die paar Männer heraus, Rucksäcke auf dem Rücken, eine Reisetasche oder ein paar Plastiktüten in der Hand. Sie gehen an den vielen, vielen Mannschaftswagen der Polizei vorbei in Richtung Bushaltestelle. Osarobo ist nicht dabei, auch Zair nicht. Abdusalam, der Sänger, gibt Richard und der Abgeordneten zum Abschied die Hand und umarmt Raschid, bevor er den anderen folgt. Der Liste ist Genüge getan.

45

In Deutschland ist das Demonstrieren grundsätzlich erlaubt. Aber es gibt drei wichtige Fragen:

1. Wer meldet die Demonstration überhaupt an?
2. Was ist die Strecke?
3. Was ist das Motto?

Der Anmeldende muss einen deutschen Ausweis haben. Das ist bei Kriegsflüchtlingen aus Libyen eher selten der Fall. Ein deutscher Sympathisant, ein Langer mit Glatze, der irgendwo weiter hinten steht, gibt seinen Ausweis für die Anmeldung her. Wohin wollen Sie ziehen? Raschid sagt: Zum Senat. Zehn Minuten vergehen, es kommt der und jener und sagt zu Raschid, das habe keinen Sinn, Freitagnachmittag sei niemand mehr vom Senat in seinem Büro. Die Abgeordnete kommt zu ihm und sagt, sie habe gehört, man komme auf keinen Fall ins Gebäude, allenfalls auf den Vorplatz. Der Einsatzleiter kommt und sagt: Wenn Sie jetzt zum Brandenburger Tor ziehen wollen, muss aber eine ganz andere Strecke abgesperrt werden. Raschid: Wieso zum Brandenburger Tor? Das hat der gesagt, der die Anmeldung gemacht hat, der Glatzkopf da drüben. Welcher Glatzkopf? Den habe ich noch nie im Leben gesehen. Zehn Minuten sind schon wieder vergangen. Wenn wir nicht zum Senat gehen können, sagt Raschid, marschieren wir zur amerikanischen Botschaft. Was denn jetzt?, fragt der Einsatzleiter. Ja, zur amerikanischen Botschaft. Aha. Raschid geht nach hinten und diskutiert mit dem Glatzkopf. Zehn Minuten sind schon wieder vergangen. Der Glatzkopf geht zum Einsatzleiter und sagt: Ich ziehe meine Anmeldung zurück. Wenn es niemanden mit Ausweis und Adresse gibt, sagt nun der Einsatzleiter, kann die Demonstration nicht stattfinden. Richard sagt, hier ist mein Ausweis. Es kommt ein anderer Polizist, der so klein ist, dass er neben Raschid wie ein Zwerg aussieht und fragt: Was ist das Motto der Demonstration? Wir wollen jetzt endlich los, ruft Raschid über alle Köpfe hinweg. Den Zwerg, der nach dem Motto gefragt hat, sieht und hört er gar nicht. Was ist das Motto?, fragt der Zwerg noch einmal. Wir wollen los! Das ist das Motto? Nein, sagt Richard. Raschid brüllt: Wir wollen nicht mehr warten! Ist das das Motto?, fragt der Zwerg. Nein, sagt Richard. Zwerg: Ohne Motto kann die Demonstration aber nicht angemeldet werden, und ohne Anmeldung können wir nicht mit der Absperrung beginnen. Richard: Es ist noch nicht einmal mit der Absperrung begonnen worden? Zwerg: Nein, geht ja nicht, ohne Motto. Zehn Minuten sind schon wieder vergangen. Richard sagt, ohne lange darüber nachzudenken: Das Motto ist *Die Welt zu Gast bei Freunden*. Erst nachdem er das Motto ausgesprochen hat, fällt ihm ein, dass dies das Motto der Weltfestspiele von 1973 war. Oder der Fußballweltmeisterschaft 2006? Der Einsatzleiter kommt zu Richard und sagt: Sie sind doch der, der die Demonstration jetzt angemeldet hat? Ja, sagt Richard. Direkt vor die amerikanische Botschaft können Sie aber nicht ziehen, das ist Ihnen schon klar? Wieso nicht?, fragt Richard. Sperrzone, sagt der Einsatzleiter, ganz normal. Und den Zwerg fragt er: Wie ist denn nun das Motto? *Die Welt zu Gast bei Freunden*, sagt der Zwerg. Gut, sagt der Einsatzleiter, dann dauert es jetzt noch mindestens dreißig Minuten, bis die Strecke abgesperrt ist. Raschid fragt: What's he saying? Und Richard übersetzt: In fünf Minuten geht's los. Raschid sagt: good, und ruft seine Leute, von denen manche inzwischen schon in heftigen Diskussionen mit der Polizei begriffen sind, zusammen. Der Einsatzleiter steht indessen schon auf der anderen Seite der Straße bei seinem Chefwagen und spricht in sein Funkgerät. We start!, ruft Raschid, we start! Nein, so geht das nicht, Sie müssen noch warten, ruft der Einsatzleiter und kommt zurückgelaufen. Richard, der falsch übersetzt hat, um Raschid zu beruhigen, sieht, dass sein Trick genau die gegenteilige Wirkung hat. Der Einsatzleiter ruft noch einmal: So geht das nicht!, und läuft wieder weg. Die Polizisten machen eine schöne gerade Reihe, durch die kein Demonstrant dringen kann, hinter ihnen fahren noch immer die Autos, auf einer Straße, die vor hundert Jahren einmal eine Brücke war. Raschid brüllt dem Einsatzleiter nach: God will punish you! Der Einsatzleiter, der offenbar – und zum Glück – kein Englisch versteht, meckert vor sich hin: Hab ich denen doch gesagt, die ganze Strecke muss im Vorhinein frei sein. Richard denkt, dass es an ein Wunder grenzt, wenn nicht bald irgendeinem von den afrikanischen Männern der Geduldsfaden reißt. God will punish you! Aber vielleicht will die

Polizei auch kein Wunder. Die Abgeordnete sagt, Raschid ist wirklich schwer herzkrank, ich mache mir Sorgen, und Richard geht zu Raschid und sagt: Bloß nicht von Gott sprechen, Raschid, sonst denken sie noch, du seist Terrorist, aber Raschid hört ihn gar nicht, er brüllt zu den Polizisten hinüber: We are no criminals! Es geht ja gleich los, sagt Richard, aber der Blitzeschleuderer ist mit dem Blitzeschleudern so beschäftigt, dass er ihn gar nicht hört: Change the law! Der klappt uns zusammen, wenn das noch lange so geht, sagt die Abgeordnete. Richard sieht, wie einer der Afrikaner die Hände hebt und zu einem der Polizisten, der ihn ein wenig zurückschieben will, sagt: Don't touch me! Richard sieht, wie einer aus dem Deeskalationstrupp der Polizei einem Afrikaner, der ihn beschimpft, freundlich nickend zuhört, wie er es im Deeskalationstraining gelernt hat. Richard sieht, wie einer der jungen Sympathisanten sein selbstgebasteltes Plakat hochhebt, auf dem steht: *Hoch leben die Schwulen und Lesben in Kenia!* Zu dieser Zeit sind seit dem geplanten Termin schon anderthalb Stunden vergangen. Und nun beobachten die Abgeordnete und Richard, wie sich plötzlich der oder jener Afrikaner vor Raschid zu schieben und seinerseits die Fäuste zu schütteln beginnt, Apoll zum Beispiel oder Tristan oder der lange Ithemba, die die ganze Zeit über ganz und gar friedlich waren. Sie rufen: We want to stay! Oder: We are no criminals! Oder: Give us a place! Und erst nach einer Weile verstehen Richard und die Abgeordnete, dass die Freunde von Raschid ihn wenigstens für ein paar Minuten zu ersetzen versuchen. Einer muss ja der Anführer sein, die Fäuste schütteln und brüllen, damit der Protest nicht aus dem Ruder läuft, während die Polizei den Beginn der Demonstration weiter verzögert. Währenddessen kann sich Raschid hinter der Linie ein paar Minuten erholen. *Ein Freund, ein guter Freund, das ist das Beste, was es gibt auf der Welt.* Zweieinhalb Stunden nach dem angekündigten Termin setzt sich der Zug endlich in Bewegung. Richard, emeritierter Professor für Alte Sprachen, der zum ersten Mal in seinem Leben eine Demonstration angemeldet und ihr ein Motto gegeben hat, ist sehr froh, als er sieht, wie die Männer friedlich losmarschieren und die Polizei, die sie so lange in Schach gehalten hat, ihnen plötzlich in geschlossener Reihe vorauszieht, um die Straße zu sichern. Wer von den Passanten den Zug so sieht, muss denken, Polizei und Flüchtlinge seien sich seit jeher vollkommen einig. Richard begleitet den Zug noch die zweihundert Meter bis zum Moritzplatz und steigt dann dort in die U-Bahn, um nach Hause zu fahren.

46

Am Abend hört er in den Nachrichten, dass die in Berlin-Friedrichshain untergebrachten Flüchtlinge der Oranienplatz-Gruppe zum Protest gegen ihre Ausweisung aus Berlin seit gestern acht Uhr die oberste Etage ihres Hauses besetzt hätten, einige von ihnen seien aufs Dach gestiegen und drohten damit, sich hinunter zu stürzen. Es heißt, alle übrigen Etagen des Hauses seien geräumt und abgesperrt worden.

Als Richard am nächsten Morgen im Spandauer Heim eintrifft, ist nur Raschid in seinem Zimmer. Er liegt in seinem Bett, winkt Richard aber herein: How are you? Ja, die anderen seien im Friedrichshain, um die Freunde zu unterstützen, aber er könne einfach nicht mehr. Er hebt eine durchsichtige Plastiktüte in die Höhe, die voller Medikamentenschachteln ist.

Kennst du die, die auf dem Dach stehen?, fragt Richard.

Klar, sagt Raschid, wir waren ja alle zusammen auf dem Oranienplatz. Die haben nichts zu verlieren.

Wie soll das alles denn weitergehen?

I don't know. Dreimal hab ich in den letzten acht Wochen versucht, den Innensenator persönlich zu sprechen. Von Mann zu Mann. Three times.

Und?

Er hatte Sitzungen oder war nicht im Haus. Wir haben sogar schriftlich um einen Termin gebeten, aber er hat nie reagiert.

Einen Blitzeschleuderer antichambrieren* zu lassen, ist sicher die hohe Schule der Diplomatie, denkt Richard. Ein ermordeter Vater und zwei ertrunkene Kinder machen einen Abschluss in Wirtschafts- und Sozialwissenschaft nicht wett, eine Gruppe von Flüchtlingen ist kein Volk, und ein Anführer, der sich für seine Leute einsetzt, kein Staatsoberhaupt. Das Praktische an einem Gesetz ist, dass niemand es persönlich gemacht hat und daher auch niemand persönlich dafür zuständig ist. Ein Politiker, der heutzutage an einem Gesetz dies und das ändern will, kann es natürlich versuchen, aber einer, der nichts ändern will, kommt ebensogut durch – und womöglich mit mehr Eleganz.
Vielleicht hätte man gestern auch hier in Spandau irgendeine Protestaktion machen müssen, sagt Richard.
Wir haben das überlegt, sagt Raschid. Aber hier sind doch die Kinder.
Verstehe, sagt Richard. Und dann sagt er eine lange Zeit nichts mehr.
In der Stille, die eintritt, fallen Raschid die Augen zu, er schläft ein. Richard sitzt noch eine Weile neben ihm, so wie er vor Jahren neben seiner noch atmenden Mutter gesessen hat.
Irgendwann steht er auf, geht hinaus und zieht leise die Tür hinter sich zu.
Auf der Rückfahrt ruft Anne ihn an und sagt: Hast du schon von denen gehört, die auf dem Dach stehen und protestieren? Richard sagt: Ja. Einer der Flüchtlinge, sagt sie, hat von oben hinuntergepinkelt, alle regen sich fürchterlich darüber auf, weißt du das auch schon? Richard sagt: Nein.

Es ist schön, wenn es im Winter nach Schnee riecht. Frischem Schnee, der sich über das modrige Laub gelegt hat. Das Gartentor aufschließen, die Luft tief einatmen, so macht er es seit zwanzig Jahren, wenn er nach Hause kommt. Zwanzig Jahre lang war schon

* Im 18./19. Jh.: bei einer höhergestellten Person vorsprechen (von frz. *antichambre:* »Vorzimmer«). Heute ironisch für »als Bittsteller auftreten«.

Winter in diesem Garten, hat es so gerochen, hat er so das Gartentor aufgeschlossen und hinter sich wieder zugeschlossen.
Richard weiß, dass er zu den wenigen Menschen auf dieser Welt gehört, die sich die Wirklichkeit, in der sie mitspielen wollen, aussuchen können.

Einen Tag später, so liest er in der Zeitung, wird den Dachbesetzern Strom und Wasser gesperrt. Richard sieht ein Foto, auf dem steht ein Mann mit ausgebreiteten Armen auf dem Dach, er sieht wie eine Vogelscheuche aus. Das Dach sei durch Frost und Schnee rutschig, die Situation prekär, sagt die Bildunterschrift. Richard fragt sich, ob die Geschwindigkeit, mit der man Menschen zugrundegehen lässt, etwas mit der Reputation eines Landes zu tun hat. Warum eigentlich der Sprung eines Flüchtlings von einem Dach für das Ansehen des Landes um so viel schlimmer wäre, als dessen langsames Vergehen in einem elenden Leben? Wahrscheinlich, weil in so einem Moment sicher ein Fotograf vor Ort wäre, um auf den Auslöser zu drücken. Oder besteht der Skandal darin, dass diese Männer über ihren Tod selbst bestimmen wollen, anstatt ihr unmöglich gewordenes Leben immer weiter von irgendeinem Land, das sie nicht haben will, verwalten zu lassen? Ist die Frage nach der Macht über das eigene Leben immer noch in erster Linie eine Frage der Macht? Und nicht die nach dem Leben? *Obs edler im Gemüt, die Pfeil und Schleudern / des wütenden Geschicks erdulden oder, / Sich waffnend gegen eine See von Plagen, / Durch Widerstand sie enden?**

Eine der größten deutschen Zeitungen schreibt im Internet einen launigen Artikel über die Flüchtlinge auf dem Dach: In Berlin sei eben immer was los. Richard liest: Wo hört der Protest auf und fängt die Erpressung an? Einen kurzen Moment versteht er diese Frage falsch und glaubt, mit *Erpressung* sei hier die Taktik der Polizisten gemeint, die Dachbesetzer durch das Abstellen von Strom

* Zitat aus William Shakespeares *Hamlet* (um 1600), die Fortsetzung des Verses »To be or not to be, that is the question« (III/1). Hamlet reflektiert über Selbstmord.

und Wasser dazu zu zwingen, das Haus zu verlassen. Aber dann wird ihm schnell klar, dass stattdessen diejenigen, die ihr eigenes Leben zur Disposition stellen, als Erpresser bezeichnet werden. Die Leser der Zeitung loben den Artikel und beklagen sich in ihren Kommentaren allenfalls darüber, dass nur Flüchtlinge das Privileg haben sollen, auf einem Dach stehend, mit Selbstmord zu drohen. Und zu pinkeln natürlich.

Kaum in Deutschland, pinkelt der als ALLERERSTES vom Dach!

Als ALLERERSTES, denkt Richard, nunja, nach bald drei Jahren der Flucht und des Wartens.

Haben Sie die Herrschaften der »Flüchtlingsszene« und ihre Unterstützer schon jemals irgendwo geregelt arbeiten oder Werte schaffen gesehen? Ich jedenfalls nicht.

Ihnen das Arbeiten zu verbieten und ihnen gleichzeitig Untätigkeit vorzuwerfen, ist, findet Richard, rein gedanklich eine gewagte Konstruktion.

Geschildert wird in dem Artikel dieser wichtigen Zeitung, sozusagen dem *Zentralorgan* des neuen Deutschlands, auch das Leben und Treiben der Sympathisanten, die vor dem Haus ein Solidaritätscamp eingerichtet haben: Sie singen, sie tanzen, sie halten Fürbitten ab. Die Männer auf dem winterlichen Dach seien im Grunde genommen nur Opfer dieser Sympathisanten, würden für deren politische Ziele instrumentalisiert, nur fehle es ihnen an Intelligenz und Durchblick, um das zu erkennen. Richard erinnert sich an den jungen Mann mit dem Plakat, den er auf der Demonstration gesehen hat: *Hoch leben die Schwulen und Lesben von Kenia!* Wahrhaftig, Richard, ebenso wie die anderen Leser dieser wichtigen deutschen Zeitung beim Frühstück sitzend, in einem warmen Haus, vor sich Toast, Tee, Orangensaft, Honig und Käse, Richard sieht wahrhaftig eine düstere Zukunft über Deutschland heraufziehen, sollte sich dieser Unterstützer mithilfe der Flüchtlinge, die aus jugendlichem Übermut und politischer Verblendung auf dem Dach stehen und pinkeln, ins Kanzleramt putschen*.

* Putsch: militärischer Staatsstreich zum Sturz einer Regierung.

47

Dass ihn bei der unerquicklichen Lektüre dieser Kommentare eine Nachricht von Karon unterbricht, kommt Richard gelegen.
Hi, schreibt der Dünne, how are you?
Richard schreibt zurück: Fine, how are you?
Es stellt sich heraus: Der Dünne hat einen Termin auf dem Bezirksamt.
Richard schreibt: Hast du jemanden, der dich begleitet?
Karon schreibt zurück: I have no body.
No body, schreibt er wirklich: Ich habe keinen Körper, statt *nobody*: niemand, und Richard denkt unwillkürlich wieder an die *Toten auf Urlaub*. Schon oft hat er gedacht, dass alle Männer, die er hier kennengelernt hat, genauso auch am Grund des Mittelmeers liegen könnten. Und umgekehrt, dass all diejenigen Deutschen, die während des sogenannten *Dritten Reichs* umgebracht wurden, Deutschland als Geister noch immer bewohnen, all die Fehlenden und auch deren ungeborene Kinder und Kindeskinder gehen, denkt Richard manchmal, neben ihm auf der Straße, sind unterwegs zur Arbeit oder zu Freunden, sitzen unsichtbar in den Cafés, spazieren, kaufen ein, besuchen Parks und Theater. Gehen, ging, gegangen. Die Trennlinie zwischen Geistern und Menschen war für ihn, und er weiß nicht, woran das liegt, schon immer sehr dünn, mag sein, weil er selbst damals, als Säugling, in den Wirren des Kriegs so leicht hätte verlorengehen und ins Totenreich abrutschen können.

Während er wenig später mit Karon ganz allein in einem langen Gang des Bezirksamts sitzt und darauf wartet, für Zimmer 3086 aufgerufen zu werden, fragt er: Wie also kauft man ein Grundstück in Ghana?
Karon wartet, bis die Schritte einer Beamtin, die auf Stöckelschuhen, einen dicken Aktenstapel unter dem Arm, gerade aus einer der vielen Türen herausgekommen ist und nun den Gang hinuntergeht, verklingen.

Auf dem Dorf, sagt er, weiß jeder, wem so ein Grund gehört und auch, wem er vielleicht vorher gehört hat, denn auf dem Dorf kennt von Geburt an jeder jeden. Der King muss zum Verkauf seine Einwilligung geben.
Der King?
Ja, sagt Karon. Dann bringt man drei Zeugen, die bei der Unterzeichnung des Vertrags dabei sind. Diese Zeugen erzählen, wenn ihre Kinder älter werden, den Kindern davon, wem das Grundstück gehört. Wenn die Eltern sterben, wissen die Kinder, wer der Eigentümer des Grundstücks ist.
Also wird die Zeugenschaft quasi vererbt?
Ja, sagt Karon.
Und woher weiß man, wie groß genau das Grundstück ist?
Es wird einfach gesagt: Von dem Baum dort bis zu jenem Stein, oder dem Haus, oder dem Fluss. Das können die Zeugen sich merken.
Frag doch einmal, ob es ein Grundstück in deinem Dorf gibt, das die richtige Größe für deine Familie hätte, sagt Richard.
Und dann geht die Tür des Zimmers 3086 auf und heraus schaut ein Beamter und sagt: Anubo, Karon?

Zwei Tage später bekommt Richard von einem Freund Karons das Foto eines Grundstücks geschickt: viel Grün, hier und da lehmige Erde, im Hintergrund ein paar Bäume. Im Vordergrund ist ein Schild aufgestellt, darauf steht mit Kohle geschrieben: *Plot for sale*, der Preis: 12 000 Ghanaische Cedi, darunter zwei Telefonnummern. Der alte Kaufvertrag, von dem auch ein Foto beigefügt ist, ist nicht einmal eine Dreiviertelseite lang – etwa so wie die Vereinbarung des Senats mit der Oranienplatz-Gruppe. *Sharing common boundaries with the properties of Kwame Boateng, Alhassan Kingsley and Sarwo Mkambo.* Gibt es das Grundstück wirklich? Wo liegt das Dorf überhaupt? Und wieviel wert ist ein Cedi?
Drei von den vier Unterzeichnern des vorigen Kaufvertrags haben ihren Finger in violette Tinte gedrückt und mit dem Abdruck unterschrieben.

Richard erinnert sich noch gut daran, wie er und seine Frau einige Jahre nach dem Mauerfall beschlossen, ihr Grundstück, das sie die ganze DDR-Zeit über gepachtet hatten, nun doch zu kaufen. Der oder jener ihrer Nachbarn war da schon in einen Prozess mit dem sogenannten *Alteigentümer* verwickelt, also demjenigen, dessen Familie das betreffende Grundstück bis zur Flucht aus der von den Russen besetzten *Zone* gehört hatte. Die Gesetzgebung des vereinigten Deutschlands knüpfte, wie bald allen DDR-Bürgern klar wurde, beim letzten Zeitpunkt, zu dem der Osten kapitalistisch organisiert war, an – also 1945. Aus eigentumsrechtlicher Sicht war das verständlich. Die Jahre zwischen 1945 und 1990 waren in diesem Teil Deutschlands ja nur ein nicht von Erfolg gekrönter Versuch gewesen, andere Besitzverhältnisse zu schaffen. Nun wurden die Grundbücher von 1945 wieder hervorgeholt, die Eintragungen vom Kriegsende einfach fortgesetzt und, wenn es sich nicht vermeiden ließ, um das bisschen Zeit dazwischen, das leider nicht anerkannt werden konnte, prozessiert. Im Computerdeutsch gab es für ähnliche Vorgänge eine Vokabel: *undo* – ein Wort, das ihn von seinem ersten IT-Kurs an fasziniert hatte. *Undo*, so als könnte man Zeit, die stattgefunden hat, wieder zurückdrehen, Erfahrungen ungeschehen machen, als könnte man beschließen, was vergessen sein sollte, was nicht, könnte programmieren, was Folgen hat – und was keine. Bis zum sogenannten *Wendejahr* '89 hatten Richard und seine Frau das Wort *Grundbuch* ein ganzes Leben lang nicht ein einziges Mal gehört. Zu ihrem Glück war der Eigentümer, dem ihr Grundstück gehörte, weder vor noch nach dem Mauerbau in den Westen geflohen, er war einfach im Osten geblieben und freute sich nun, dass der Verkauf des Grundstücks an seine langjährigen Pächter glückte und ihm den Lebensabend in diesem unbekannten Land, das inzwischen sein eigenes war, mitfinanzierte. Richard und seine Frau hatten einen Kredit aufnehmen und dafür Gehaltsnachweise beibringen müssen, für die Übergabe des Geldes musste ein Treuhandkonto eröffnet, und zur Beratung, ob der Vertrag in Ordnung war, ein Notar aufgesucht werden. Das Ganze hatte mehrere Wochen gedauert, und

selbst nach dem *Besitzübergang*, wie es hieß, trafen noch etliche Rechnungen ein, die sich auf den Verkauf bezogen und erst bezahlt werden mussten, bevor der Vertrag rechtsgültig war.
Nun schickte Richard sich also an, zum zweiten Mal in seinem Leben ein Grundstück zu kaufen, diesmal in Ghana, 10 000 Quadratmeter zum Preis von 3000 Euro in einem Dorf der fruchtbaren und regenreichen Region Ashanti, für Berliner Vorstadtverhältnisse so gut wie geschenkt. Wie lange würde es dauern, bis ein Grundstück in solcher Ferne tatsächlich dem neuen Besitzer gehörte? So wie Richard vor Jahren gehofft hat, dass die Bank ihm den Kredit in der beantragten Höhe bewilligen würde, hofft er nun, dass ein ghanaischer King seine Einwilligung zum Verkauf gibt. Richard stellt ihn sich als einen Häuptling mit Speer in der Hand und rasselnden Fußbändern vor, dabei weiß er doch: Wenn der King wirklich mächtig ist, trägt er sicher ein Trikot des Fußballvereins *Barcelona*.

Der King sagt Ja. Und so fährt Richard an einem grauen Berliner Tag Mitte Januar, 3000 Euro in Hunderter-Scheinen in die Innentasche seines Wintermantels gesteckt, mit der S-Bahn hinein in die Stadt – bar soll es sein, hat Karon gesagt – und geht dann mit Karon ein Stück die Straße entlang durch den Schneematsch, die Fußgängerampel ist rot, wird grün, Autos hupen, es schneit, ein Lottoladen, ein Laden für billige Mobiltelefone, ein Döner-Imbiss, und dann noch um zwei Ecken herum, Karon klopft an die Tür eines Ladens, dessen Rolläden heruntergelassen sind, die Tür geht auf und schlägt beim Aufgehen eine Glocke an, die sicher noch aus der Zeit stammt, als hier ein Metzger war oder ein Bäcker. Dann gehen sie über die Schwelle, aber was ist hier innen, was außen? Es ist neblig in dem Raum, oder rauchig, so dass es Richard nur allmählich gelingt, überhaupt etwas zu sehen. An Stecken ringsherum sind überall Zöpfe angebunden, in hölzernen Schalen sieht er hoch aufgehäuft seltsame Früchte, manche mit Stacheln, manche mit durchsichtiger Haut, manche sehen wie Eier aus, andere wieder wie Fleisch. Wie um einen Altar sind diese Früchte arrangiert, in

der Mitte des Raumes aber sitzt eine Afrikanerin mit wirrem Haarschopf auf einem dreibeinigen Schemel, im Linoleumfußboden vor sich einen Spalt, aus dem Dämpfe aufsteigen. Ist da unten der aufgebrochene Bombenkeller? Junge Männer und Frauen lehnen schweigend an den mit bunten Stoffen bespannten Wänden und fächeln der Sitzenden mit großen trockenen Palmwedeln Luft zu, oder verteilen sie nur den Dampf, der aus dem Spalt aufsteigt, damit man überhaupt etwas sieht? Karon spricht mit einem der Männer, während die Frau mit dem wirren Haarschopf ihre Augen noch immer halb geschlossen hält und sich vor und zurück wiegt, dann übersetzt Karon für Richard, was der Mann ihm eben erklärt hat: Richard soll der Frau das Geld geben.
Richard sagt: Wie denn?
Just like this, sagt Karon, leg es ihr in den Schoß.
Richard nimmt den Umschlag mit den Geldscheinen aus der Innentasche seines Mantels und legt ihn der Frau in den Schoß, und die Frau, die Augen immer noch halb geschlossen, nimmt den Umschlag, und lässt ihn, so wie er ist, ohne das Geld darin zu zählen, den Arm ausgestreckt, in den Spalt hineinfallen.
Das Geld!, ruft Richard und will das Geld noch erwischen, aber Karon hält ihn zurück und sagt:
No problem.
Bekomme ich denn wenigstens eine Quittung?
Und da fängt die Frau an zu lachen, so dass man die vielen spitzen, goldüberzogenen Zähne in ihrem Mund sieht. Aber auch beim Lachen hält sie die Augen halb geschlossen und sieht Richard nicht an.
Einer der jungen Männer zieht jetzt einen Kaugummi aus der Hosentasche, wickelt ihn aus dem Papier, steckt ihn sich in den Mund, schreibt auf die Rückseite des zerknickten Papiers eine lange und eine kurze Nummer, und reicht den Zettel hinüber zu Karon.
Was sind das für Nummern?, fragt Richard.
Das war alles, sagt Karon, wir können wieder gehen.

Hier also kennt Karon sich aus, ist für einen Augenblick nicht mehr ein Flüchtling, sondern ein Mann wie andere Männer. Und dann läutet wieder die Glocke, die schon in der Berliner Nachkriegszeit geläutet hat, wenn eine deutsche Hausfrau nach ihrem Einkauf das Geschäft wieder verließ, sie läutet auch jetzt, nachdem Richard ein Grundstück gekauft hat in Ghana.

Und nun?, fragt Richard.
Nun rufe ich meine Mutter an und sag ihr die Nummern.
Und dann?
Dann ruft meine Mutter mit der ersten Nummer in Tepa an, und sagt Bescheid, dass sie das Geld holen kommt.
Und dann?
Dann fährt sie eine Stunde nach Mim und von dort aus eine Stunde mit dem Sammeltaxi nach Tepa. Es kann sein, dass sie warten muss, bis genug Passagiere für das Taxi beisammen sind. Also dauert das Ganze vielleicht so drei Stunden. Dann bekommt sie in Tepa mit der zweiten Nummer das Geld.
Und dann?
Dann nimmt sie ein Sammeltaxi zurück von Tepa nach Mim. Und von da fährt sie zurück in ihr Dorf.
Sie fährt mit 3000 Euro in der Handtasche durch Ghana?
Ja. Es gibt keine Bank bei uns in der Nähe.
Aha. Und dann?
Dann holt sie ihre drei Zeugen und sagt dem Mann Bescheid, der das Grundstück verkauft, und dann gehen sie in sein Haus – und sie gibt ihm das Geld.
Und dann?
Dann unterschreiben beide den Vertrag, und dann gehört uns das Grundstück.

Drei Stunden sitzen Richard und Karon nun in einem Café und warten darauf, dass eine alte Frau in einem Dorf in Ghana jemanden findet, der sie nach Mim fährt, dass sie in Mim dann einen Platz in einem Sammeltaxi nach Tepa bekommt und in Tepa das Geschäft findet, in dem ihr nach Nennung einer fünfstelligen Nummer 12 000 ghanaische Cedi ausgezahlt werden. Also hat die Frau mit dem wirren Haarschopf das Geld durch das Loch im Linoleumfußboden wohl wirklich nicht in den Bombenkeller, sondern auf dem kürzesten Weg, durch die gebogene Erdkruste hindurch, direkt nach Ghana geworfen. Richard fällt der Artikel ein, in dem er über das Denkmodell des sogenannten *Wurmlochs* gelesen hat, also darüber, dass ein Wurm, der sich durch einen Apfel frisst, den gleichen Ort auf der Oberfläche des Apfels in viel kürzerer Zeit erreicht als ein Wurm, der außen rings um den runden Apfel spaziert.

Was möchtest du denn bestellen?

Ich weiß nicht, sagt Karon, ich war noch nie in einem Café.

Noch nie in einem Café?

Nein, sagt Karon. Einmal in Italien habe ich mich am Bahnhof in ein Restaurant gesetzt, weil ich warten musste, sie haben mir eine Speisekarte gebracht, aber die konnte ich damals noch nicht lesen, da bin ich aufgestanden und wieder gegangen.

Erst ist das Geschäft in Tepa zu, aber dann gibt es ein andres Geschäft, und da ist erst niemand, aber dann doch, und als alles geklappt hat, hält Karon Richard das Telefon hin und Richard sagt: Hello, und eine alte Frau in Ghana sagt: How are you!

Das ist der einzige Satz, den meine Mutter auf Englisch kann, sagt Karon. Sie ist sehr glücklich und wollte dir gern persönlich danken.

Noch am Abend bekommt Richard ein Foto des neuen Kaufvertrags zugeschickt. Darauf steht, dass Karon jetzt der Besitzer eines Grundstücks in Ghana sei. Seine Mutter hat für ihren ältesten Sohn mit einem Daumenabdruck den Besitzübergang quittiert. Von dem Moment an, als Richard heute morgen, das Geld in die Innentasche seines Mantels gesteckt, in die S-Bahn gestiegen ist, bis zu dem Moment, in dem seinem Freund Karon ein Stück Land gehört, das seiner Familie das Überleben ermöglicht, sind nicht mehr als vierzehn Stunden vergangen.

Am Morgen schickt Karon eine SMS: Hi richard. i just want to see how are you doing, richard. I don't no how to thanks you. only God no my heart but anyway wat I can say is may God protect you. always Good morning. karon
Immer Guten Morgen, denkt Richard, mehr kann man nicht wünschen.

48

Und nun macht Richard sich endlich auf den Weg in die Stadt, um zu sehen, was im Friedrichshain los ist. Seit einer Woche sind die oberste Etage des Heims und das Dach schon von den Flüchtlingen besetzt, keiner Hilfsorganisation wurde bisher der Zutritt gestattet, um den Männern Essen und Trinken zu bringen. Viele Sympathisanten sind da, weißhäutige und schwarzhäutige Menschen, Junge und Alte, Frauen und Männer. Richard sieht, soweit er die Lage überblickt, im Moment niemanden, der singt, tanzt oder eine Fürbitte abhält. Manche hüpfen von einem Bein auf das andre, aber nicht aus Spaß, sondern nur, weil ihnen kalt ist. Tristan, Yaya, Moussa und Apoll, auch Khalil, Mohamed, Zair und der lange Ithemba stehen dicht neben der Sperrlinie um eine Feuertonne herum und wärmen sich die Hände. Auf dem Dach ist niemand zu sehen. Die Polizisten stehen vor den Gittern, mit denen die Straße abgesperrt ist, auf dem verbliebenen schmalen Rest des Bürgersteigs gehen Passanten vorüber, Verwünschungen murmelnd, man weiß nicht genau, ob sie den Flüchtlingen gelten, die für den Ärger verantwortlich sind, oder dem überdimensionalen Polizeiaufgebot. Ja, sagt Zair, das Telefonnetz sei zwar wieder in Ordnung, aber seit gestern seien die Telefonakkus der Besetzer alle leer, weil es keinen Strom mehr zum Aufladen gebe. Dann habt ihr gar keinen Kontakt mehr zu den Leuten? No. Und sie haben bald nichts mehr zu trinken, weil das Wasser abgestellt ist, sagt Tristan. Eigentlich ist das beinahe so wie auf einem der Boote, mit denen die Männer von Libyen hergekommen sind, denkt Richard. Nur kann man aus einem Haus keine Plastikflasche herablassen, um wenigstens

Meerwasser zu trinken. Richard steht noch eine Weile mit an der Feuertonne. Aber dann sieht er Rufu.

Rufu, der Mond von Wismar, sitzt auf einer Bank, von der nicht einmal der feuchte Schnee abgewischt ist. Auch Rufu selbst ist verschneit, die Flocken sind auf seinen Haaren und seinem Mantel liegengeblieben. Dadurch, und auch, weil er so ruhig dasitzt, sieht er beinahe aus wie ein Denkmal.

Rufu, wie geht's dir? Come stai, Rufu?

Rufu versucht, den Kopf zu heben, um Richard anzusehen, aber es will ihm nicht gelingen.

Richard hockt sich vor ihn hin, klopft hier und da den Schnee von ihm ab, aber Rufu blickt starr geradeaus und murmelt nur leise vor sich hin, Richard kann ihn nicht verstehen.

Was ist? Was willst du sagen?

Tutto é finito, sagt Rufu. Tutto é finito.

Aber nein, Rufu, nein, sagt Richard, es ist nicht alles zu Ende. Irgendwann wird alles wieder gut, wirst sehen.

Rufu sagt etwas, aber in einer fremden Sprache, die Richard nicht versteht.

Willst du mit mir mitkommen, Rufu?

Blick geradeaus. Stille.

Dante lesen, Band 2?

Blick geradeaus. Stille.

Ich koche für dich – wir essen zusammen!

Si, sagt Rufu endlich.

Na, siehst du, alles wird wieder gut.

Richard versucht, ihm beim Aufstehen zu helfen. Wie ein Greis setzt Rufu sorgsam Fuß vor Fuß, um von der Stelle zu kommen, und stützt sich dabei auf Richard, der ihn untergehakt hat.

Da vorn ist schon die U-Bahn-Station!

Rufu strengt sich an, um nach vorn zu schauen, aber als er begreift, dass er nicht in Richards Auto einsteigen kann, sondern U-Bahn fahren soll, schüttelt er den Kopf und bleibt stehen.

Ist es dir zuviel? Willst du doch lieber hier bleiben?

Si.
Richard bringt ihn zurück zur Bank, den vierundzwanzigjährigen Greis.
Rufu, nimmst du irgendwelche Medikamente?
Sehr langsam greift Rufu in seine Hosentasche und fördert einen kleinen Papierschnipsel zutage, in den eine gelbe Pille eingewickelt ist.
Was ist das für ein Medikament?
Non lo so.
Wieso weißt du das nicht?
Blick geradeaus. Stille.
Rufu, du nimmst diese Pille nicht mehr ein. Hörst du?
Si.
Ich komme morgen früh ins Heim, dann zeigst du mir die Verpackung. Hast du verstanden?
Rufu nickt.
Kümmern sich deine Freunde um dich?
Si.
Richard geht noch einmal zu den andern zurück und fragt sie nach Rufu.
Wir wollten ihn nicht allein im Heim lassen, es geht ihm sehr schlecht.
Nehmt ihr ihn mit zurück?
Claro.

Rufu hat befolgt, was Doktor Richard gesagt hat, und die gelbe Pille, die er in der Hosentasche hatte, nicht mehr genommen. Am nächsten Morgen sieht er schon etwas wacher aus, kann seinen Kopf schon besser bewegen, Richard ansehen und *Buongiorno* sagen. Richard notiert sich den Namen des Medikaments von der Schachtel, eine Packungsbeilage ist nicht mehr dabei.
Zu Hause liest Richard im Internet über die Nebenwirkungen des Medikaments: *Störungen der Stimme, Verstopfung der Atemwege, Probleme beim Sprechen, Schwierigkeiten beim Schlucken, Husten mit Auswurf, Lungenentzündung, die durch das Einatmen von*

Nahrung in die Atemwege verursacht wird. Warum kommt Richard gerade jetzt die Bach-Kantate in den Sinn? Vielleicht, weil Yussuf, der verrücktgewordene, zukünftige Ingenieur, vor dem Spandauer Heim *Ich habe genug!* geschrien hat.* Ach! möchte mich von meines Leibes Ketten / Der Herr erretten; / Ach! wäre doch mein Abschied hier, / Mit Freuden sagt ich, Welt, zu dir: / Ich habe genug. *Virusinfektion, Ohreninfektion, Augeninfektion, Mageninfektion, Infektion der Nasennebenhöhlen, Infektion der Harnblase, Infektionen unter der Haut, anomale elektrische Erregungsausbreitung des Herzens.* Schlummert ein, ihr matten Augen, / Fallet sanft und selig zu! / Welt, ich bleibe nicht mehr hier, / Hab ich doch kein Teil an dir, / Das der Seele könnte taugen. *Abfall des Blutdrucks nach dem Stehen, niedriger Blutdruck, Schwindelgefühl nach Lageänderung des Körpers, beschleunigter oder verlangsamter Herzschlag, Verwirrtsein, Mangel an Energie, Muskelschwäche, Muskelschmerz, Ohrenschmerzen, Nackenschmerzen, anomale Haltung.* Hier muss ich das Elend bauen, / Aber dort, dort werd ich schauen / Süßen Frieden, stille Ruh. *Beschwerden in der Brust, Entzündung der Haut, Gehstörungen, verminderter Appetit, Gleichgewichtsstörung, Sprachstörung, Schüttelfrost, anomale Koordination, schmerzhafte Überempfindlichkeit gegenüber Licht.* Mein Gott! wenn kömmt das schöne: Nun! / Da ich im Friede fahren werde / Und in dem Sande kühler Erde / Und dort bei dir im Schoße ruhn? / Der Abschied ist gemacht, / Welt, gute Nacht! *Taubheit von Gesicht, Armen oder Beinen, verwaschene Sprache, Schlaganfälle, unfreiwillige Bewegungen des Gesichts, der Arme oder Beine, Klingeln in den Ohren, Ohnmacht, Verlust des Bewusstseins.* Ich freue mich auf meinen Tod / Ach, hätt' er sich schon eingefunden. / Da entkomm ich aller Not, / Die mich noch auf der Welt gebunden.

Wie hatte der verschneite Rufu gesagt?

Tutto é finito.

* Johann Sebastian Bachs Kirchenkantate *Ich habe genug* (Auff. 1727, BWV 82, Libretto Christoph Birkmann), aus der nachfolgend zitiert wird. Der Solist drückt darin die Todessehnsucht des Propheten Simeon aus, der das irdische Leben hinter sich lassen möchte, nachdem er Jesus erblickt hat (vgl. Lukas 2,25–35).

Eigentlich widerstrebt es Richard, aber dann ruft er doch Jörg an, den schnurrbärtigen Mann von Monika, denn der ist Psychiater.

Dieses Medikament verschreiben wir eigentlich nur bei alten Leuten, die manisch oder hyperaktiv sind und andere im Altersheim attackieren oder nachts nicht zur Ruhe kommen lassen.

Aber er war immer sehr ruhig, sagt Richard.

Vielleicht hat er Schübe.

Jedenfalls ist dieses Medikament das reine Gift.

Aber er nimmt es noch, oder?

Naja.

Wie – du hast es abgesetzt? Von einem Tag auf den andern? Das ist keine gute Idee.

Richard sagt dies, und erklärt das und jenes.

Ach so, sagt Jörg plötzlich, das ist ein Neger, verstehe.

Ja und?

Na, dann ist doch alles ganz einfach: Diese Kerle glauben noch an den Medizinmann! Du tanzt ein paarmal im Kreis um den herum – und schon ist er wieder gesund!

Und Jörg beginnt schallend zu lachen.

Wie oft ist Richard mit Jörg und Monika zusammen in den Urlaub gefahren? Zu DDR-Zeiten immer nach Ungarn und später dann auch nach Frankreich und Spanien? Wie oft hat er mit ihnen Wein getrunken, auf die oder jene Regierung geschimpft, Spaziergänge gemacht, Museen besichtigt? Ein Arzt kann ganz im allgemeinen der Menschheit zu dienen versuchen, aber genauso steht es ihm selbstverständlich frei, sich nur dem Dienst an einem bestimmten Teil dieser Menschheit zu verschreiben. Ein gewisser Dr. Thaler zum Beispiel hatte vor rund 200 Jahren in Wien dem gebürtigen Nigerianer Soliman nach dessen Tod mit höchster Erlaubnis durch Kaiser Franz die Haut abgezogen, hatte dem Mann, der dem Fürsten von Lobkowitz in einer Schlacht das Leben gerettet hatte, einem Neger mit Namen Soliman, die Haut abgezogen, hatte dem Fürstenerzieher derer zu Liechtenstein, einem Schwarzen mit Namen Soliman, die Haut abgezogen, hatte dem Freimaurer der

Loge *Zur wahren Eintracht,** einem Mohren mit Namen Soliman, die Haut abgezogen, hatte sozusagen dem Bruder der Freimaurer Mozart und Schikaneder, dem Bürgen des sich um Inkorporation in die Loge bemühenden Wissenschaftlers Ignaz von Born, einem Afrikaner mit Namen Soliman, die Haut abgezogen, hatte einem verheirateten Wiener, der sechs Sprachen fließend beherrschte, dessen Tochter später mit dem Freiherrn zur Feuchtersleben verheiratet war, und dessen Enkel Eduard zu Beginn des 19. Jahrhunderts als Dichter hervortrat, die Haut abgezogen, hatte also einem angesehenen Mann der Wiener Gesellschaft, der allerdings vor langer Zeit einmal ein afrikanisches Kind gewesen war, mit Namen Soliman, die Haut abgezogen, hatte einem Menschen, der zu Beginn seines Lebens auf dem Sklavenmarkt eingetauscht worden war für ein Pferd und später weiterverkauft nach Messina, mit Namen Soliman, kurz gesagt: einem ehemaligen Sklaven niederer Rasse mit Namen Soliman die Haut abgezogen. Hatte die Haut dann gegerbt, auf einen Corpus aus Holz aufgespannt, und, entgegen der Bitte von dessen Tochter, die darum bat, dass *ihr die Haut ihres Vaters ausgefolget werden möge, um ihn ordnungsgemäß in der Erde zu bestatten*, entgegen dieser töchterlichen Bitte deren ausgestopften Vater zur Erbauung des Wiener Publikums in einen Schaukasten im 4. Stockwerk des *Kaiserlichen Naturalienkabinetts* gestellt. Das Federröckchen, mit dem man den Mohren ausstattete, stammte zwar, wissenschaftlich nicht ganz korrekt, von südamerikanischen Indianern, aber der exotische Aspekt des Präparats kam dadurch viel besser zur Geltung.

Einen Moment lang stellt Richard sich vor, im Staatlichen Museum von Kairo fände sich in einem Schaukasten zum Beispiel der ausgestopfte Archäologe Heinrich Schliemann, gekleidet in ein spanisches Stierkämpfergewand oder eine mongolische Tracht aus Schafleder und Seide. Was für Barbaren, könnte man in so einem

* Die seit dem 18. Jh. in »Logen« organisierten Freimaurer sind ein Geheimbund von Menschen, die den gleichen Zielen verpflichtet sind: der eigenen ethischen Vervollkommnung und der Brüderlichkeit aller Menschen im Sinne der aufklärerischen Ideale.

Fall von den Ägyptern wohl mit Fug und Recht sagen. In Wien war der *edle Wilde* irgendwann aus dem Schaukabinett genommen, jedoch nicht beerdigt, sondern nur ins Depot gebracht und dort abgestellt worden, war dort eingestaubt und beinahe vergessen worden, bis sich während der bürgerlichen Erhebung 1848 endlich ein Feuer seiner sterblichen Überreste erbarmte.

Es gibt schwarze Vögel, warum nicht auch schwarze Menschen? Dieser Satz aus der Oper »Die Zauberflöte« hatte für Richard immer erschöpfend erklärt, was es über den Unterschied zwischen den Hautfarben zu sagen gab. Und es überraschte ihn keineswegs, dass sich anhand eines Gesprächs über einen Patienten aus Niger erwies, wen er hier in diesem Deutschland als einen Freund bezeichnen würde – und wen nicht.

Rufu hat keine italienische Krankenkassenkarte, denn sein *permesso* ist abgelaufen, und um zur Erneuerung nach Italien zu fahren, war er schon seit längerem zu krank.

Rufu hat auch keine deutsche Krankenkassenkarte, denn er darf in Deutschland kein Asylbewerber sein. Für eine Behandlung akuter Schmerzen könnte das Sozialamt einen Antrag bewilligen, aber dazu müsste der Patient erst einmal einen Antrag stellen und nachweisen, dass ihm etwas wehtut. Richard fragt Rufu nicht, ob er beim Sozialamt war, einen Antrag gestellt und einen Nachweis darüber erbracht hat, dass es ihm schlecht geht.

Ich bezahle die Untersuchung, sagt Richard.

Ist schon gut, sagt der junge Assistenzarzt in der psychiatrischen Praxis um die Ecke von Richards ehemaligem Institut.

Danke, sagt Richard.

Haben Sie Schmerzen?, fragt nun der Psychiater Rufu.

Richard übersetzt.

Rufu nickt.

Was genau tut Ihnen weh?

Rufu zeigt auf seinen Kopf, die Schläfen, die Ohren, den Kiefer.

Können Sie den Mund weit aufmachen?

No.

Warum nicht?
Rufu zeigt zwischen die Zahnreihen, ins Innere seines Mundes.
Darf ich einmal?, sagt der Arzt, und schiebt einen kleinen Spiegel hinein. Durch den Spalt beleuchtet er die dunkle Höhle, und dann sagt er: Da ist ein riesiges Loch in einem Zahn auf der rechten Seite.
Ein Loch in einem Zahn?
Ja, ein Loch in einem Zahn.
Rufu hat das Weihnachtsfest auf der geschlossenen psychiatrischen Station eines Berliner Krankenhauses verbracht und nach seiner Entlassung ein Medikament bekommen, an dem er, nach Richards Einschätzung, beinahe gestorben wäre, und nun stellt sich also heraus: Der Grund für dies alles war vielleicht nur das Loch in seinem Zahn.
Wie oft, zeigt sich auch bei dieser Untersuchung, dass alles davon abhängt, die richtigen Fragen zu stellen.

Rufu war sicher noch nie bei einem Zahnarzt, vielleicht weiß er gar nicht, dass die Zahnärzte von der Menschheit schon erfunden wurden, aber er setzt sich in der Praxis, in der Richard Patient ist, folgsam auf den Stuhl, und dann ist es für den Zahnarzt eine Sache von wenigen Minuten, das Loch zu verschließen.
Noch jeder, der mit so einem Loch in einem Zahn zu mir gekommen ist, sagt der Zahnarzt, hat gedacht, er verliere den Verstand vor Schmerzen. Der Schmerz ist so furchtbar, dass man ihn nicht mehr orten kann, das macht die Anamnese oft schwierig.
Wieviel bin ich Ihnen schuldig?, sagt Richard.
Ist schon gut, lassen Sie mal, sagt der Zahnarzt.

49

Wohin ist Osarobo gegangen?
Gehen, ging, gegangen.
Seit über einer Woche schon versucht Richard, ihn anzurufen. *Dieser Anschluss ist vorübergehend nicht erreichbar.* Auch keiner von den Männern hat ihm sagen können, wo der Junge geblieben

ist seit dem Freitag vor einer Woche. Deshalb ruft Richard sofort zurück, als Osarobo ihm schreibt: *Hi.*

Wo bist du untergekommen?

Bei einem friend.

Was für ein friend?

Ein Mann von der Elfenbeinküste.

Woher kennst du ihn?

Er hat auf dem Oranienplatz mit mir gesprochen.

Aha.

He's got papers.

Okay.

Do you have work for me?

Nein, sagt Richard. Im Winter kann er Osarobo nicht einmal Laub harken lassen.

I need work, work, sagt Osarobo.

Ich weiß, sagt Richard, aber im Moment ist es schwierig.

Okay.

Osarobo hat den Weg vom roten Ziegelgebäude zu Richards Haus gelernt, dann kam die Übersiedlung nach Spandau. Er hat den Weg mit der S-Bahn von Spandau zu Richards Haus gelernt, und nun ist er bei einem Freund von der Elfenbeinküste in Berlin-Reinickendorf untergekommen. Bei der C-Dur-Tonleiter haben sie vor einigen Monaten angefangen. Als sie beim Bass für einen einfachen Blues waren, gab es den Umzug nach Spandau. Und dann haben sie die C-Dur-Tonleiter wiederholt, und den Bass für einen einfachen Blues wiederholt, und dann kam Anfang Januar die erste Ausweisungsliste, auf der Osarobos Name stand. Jetzt werden sie, wenn überhaupt, wieder bei der C-Dur-Tonleiter beginnen und bei dem Bass für einen einfachen Blues.

Die Zeit macht etwas mit einem Menschen, weil ein Mensch keine Maschine ist, die man an- und ausschalten kann. Die Zeit, in der ein Mensch nicht weiß, wie sein Leben ein Leben werden kann, füllt so einen Untätigen vom Kopf bis zu den Zehen.

Richard hat heute früh eine Einladung zu einem Colloquium in Frankfurt am Main bekommen. Ob er einen Vortrag halten würde zum Thema »Die Vernunft als feurige Materie im Werk des Stoikers Seneca«. Daran, dass das Colloquium schon in der übernächsten Woche stattfinden soll, hat er sehen können, dass er nur gefragt worden ist, weil ein anderer Vortragsredner plötzlich abgesagt hat. Über Seneca hat Richard, als er noch am Institut war, zwei Bücher geschrieben – den Vortrag zusammenzustellen, fiele ihm also sicher nicht schwer. Trotzdem hat er den Brief erst einmal beiseitegelegt und ist zum Steg hinuntergegangen, um den See anzuschauen.

Der See ist inzwischen ganz und gar zugefroren. Dadurch, dass es seit dem letzten Frost noch nicht wieder geschneit hat, liegt das Eis klar da wie schwarzes Glas. Richard hat ein paar im Eis festgefrorene Schilfhalme, Blätter und Algen gesehen und unter der Eisschicht, in der Tiefe, wo das Wasser noch flüssig ist, sogar einen großen, langsam schwimmenden Fisch. In den anderen Jahren ist er zusammen mit Detlef und Sylvia oft quer über den zugefrorenen See spaziert, aber in diesem Jahr hat keiner von ihnen diesen Vorschlag gemacht. Der Ertrunkene würde vielleicht versuchen, von unter dem Eis zu rufen, und sie würden ihn unter ihren Füßen sehen, mit offenem Mund, mit den Händen von unten das Eis abtastend, um eine offene Stelle zu finden, aber ehe sie eine Axt geholt und das Eis endlich aufgehackt hätten, wäre er bestimmt längst schon wieder zurückgesunken.

Willst du wieder Klavierspielen kommen?, fragt er jetzt Osarobo.
Okay, sagt der.
Morgen vielleicht?
No problem.
Richard schickt, nachdem er aufgelegt hat, seine Zusage nach Frankfurt am Main und stellt sich einen Moment lang vor, wie seine ehemaligen Kollegen in zwei Wochen in einem großen Saal sitzen werden, Vorträge halten, sich gegenseitig zuhören oder

miteinander diskutieren, wie auch er da sitzen wird, seinen Vortrag halten, den anderen zuhören und diskutieren, sechs Vorträge an einem Tag, er wird als zweiter dran sein, in der Pause wird es im Vorraum Kaffee aus großen Thermoskannen geben, Orangensaft, Mineralwasser und ein paar Kekse.
Ist das noch sein Leben?
Ist es je sein Leben gewesen?
Die letzten 25 Jahre hat er, durch die sogenannte *Wiedervereinigung* plötzlich in den Rang eines Westlers erhoben, zum Kreis der Eingeweihten gehört, auch jetzt lädt man ihn immerhin ein, wenn ein anderer ausfällt. Das Ausscheiden geht viel unmerklicher vor sich als der Eintritt in diese Welt, aber schließlich wird irgendeine Einladung tatsächlich die letzte in seinem Leben als Wissenschaftler sein, nur welche – das würde sich glücklicherweise erst im nachhinein, wenn er nichts mehr davon merkte, erweisen.
Einige der Kollegen, die auf der Tagung in Frankfurt sein werden, wird er noch kennen, und vielleicht wird sogar der Tacitus-Spezialist* wieder da sein, mit dem er auf einem Kongress Anfang letzten Jahres ein interessantes Gespräch gehabt hat. Aber wenn die andern abends zum gemeinsamen Essen gehen – die Klugen, die Schrulligen, die Ehrgeizigen, die Schüchternen, die Langweiligen, die Besessenen und die Eitlen –, dann wird er schon wieder im Zug nach Berlin sitzen und darüber nicht unglücklich sein. Und wenn die andern im Einzelzimmer eines Frankfurter Hotels ihren Kopf auf ein Hotelkissen legen, wird er durch das Dunkel zwischen den Bäumen schon wieder zu seinem Haus hingehen. Und wenn die anderen zum zweiten Tag des Colloquiums in ihrem zweiten gebügelten Hemd erscheinen, wird er den See sehen.

Wovon lebst du jetzt?, fragt Richard Osarobo am nächsten Tag.
Osarobo zuckt mit den Schultern.
Manchmal, sagt er, helfe ich Pakete einpacken.
Bei der Post?

* Publius Cornelius Tacitus: römischer Historiker des 1. Jh. n. Chr., der u. a. die *Germania* verfasste, einen frühen Bericht über die Germanen.

Nein, Pakete, die nach Afrika geschickt werden.
Für eine Hilfsorganisation?
Ja, sowas.
Wird das bezahlt?
20 Euro am Tag.
Für wie viele Stunden?
Den ganzen Tag.
Und wie viele Tage die Woche?
Letzte Woche war ich einmal da. Und vielleicht in ein oder zwei Wochen wieder.
Ach so.
Am Oranienplatz ist immer mal jemand vorbeigekommen, der Arbeit für uns gehabt hat. Aber jetzt findet uns ja niemand mehr.
We become visible, denkt Richard.
Im März will ich nach Italien gehen.
Wohin denn?
Osarobo zuckt mit den Schultern.
Hast du dort Arbeit?
Osarobo zuckt mit den Schultern.
Bis Osarobo fortgeht, bleiben also nur noch sechs oder acht Wochen Klavierunterricht, denkt Richard und merkt wieder, wie Panik ihn anfällt. Vielleicht könnte er Osarobo bis dahin ein paar kleine Stücke beibringen, damit der tatsächlich mit dem Rollklavier Geld verdienen kann auf der Straße.
Als Markus, der Sohn von Detlef und Marion, fünfzehn Jahre alt war, hat sein Ziehvater ihn beim Abendbrot das Periodensystem der Elemente abgefragt, Detlef besorgte ihm, als er sechzehn war, einen Praktikumsplatz bei einem Ingenieur, und Marion machte ihm, als er Abiturprüfungen hatte, zum Frühstück Müsli mit frisch geriebenem Apfel, damit er sich besser konzentrieren konnte. Markus baut nun Brücken in China.
Osarobo hat mit fünfzehn Jahren gesehen, wie man seinen Vater und seine Freunde erschlug.
Und jetzt sieht er seit drei Jahren, dass die Welt ihn nicht braucht.
Weißt du noch: C-Dur?, fragt Richard.

50

Ursprünglich wollte Richard nur umarbeiten, was er schon in seinen zwei Büchern über Seneca gesagt hat, aber kaum hat er begonnen, in Senecas Schrift »Von der Seelenruhe« zu blättern, sind ihm neue Ideen gekommen, und er hat gemerkt, wieviel Freude ihm seine Arbeit immer noch macht. Sollen die Kollegen nur sehen, wen sie da mit einem tadellos funktionierenden Kopf in den Ruhestand verabschiedet haben. Wenn Vernunft wirklich feurige Materie wäre, wie von Diogenes als Erstem angenommen wurde, so sähe man es doch am besten daran, wie über die Jahrhunderte hinweg der eine Nachdenkende die Gedanken eines andern aufnimmt und versucht, ihnen das Eigene hinzuzufügen und sie so am Leben zu halten. So wie Richard bei Seneca liest: *Zwinge Dich ständig daran zu denken, dass der, den Du Deinen Sklaven nennst, gleichen Ursprungs ist wie Du, dass er sich an demselben Himmel erfreut, dass er wie Du atmet, lebt und stirbt* – so liest Seneca bei Platon, *es gebe keinen König, der nicht von Sklaven, und keinen Sklaven, der nicht von Königen abstamme. Nur der Wechsel der Zeit habe all dies durcheinander geworfen und das Schicksal alles mehrfach umgekehrt.** Und fanden sich bei Ovid nicht am Ende der Metamorphosen die gleichen Gedanken wie bei Empedokles: *Keines verbleibt in derselben Gestalt, und Veränderung liebend, schafft die Natur stets neu aus anderen andere Formen, und in der Weite der Welt geht nichts – das glaubt mir – verloren; Wechsel und Tausch ist nur in der Form. Entstehen und Werden heißt nur, anders als sonst anfangen zu sein, und Vergehen, nicht mehr sein wie zuvor.* Ihm selbst, Richard, aber auch seinen Freunden Detlef oder Sylvia oder dem Hölderlinleser Andreas ist der Gedanke an die immerwährende Bewegung, an die Flüchtigkeit aller menschlichen Ordnungen und an die prinzipielle Umkehrbarkeit aller Verhält-

* Griechische Denker verschiedener Epochen oder Schulen: Lucius Annaeus Seneca war ein spätrömischer Philosoph und Dramatiker des 1. Jh. n. Chr., ein Vertreter der stoischen Schule. Diogenes von Sinope war ein griechischer Philosoph des 4. Jh. v. Chr., Mitbegründer der kynischen Schule, die ein Leben in absoluter Bedürfnislosigkeit propagierte. Diogenes war ein scharfer Kritiker der philosophischen Gedanken seines Zeitgenossen Plato.

nisse schon immer selbstverständlich gewesen, das mochte an ihrer Nachkriegskindheit liegen, vielleicht auch an der Beobachtung der Hinfälligkeit des sozialistischen Systems, in dem sie den größten Teil ihres Lebens verbracht hatten, und das dann innerhalb weniger Wochen zusammenstürzte.
Ist nun der schon so lange andauernde Frieden daran schuld, dass eine neue Generation von Politikern offenbar glaubt, am Ende der Geschichte angekommen zu sein, glaubt, es sei möglich, all das, was auf Bewegung hinausläuft, mit Gewalt zu unterbinden? Oder hat die weite räumliche Entfernung von den Kriegen der andern bei den unbehelligt Bleibenden zu Erfahrungsarmut geführt, so wie andere Menschen an Blutarmut leiden? Führt der Frieden, den sich die Menschheit zu allen Zeiten herbeigesehnt hat und der nur in so wenigen Gegenden der Welt bisher verwirklicht ist, denn nur dazu, dass er mit Zufluchtsuchenden nicht geteilt, sondern so aggressiv verteidigt wird, dass er beinahe schon selbst wie Krieg aussieht?

Vielleicht ist der Weg der Vernunft auch zu vergleichen mit dem, was die Männer hinter sich haben? Wie bist du nach Libyen gegangen?, fragt er Ithemba, der neben ihm steht, um sich an der Feuertonne die Hände zu wärmen. Über die algerische Grenze, drei Tage zu Fuß durch eine steinige Wüste. Manche haben sich einfach niedergelegt und konnten nicht mehr. Man lässt sie zurück. Man geht weiter. Was soll man machen? Man kann ihnen nicht mehr helfen. Und alles ist einem schwer dort, sagt er, man wirft das Hemd weg – so!, sagt er und macht eine weite Bewegung mit den Armen, man wirft die Schuhe weg – so! Und macht vor, wie er damals in der heißen, steinigen Wüste im Grenzgebiet von Algerien und Libyen sein einziges Paar Schuhe von sich geworfen hat. Alles ist einem zu schwer, drei Tage geht man, und das einzige, was man unbedingt braucht, ist ein Kanister mit Wasser. Richard schaut zu dem Dach des Heims hinauf, auf dem im Moment nur ein Mann zu sehen ist. Der lehnt sich an einen Schornstein und steht einfach da. Ob auch der in der steinigen Wüste unterwegs war? Seit dreizehn Tagen sind die Männer nun schon da oben, um auf dem zu beharren, was ihnen in der *Vereinbarung* versprochen worden war: Hilfe und Unterstützung bei der Entwicklung ihrer beruflichen Perspektiven und so weiter. Richard sieht den Mann da oben stehen, über der Stadt, und denkt an den Toten, unten im See, und plötzlich kommt ihm das Warten wie eine Klammer vor, die alles, was zu ebener Erde geschieht, umfasst.

Vielleicht ist auch das, was Erinnerung ist, mit dem zu vergleichen, was die Männer hinter sich haben, denkt Richard. Wie begräbt man in der Wüste die Toten?, fragt er Apoll. Das war die Frage, die damals unbeantwortet geblieben ist, als der Alarm plötzlich losging. Man schiebt in der Mitte einer Düne den Sand auseinander, macht eine Schneise, dort legt man den Toten hinein. Man betet. Was betet man? Apoll tritt mit Richard ein wenig beiseite in eine Toreinfahrt, in der sie vor dem schneidenden Wind geschützt sind, legt die Hände übereinander, blickt zu Boden und beginnt, das Totengebet zu sprechen. Unter seinen Füßen ein Gitter, auf dem steht noch aus der deutschen Kriegszeit *Mannesmann Luftschutz*. Und dann? Dann schiebt man den Sand zurück, über den Toten. Markiert man das Grab irgendwie? Nein, aber man weiß für immer die Stelle.

Vielleicht sagt das, was die Männer hinter sich haben, auch etwas aus über Macht und Ohnmacht? Er fragt Khalil, der mit einem Stock im Feuer stochert, wie seine Überfahrt damals war. Khalil sagt: Ich hatte nur Angst vor dem Wasser, deswegen war ich unter Deck. Ein Freund von mir, der oben geblieben ist, ist gestorben, weil die Sonne so heruntergebrannt hat. Er ist verdurstet. Auf dem Boot von Raschid dagegen, erinnert Richard sich noch, gab es gerade für alle diejenigen unter Deck durch die Kenterung nicht die geringste Aussicht auf Rettung. Dort war alles sofort geflutet, hat Raschid am Weihnachtsabend gesagt. Richard sieht, wie die Polizisten Wachablösung machen und deshalb für einige Minuten nicht 100 Mann, sondern 200 sind.

Am nächsten Morgen – Richard will gerade beginnen, die Notizen, die er sich vor dem besetzten Haus gemacht hat, in seinen Vortrag einzuarbeiten – erfährt er, dass der Senat die Vereinbarung mit den Flüchtlingen nun im nachhinein für ungültig erklärt. Ein Jurist aus Konstanz am Bodensee sei zu Rate gezogen worden. Eine entscheidende Unterschrift habe leider, leider!, auf dem Papier gefehlt. Richard weiß, dass inzwischen verschiedene internationale Menschenrechtsorganisationen das Vorgehen des Berliner Senats gegenüber den in der obersten Etage ihres Heims verschanzten Flüchtlingen beanstandet haben, und er kann sich denken, dass das Gutachten des fernen Juristen im Zusammenhang mit dieser Kritik steht. Wenn ein Vertrag nicht bindend ist, gibt ein Vertragsbruch auch keinen legitimen Grund ab für einen Protest. Mit ein paar Buchstaben auf einem Brief aus Konstanz wird also das, worauf die Flüchtlinge seit Monaten warten, genau in diesem Moment, in dem die Erfüllung anstehen würde, für ungültig erklärt.
Später sieht Richard im Fernsehen, wie Raschid und ein paar andere, die auf diese Meldung hin versucht haben, im Schnee auf dem Oranienplatz demonstrativ einen Iglu zu errichten, um folgerichtig auch ihren Part der Vereinbarung zurückzunehmen, von der Polizei vom Platz geschafft werden. Die Gewalt, mit der dabei vorgegangen wird, hat ihre Wurzeln in der Inzucht, die die Gesetze mit ihrer Auslegung treiben, denkt Richard, im Grunde genommen also in nichts anderem als einem bisschen Tinte auf ein bisschen Papier. Richard sieht seinem ersten Besuch bei Ithembas Anwalt, den er für morgen zugesagt hat, unter diesen Umständen mit besonderer Neugier entgegen.

51

Papst Benedikt habe bei seiner Abdankung gesagt, Europa ruhe auf drei Säulen: der griechischen Philosophie, dem Römischen Recht und der jüdisch-christlichen Religion. Der Anwalt des langen Ithemba ist sehr stolz auf sein Römisches Recht. Als er aufsteht, um Ithembas Akte zu holen, sieht Richard, dass er tatsächlich einen Bratenrock* trägt, die Schöße des musealen Kleidungsstücks sind schon etwas angegraut, aber wehen frisch in einem Wind, dessen Ursprung in diesem stickigen, dunklen Büro kaum erklärlich ist. In Deutschland isst man Papier, sagt der Anwalt und fängt an zu kichern, während er sich wieder setzt und seine Ärmelschoner zurechtschiebt. Man isst Papier, sagt er noch einmal und kann das Lachen kaum mehr unterdrücken. Man isst Papier – isst in Deutschland Papier!, bricht es aus ihm hervor, vor Lachen hat er nun Tränen in den Augen. Er sieht Richard und Ithemba erwartungsvoll an, aber Ithemba lacht nicht zurück, weil er nicht versteht, was sein Anwalt da sagt, und Richard fragt sich, ob der Anwalt auf das Bezug nimmt, was Ithemba gerade eben, im Vorzimmer zwischen Vietnamesen und Rumänen und anderen Afrikanern auf einem Klappstuhl sitzend, mit Blick auf die unzähligen Akten im Schrank der Sekretärin zu Richard gesagt hat: Papier kann man nicht essen. Aber wie sollte der Anwalt durch die doppelte Flügeltür, die zu seinem Büro führt, diesen Satz gehört haben? Zweiundsiebzig bin ich schon, sagt er jetzt, und sieht plötzlich irgendwie einem Uhu ähnlich, zweiundsiebzig!, und beginnt abermals zu kichern, als wäre es wirklich ein toller Streich, den er den Behörden hier spielt, längst könnte er schon in Rente sein, aber stattdessen erhebt er Einspruch dagegen, dass das Sozialamt dem oder jenem Asylbewerber nur 280 Euro auszahlt statt der regulären 362, dass die Ausländerbehörde die italienischen Papiere der afrikanischen Flüchtlinge einbehält, um sie zur Ausreise zu zwingen, erst nach Vorlegung des Tickets bekommen die Ausreisewilligen ihr Dokument an der jeweiligen Grenzstation wieder ausgehändigt: Das dürfen die gar nicht! Das ist ein italienisches Dokument! Und übrigens missfällt ihm ebenfalls sehr, dass ausgerechnet das hauptstädtische Bundesland Berlin, im Gegensatz zu anderen deutschen Städten, serbische Roma- und Sintifamilien mit kleinen Kindern bei Minusgraden in die Slums von Belgrad

* Scherzhafte Bezeichnung für einen Gehrock, der im 19. Jh. zu feierlichen Anlässen (mit feinen Diners) gern getragen wurde. Dazu passt gut ein Zylinder, ein hoher, schwarzer Herrenhut.

zurückschickt und nicht einmal den anderswo üblichen Winteraufschub gibt. Aber das nur nebenbei. Schicken die Kinder zurück!, muss er trotzdem noch einmal rufen, die Kinder! Trost schenke der ganzen weiten Welt nur der neue Papst, nicht umsonst heiße er ja Franziskus: *Wo Barmherzigkeit und Klugheit sind, da ist nicht Verschwendung noch Täuschung*! Und von Franziskus kommt der Anwalt geradenwegs auf die alten Römer zu sprechen: *Tunc tua res agitur paries cum proximus ardet!*, höchst zufrieden ist er, als Richard zustimmend nickt und prompt die Übersetzung murmelt: Wenn das Haus deines Nachbarn brennt, geht es auch dich an. Der lange Ithemba sitzt währenddessen sehr still daneben, er versteht kein Wort von dem, was die beiden alten Männer da reden, er weiß nicht, warum sie lachen, er muss einfach da sitzen und abwarten, ob es in seiner Angelegenheit irgendetwas zu tun oder zu bedenken gibt. Richard kann sehen, wie Ithemba angesichts der unzähligen Akten, die im Regal und auf den Tischen abgelegt sind, von Furcht ergriffen ist und nur deshalb so still sitzt. Hunderte bunter Klebezettel hängen den Akten aus den Mäulern heraus, auf hunderte existenzentscheidende besondere Umstände verweisend. Manchmal schon hat Ithemba gesagt, er habe einen Termin beim *social*, damit war das Sozialamt gemeint, oder bei *Hausländer*, damit war die Ausländerbehörde gemeint, aber es hat eine Weile gedauert, bis Richard begriff, dass allein die Erwähnung solcher Termine Ausdruck größten Entsetzens war. Ithemba, den zu kontrollieren keine Militärstreife an der Grenze zu Libyen sich erlaubt hat, der in glühender Hitze drei Tage zu Fuß durch die steinige Wüste gegangen ist, der am ersten Tag nach seiner Ankunft in Lampedusa gefordert hat, sofort zurückgebracht zu werden nach Libyen, nur leider war das den Italienern nicht möglich, Ithemba, der ein Glasauge hat und 1,90 Meter groß ist, wird von ein paar Buchstaben auf Amtspapier – rechts oben das Brandenburger Tor im Berliner Briefkopf, links unten ein Stempel mit Adler – in Schrecken versetzt.

Und dabei kann er noch froh sein, dass er nicht versteht, was ihm da jeweils mitgeteilt wird:
Falsche Angaben können zur Versagung des beantragten Aufenthaltstitels oder der Aussetzung der Abschiebung (Duldung) führen oder zur Ausweisung.
Nach den für die bewilligten Leistungen maßgebenden gesetzlichen Bestimmungen sind Sie verpflichtet, alle Änderungen von Tatsachen, die für die Hilfegewährung maßgebend sind, unverzüglich mitzuteilen.
Ich mache darauf aufmerksam, dass die vorstehende Bescheinigung keine Ausreisefristverlängerung darstellt. Das bedeutet, dass Sie bei Vorliegen der Abschiebungsvoraussetzungen jederzeit – auch vor dem o. g. Vorsprachetermin – abgeschoben werden können. Im Falle unterlassener Ausreise kann gemäß § 82 Abs. 4 S. 1 AufenthG Ihr persönliches Erscheinen bei der Ausländerbehörde angeordnet werden. Leisten Sie dieser Anordnung ohne hinreichenden Grund keine Folge, kann die Vorführung zwangsweise erfolgen.

Während der Anwalt nun in der Akte herumblättert, sich hier und da etwas anstreicht, weitere gelbe, grüne und rosafarbene Klebezettel anbringt, in rasantem Tempo Briefe an verschiedene Behörden in sein Diktiergerät diktiert, warten Richard und Ithemba, nebeneinander sitzend, einfach nur ab. Ein deutsches Kind, ruft der Anwalt ihnen mittendrin plötzlich zu, wäre das einzige, was wirklich hilft! Ein deutsches Kind! Sieht er etwa nicht, dass da zwei Männer sitzen, einer noch dazu in fortgeschrittenem Alter? Dann blättert er weiter, diktiert: Werter Kollege, bitte beachten Sie, mit kollegialem Gruß und so weiter.
Aber eine *Duldung* zum Beispiel wäre doch auch schon etwas Gutes, oder?, fragt Richard, als der Anwalt das Diktiergerät kurz ablegt. Dann könnten die Männer, habe er, Richard, gehört, doch zumindest nach neun Monaten anfangen, sich Arbeit zu suchen, sei es nicht so?

Nach neun Monaten!, wiederholt der Anwalt und bricht wiederum in Gelächter aus.
Nein, sagt Richard, ich meinte jetzt die Duldung.
Ich weiß schon, ich weiß schon, sagt der Anwalt, blättert hier, blättert da, antwortet aber nicht.
Ich meinte, sie dürften sich dann Arbeit suchen, wiederholt Richard.
Suchen ja, sagt der Anwalt. Blättert hier, blättert da.
Und?, fragt Richard.
Schon mal was von der Vorrang-Regelung gehört, sagt der Anwalt, hört jetzt abrupt auf zu blättern, blickt auf und schaut durch seine dicken Brillengläser hindurch Richard einen Moment lang scharf an. Er sieht wirklich aus wie ein Uhu.
Nein, sagt Richard.
Tja, die Vorrangregelung besagt, dass nur, wenn kein Deutscher und kein Europäer die Stelle haben möchte, dass nur dann zum Beispiel dieser Herr hier – der Uhu schaut in die Akte – Herr Awad überhaupt eine Chance hat.
Nun gut, sagt Richard, aber immerhin.
Ja, aber bevor er sich darum bewerben darf, muss auch noch die Ausländerbehörde ihm für diese eine bestimmte Stelle ihre Einwilligung geben.
Das wird sie doch in so einem Fall, sagt Richard.
Nun ja, sagt der Anwalt.
Was heißt das?, fragt Richard.
Die Ausländerbehörde schickt die Bewerbung zunächst an die Arbeitsagentur mit der Bitte um Prüfung des Vorrangs. Diese Prüfung kann dauern. Warum, ja, das weiß kein Mensch zu sagen. Trifft die Antwort von der Arbeitsagentur schließlich ein, beginnt die Ausländerbehörde ihrerseits zu prüfen. Alles zusammen kann drei Monate dauern, auch vier Monate. Und die Entscheidung fällt nicht immer positiv aus.
Warum nicht?

Das müssen Sie die Damen und Herren von der Ausländerbehörde fragen.
Der lange Ithemba sitzt da und schweigt und schaut geradeaus, während die zwei alten Herren über seine Aussichten beraten. Dadurch, dass er ein Glasauge hat, sieht er die ganzen Aktenstapel, die hier herumliegen, wahrscheinlich nicht räumlich, denkt Richard.
Und selbst wenn die Behörde zustimmt, sagt der Anwalt, muss nach dem ganzen Procedere die Stelle noch immer verfügbar sein, da braucht es schon einen sehr geduldigen Arbeitgeber.
Verstehe, sagt Richard.
Richard sieht, dass die Holzfenster im Büro des Anwalts von der Hitze und Feuchtigkeit der letzten hundert Jahre schon sichtlich mürbe geworden sind. Die Wandfarbe ist bis hinauf in die Höhe von 4,20 Meter vergilbt, der Fußbodenbelag nur aus Linoleum. Als Richard kürzlich anrief, um zu fragen, ob er die Monatsrate für Ithemba für zwei Monate im voraus zahlen soll, hat die Sekretärin gesagt: Ach, lassen Sie mal, zahlen Sie erstmal nur eine. Eine Monatsrate sind 50 Euro, im Laufe von neun Monaten ergibt sich so die Gesamtsumme von 450 Euro, das Mindesthonorar für Asylverfahren nach Rechtsanwaltsvergütungsgesetz (RGV). Die Arbeitsauffassung dieses Anwalts hat, das ist an dem Zustand des Büros klar zu erkennen, mit Begriffen wie Kostendeckung oder gar Gewinn wenig zu tun.
Aber, sagt Richard, gibt es nicht die Kategorie der *Engpassberufe*? Er hat Raschid, dem Schlosser versprochen, den Anwalt danach zu fragen. Im Internet hat er gelesen, dass für diese in Deutschland dringend benötigten Facharbeiter im Falle einer *Duldung* Soforteinstellungen möglich seien.
Ja, sagt der Anwalt, aber da wiederum verlangt die Ausländerbehörde, dass derjenige sich zur Feststellung der Identität um einen Pass des Heimatlandes bemüht, oder wenigstens um eine Geburtsurkunde.
Und?, fragt Richard.

Es kann sein, er bekommt den Pass.
Das ist doch dann gut, oder?, fragt Richard.
Solange es keinen bilateralen Poker gibt, ja.
Was ist denn ein *bilateraler Poker*?, fragt Richard und hört, wie der große Ithemba unter dem Tisch an seinen Fingern zieht, dass die Knöchelchen knacken.
Manchmal will die Regierung eines solchen Landes eine politische Vergünstigung von Deutschland, ein Handelsabkommen, manchmal auch Waffen. Im Gegenzug verpflichtet sie sich, Leute, die in Deutschland nur geduldet sind, aber einen Pass ihres Heimatlandes besitzen, zurückzunehmen.
Also Deutschland ist sozusagen froh, wenn es wenigstens die Facharbeiter auf diese Weise loswerden kann, verstehe ich das richtig?, sagt Richard.
So könnte man sagen, sagt der Anwalt.
Was sagt er?, fragt nun auch Ithemba.
Ich erklär es dir später, sagt Richard.
Sie dürfen auch nicht vergessen, sagt nun der Anwalt, diese Herren hier vom Oranienplatz haben noch nicht einmal eine Duldung, und selbst wenn sie eine hätten: So eine Duldung ist kein Aufenthaltsstatus.
Sondern was?
Eine Duldung ist nur eine A u s s e t z u n g d e r A b s c h i e b u n g. Der Anwalt spricht diese Bezeichnung so genussvoll aus, wie Yussuf damals das Wort T e l l e r w ä s c h e r.
Richard merkt, wie er Kopfschmerzen bekommt, die sich von der Stirn über die Schläfen allmählich in seinen Hinterkopf fressen. Aber ein letzter Punkt steht noch auf seiner Liste:
Und der Paragraph 23?, fragt er. Im Internet habe er gelesen, dass, wenn ein Land, eine Regierung, ein Bürgermeister nur wolle, die europäischen Regelungen ausgesetzt werden dürften und jemand, der um Asyl ansuche, einfach als Mensch akzeptiert werden könne, auch in einem Land, das nach den gesetzlichen Regelungen eigentlich nicht für ihn zuständig sei.

Es wundert Richard nicht sonderlich, dass der Anwalt darauf nur ein Wort zur Antwort gibt:
Wenn.
Verstehe, sagt Richard und hat plötzlich das Gefühl, dass dieser Anwaltsbesuch seine Kräfte übersteigt.
Haben Sie denn die Erklärung des Senats nicht gelesen, sagt nun der Anwalt milde zu ihm, wie zu einem Kranken, dem man gut zureden muss, damit er die bittere Medizin schluckt.
Welche Erklärung denn?
Gestern stand es doch in allen Zeitungen, sagt der Anwalt und zitiert auswendig:
Aus Gründen der Vollständigkeit ist noch anzumerken, dass die Erteilung einer Aufenthaltserlaubnis gemäß §23 Absatz 1 Aufenthaltsgesetz für die Teilnehmer an der Protestbewegung am Oranienplatz nicht der Wahrung politischer Interessen der Bundesrepublik dient.
Nein, das habe ich nicht gelesen, sagt Richard.
Schauen Sie, sagt nun der Uhu: Die geschriebenen Gesetze treten, je höher entwickelt eine Gesellschaft ist, an die Stelle des *common sense*. In Deutschland sind es nach meiner Einschätzung nur noch zwei Drittel aller Gesetze, die im Gefühlsleben des Volkes, wenn ich das einmal so ausdrücken darf, verankert sind. Ein Drittel sind bereits so hochentwickelte, reine Gesetze, so sauber formuliert, dass die gefühlsmäßige Grundlage überflüssig geworden und praktisch nicht mehr existent ist. Vor 2000 Jahren waren die Germanen das gastfreundlichste Volk, das es gab. Sie kennen doch sicher den schönen Abschnitt in Tacitus' »Germania« über die Gastfreundschaft unserer Vorfahren?
Ja, sagt Richard und nickt.
Wenn ich Ihnen die Passage kurz noch einmal in Erinnerung rufen darf?
Sie dürfen.
Der Anwalt steht auf, geht zu seinem Bücherregal, die Rockschöße wehen im unerklärlichen Bürowind, zieht den Tacitus aus dem

Regal und schlägt das kleine Buch an einer Stelle, an der ein Zettel eingelegt ist, auf.

Ithemba, der merkt, dass das Gespräch mit dem Anwalt sich dem Ende zuneigt, sammelt vorsichtig seine Papiere zusammen, schiebt sie sorgfältig übereinander und steckt sie zurück in die Mappe, die er extra dafür mitgebracht hat. Richard nickt ihm zu. Und nun beginnt der Anwalt zu rezitieren: *Es gilt bei den Germanen als Sünde, einem Menschen sein Haus zu verschließen, wer es auch sei; jeder empfängt ihn mit einem seinen wirtschaftlichen Verhältnissen entsprechend reich zubereiteten Mahle. Sind die Vorräte aufgezehrt, dann weist der, der eben noch Gastgeber gewesen war, den Weg zu einem anderen gastlichen Hause und geht selbst mit, uneingeladen betreten sie den nächsten Hof: und der Empfang ist nicht weniger herzlich. Im Gastrecht macht keiner einen Unterschied zwischen Bekannten und Unbekannten. Zwischen Gastgeber und Gast gibt es keinen Unterschied von mein und sein.* Der Anwalt klappt das Buch wieder zu und fragt Richard: Und jetzt?

Und jetzt?, fragt Richard mit einem Anflug von Hoffnung zurück.

Jetzt, 2000 Jahre später, gibt es dafür den Paragraphen 23, Absatz 1, Aufenthaltsgesetz.

Der Anwalt legt, als hätte er eine kleine Theatervorstellung gegeben, die Hand auf sein Herz und verbeugt sich. Dann macht er die Flügeltür auf und sagt: Sie erlauben?, um anzudeuten, dass die Sprechstunde vorbei sei. Richard weiß ja selbst, wie viele Rumänen, Vietnamesen und Afrikaner noch draußen warten. Als er mit Ithemba an der Garderobe vorbeigeht, auf deren Hutablage wahrhaftig ein Zylinder liegt, hegt er kaum noch einen Zweifel daran, dass dieser, ihn irgendwie an einen Uhu erinnernde Anwalt aus dem vorvorigen Jahrhundert herübergeflattert sein muss ins einundzwanzigste – dieses neue, und trotzdem schon so alte Jahrhundert mit seinen nicht endenwollenden Strömen von Menschen, die, nachdem sie die Überfahrt über ein wirkliches Meer überlebt haben, nun in Flüssen und Meeren aus Akten ertrinken.

52

Und dann kommt der Tag, an dem Richard nach Frankfurt am Main fährt. Am Vormittag hat er, während Osarobo Klavier geübt hat, den Vortrag ausgedruckt und Korrektur gelesen und das Manuskript Osarobo gezeigt, obwohl der es natürlich auf Deutsch nicht lesen kann.

This is for a newspaper?

Nein, es ist ein Vortrag, ich lese ihn vor.

Leute kommen her?

Nein, ich fahre heute abend nach Frankfurt am Main. Ich bin eingeladen und lese ihnen dort den Vortrag vor.

Und dann?

Dann reden wir drüber.

Aha.

Kennst du Frankfurt am Main?

Nein. Nur Würzburg.

Aus Würzburg, erinnert sich Richard, sind die ersten Flüchtlinge vor zwei Jahren auf den Oranienplatz gekommen. Schon bevor sie losmarschierten, hatten sie Schlagzeilen gemacht, weil einige von ihnen sich den Mund zunähten, um auf ihre prekäre Lage aufmerksam zu machen. Unwillkürlich schaut er, ob Osarobo Narben hat, aber sein Mund sieht normal aus.

Übermorgen bin ich schon wieder da, sagt Richard.

Gut, sagt Osarobo.

Wollen wir noch einen Tee zusammen trinken?

Okay.

Und so sitzen sie zum ersten Mal in der Küche bei einem Tee.

Einen Tag später steht Richard in einem Tagungssaal in Frankfurt am Main an einem Stehpult und hält vor einer Runde aus Altphilologen seinen Vortrag über »Die Vernunft als feurige Materie im Werk des Stoikers Seneca«. Er spricht aber nicht nur über Vernunft, sondern auch über Erinnerung, und über Macht und Ohnmacht.

Er weiß nicht genau, ob das so ein Vortrag ist, wie er ihn früher, als er noch am Institut war, gehalten hat. In der Pause gibt es im Vorraum Kaffee aus großen Thermoskannen, auch Orangensaft, Mineralwasser und ein paar Kekse.
Der Tacitus-Spezialist ist diesmal leider nicht da, aber einige andere, die Richard kennt, sie begrüßen ihn, klopfen ihm auf die Schulter: Na, was machst du denn jetzt so – als Rentier*? Ach, Sie sind nicht mehr im Institut? Wie lange haben wir uns jetzt schon nicht mehr gesehen? Also, ich fliege ja nächste Woche rüber nach Boston. Der Sowieso, das ist ein außerordentlich interessanter Mann. Haben Sie schon gesehen, es gibt eine Neuübersetzung von. Keiner sagt ein Wort zu seinem Vortrag. Richard weiß nicht, ob das ein gutes oder ein schlechtes Zeichen ist. Drei Frauen sind unter den Forschern, darunter eine mit rasant hohen Absätzen, aber mit der kommt er nicht ins Gespräch, im übrigen sind alle so, wie Menschen auf solchen Tagungen nun einmal sind: klug, dumm, schrullig, ehrgeizig, schüchtern, von ihrem Fach besessen, eitel. Als die anderen zu ihrem Hotel zurückgehen, um sich auszuruhen, bevor sie sich etwas später zum Dinner treffen, trägt er seine kleine Tasche schon wieder zum Bahnhof und steigt in den Zug. Und als die andern im Einzelzimmer ihres Frankfurter Hotels den Kopf auf ein Hotelkissen legen, hat er schon längst sein Auto in der Parkgarage des Berliner Hauptbahnhofs gefunden, ist in die Vorstadt zurückgefahren und geht nun durch das Dunkel zwischen den Bäumen zu seinem Haus hin. Als er das Haus betritt, ist es sehr kalt. Hat er irgendwo ein Fenster offen gelassen – jetzt, mitten im Winter?

Die Schubladen seines Schreibtischs sind herausgezogen und auf dem Fußboden kreuz und quer übereinandergestellt. Papiere und Fotos liegen herum, das hölzerne Gehäuse einer alten Spieluhr ist beim gewaltsamen Öffnen zerbrochen. Von einem Zimmer geht Richard zum nächsten, hier ist auf dem Teppich englisches Geld

* Frz. Lehnwort: jmd., der von seinen Renteneinkünften lebt.

ausgeschüttet, das Portemonnaie liegt daneben, dort steht eine Schranktür sperrangelweit offen, oben im Schlafzimmer liegt der Modeschmuck seiner Frau auf dem Boden, im Bad ist der Karton, in dem er die Medizin aufbewahrt, ins Waschbecken ausgeleert, und ganz zuletzt, als er wieder herunterkommt und sich fragt, von wo es nun eigentlich so kalt hereinzieht, sieht Richard im Musikzimmer das aus dem Rahmen herausgebrochene Fenster. Er schließt das Musikzimmer hinter sich ab, geht dann in den Keller und auch noch einmal durch die untere Etage, um sich zu vergewissern, dass er wirklich allein im Haus ist. Der Computer, den man leicht hätte mitnehmen können, und auch der Fernseher sind noch da, immerhin. Richard lässt alles so liegen, wie es nun einmal da liegt, und geht nach oben. Im Bett, als er das Licht schon ausgemacht hat, versucht er einen Moment lang, sich vorzustellen, wie die Zimmer wohl aussehen mögen, wenn man sie nur mit einer Taschenlampe beleuchtet. Wahrscheinlich wie eine unübersichtliche Landschaft, in der das, was im Dunkel bleibt, feindselig wirkt, auch wenn es nur ein paar Stühle sein mögen, ein Bücherstapel, eine Zimmerpflanze, ein Jackett auf einem Bügel. Ist er neulich nicht selbst nachts durch sein dunkles Haus gestrichen?

Am nächsten Morgen kommen zwei Mann von der Spurensicherung und pinseln die Dinge, die der Dieb angefasst haben muss, schwarz an. Haben Sie irgendeinen Verdacht, wer es gewesen sein könnte? Nein. Na, es hätte viel schlimmer ausgehen können, Sie hatten Glück. Ach so? Ja, manchmal reißt so ein Einbrecher wirklich alles aus den Regalen, die Anziehsachen, die Bücher. Die englischen Pfund hat er offenbar nicht gebrauchen können. Und dass der Computer noch da ist. Ja, sagt der andere Polizist, da ist mit Respekt eingebrochen worden, das sieht man. Respekt?, fragt Richard. Naja, sozusagen. Sehen Sie in den nächsten Tagen alles in Ruhe durch, stellen Sie fest, was fehlt, hier ist das Formular, das brauchen Sie für die Versicherung.

Etwas später kommt der Reparaturdienst, der das Fenster, dessen Glas unzerbrochen geblieben ist, wieder fest in den Rahmen hineinschraubt. Das hält erst einmal, da müssen Sie keine Angst haben. Ich habe keine Angst, sagt Richard.

Am frühen Nachmittag erst ruft er Detlef und Sylvia an, um zu erzählen, was ihm passiert ist. Ach, sagt Detlef, das ist ja wirklich nicht schön, aber gut, dass du gerade in der Nacht nicht da warst, was ist denn gestohlen worden? Auf einen Blick hat Richard, als er vorhin den übriggebliebenen, billigen Schmuck vom Boden aufgesammelt hat, gesehen, was fehlt: Der Ring seiner Mutter, das einzige Schmuckstück, das sie auf der Flucht von Schlesien nach Berlin mitgenommen hat, als Kind hat er den schwarzen Opal manchmal ins Licht gehalten, weil dann die im Stein eingeschlossenen roten und grünen Linien aufblitzten. Anlässlich der Hochzeit hatte seine Mutter diesen Ring Christel als Erbstück geschenkt, aber die hatte ihn nie getragen: Der ist unpraktisch, damit bleibt man überall hängen. Verschwunden ist auch der goldene Armreif, den er seiner Frau einmal aus Usbekistan mitgebracht hat, und ein Ring, den sie vom Zahnarzt Krause, ihrem Liebhaber vor seiner Zeit, einmal geschenkt bekommen hat – mit einem Saphir in der Mitte, ringsherum kleine Brillanten.
Zahnarzt Krause ist ja Ende letzten Jahres gestorben.
Den Umschlag, in dem Richard immer einige Hunderter aufbewahrt, damit er nicht dauernd zur Bank fahren muss, hat der Dieb nicht gefunden, er liegt noch immer im Kleiderschrank zwischen den Socken.
Komm doch vorbei, sagt Detlef.

Wusste denn irgendwer, dass du genau in dieser Nacht nicht in deinem Haus bist? Ja, sagt Richard. Einer von deinen Afrikanern?, fragt Sylvia. Ja, sagt Richard. Welcher denn? Der Klavierspieler. Das wäre schade, sagt Sylvia. Aber es ist überhaupt nicht gesagt, dass es der sein muss, sagt Detlef, es gibt so viele Einbrüche hier in der

Gegend. Bei den Nachbarn da drüben, weißt du noch, haben sie letztes Jahr das ganze Werkzeug aus dem Schuppen geklaut – und wer war es? Der Neffe von Ralf. Ralf ist der Vorsitzende des Anglerverbands. Ja, sagt Sylvia, auch bei Claudia, der Apothekerin, wurde eingebrochen, als sie über Weihnachten fortgefahren sind, hat sie mir neulich erzählt. Richard nickt manchmal, sagt manchmal Ja oder Nein, trinkt zwei Gläser Whiskey und geht dann wieder nach Hause.

Am nächsten Vormittag ruft er Anne an, von der er seit Jahresbeginn nichts mehr gehört hat.
Sylvia hat mir erzählt, was passiert ist, sagt sie. Schau mal, sagt sie, Ali hätte doch, als er bei uns gewohnt hat, im Prinzip alles mögliche stehlen können. Er hätte mich auch erschlagen können. Oder meine Mutter. Aber stattdessen wollte er nicht einmal, dass ich ihm am Ende mehr Geld gebe, als ausgemacht war.
Hattest du etwas mit ihm?
Anne lacht auf: Er ist dreiundzwanzig!
Richard hat tatsächlich einen Moment lang vergessen, dass Anne so alt ist wie er, hat einen Moment lang auch sein eigenes Alter vergessen. Ist es wirklich schon fünfzig Jahre her, dass er mit einer splitternackten Anne auf dem Fußboden irgendeines Landhauses lag und ihre Frisur so durcheinander geraten war, dass sie sagte: Jetzt hab ich ein Vogelnest auf dem Kopf?
Du musst einfach herauszufinden versuchen, ob es dein Klavierspieler war.
Er hat immer nach Arbeit gefragt, sagt Richard. Er weiß wahrscheinlich nicht, wovon er sonst leben soll.
Du denkst also, dass er es war. Du verurteilst ihn, ohne dass er eine Chance hatte, sich zu äußern. Das ist nicht schön.
Was wäre denn schön?
Frag ihn, ob er es war.
Und wenn ja?
Du sagst doch, der Dieb hat den Ring deiner Mutter genommen.

Ja.
Das ist doch schlimm.
Naja. Aber letztendlich hätte ich ohnehin nicht gewusst, was mit dem Schmuck später wird.
Richard, deine Entschuldigungen kannst du dir sonstwohin stecken.
Richard hört, dass Anne, wie immer, beim Telefonieren abwäscht. Das Telefon hat sie bestimmt zwischen Ohr und Schulter geklemmt und ab und zu pustet sie, weil sie nasse Hände hat, eine Haarsträhne, die ihr ins Gesicht fällt, beiseite, damit sie ihr beim Sprechen nicht in den Mund rutscht. Das Pusten kann er hören und auch das Geräusch, das der Wasserstrahl macht.
Wenn wirklich er es gewesen sein sollte, der dir den Ring geklaut hat, dann schrei ihn an! Sag ihm, dass du, verdammt nochmal, den Ring zurückhaben willst! Mach ihm eine Szene!
Aber warum?
Weil du ihn ernst nehmen musst. Wenn du seinen Verrat entschuldigst, bist und bleibst du der großkotzige Europäer.
Warum eigentlich hatte sich vor fünfzig Jahren weder für Anne noch für ihn die Frage gestellt, ob sie ein Paar sein sollten?
Dann müsste ich also, wenn er es gewesen wäre, doch Anzeige erstatten?
Aber nein, sagt Anne, geduldig wie zu einem sehr dummen Kind, das hat doch mit der Polizei nicht das Geringste zu tun. Es geht darum, dass dir nicht egal ist, was er tut.
Verstehe.
Dann tritt für einen Moment Stille ein.
Richard, bist du noch dran?
Sag mal, sagt Richard, warum sind wir eigentlich nie zusammen gekommen?
Bist du betrunken?

Nachdem er aufgelegt hat, schickt Richard Osarobo eine Nachricht, so wie er es sonst auch manchmal gemacht hat:

Tomorrow?
Okay, schreibt Osarobo zurück.
At 2 p.m.?
Okay.
Richard wischt nun all die Dinge, die die Polizei schwarz gepinselt hat, mit Gummihandschuhen ab, stellt alles wieder an seinen Platz, schiebt die Schubladen in die Fächer zurück und lässt im Musikzimmer das Rollo herunter, so dass man die Stellen am Fensterrahmen, die herausgebrochen sind, nicht sieht.

Den Rest des Tages verbringt er vor seinem Computer. In die Zeile, in die man einen Suchbegriff eingeben kann, tippt er ein, was ihm gerade so in den Sinn kommt:
Wahrscheinlichkeit
Die Wahrscheinlichkeit (Probabilität) ist eine Einstufung von Aussagen und Urteilen nach dem Grad der Gewissheit (Sicherheit). Besondere Bedeutung hat dabei die Gewissheit von Vorhersagen.
Gewissheit
Der Ausdruck Gewissheit bezeichnet alltagssprachlich meist die subjektive Sicherheit bezüglich bestimmter, für gut gerechtfertigt gehaltener Überzeugungen, die sich z. B. auf natürliche oder moralische Sachverhalte beziehen können. Außerdem wird diskutiert, welche Elemente welche Rolle für das Zustandekommen subjektiver Gewissheit spielen, darunter etwa »Beweise«, Verlässlichkeit von »Expertenmeinungen«, äußere Umstände wie Häufigkeit der gebrachten Argumente oder innere Modalitäten wie emotionale Stabilität.
Schrödingers Katze
Eine Katze wird in eine Stahlkammer gesperrt, zusammen mit folgender Maschine: In einem Geigerschen Zählrohr befindet sich eine winzige Menge radioaktiver Substanz, so wenig, dass im Laufe einer Stunde vielleicht eines von den Atomen zerfällt, ebenso wahrscheinlich aber auch keines; geschieht es, so spricht das Zählrohr an und betätigt über ein Relais ein Hämmerchen, das ein

Kölbchen mit Blausäure zertrümmert. Hat man dieses System eine ganze Stunde sich selbst überlassen, so wird man sich sagen, dass die Katze noch lebt, wenn inzwischen kein Atom zerfallen ist. Der erste Atomzerfall würde sie vergiftet haben.

Katzenzustand

In einem allgemeineren Sinn wird in der Quantenmechanik eine Überlagerung zweier kohärenter Zustände, die hinreichend unterschiedlich und klassischen Zuständen ähnlich sind, als Katzenzustand bezeichnet. Um einen solchen Zustand zu präparieren, ist es nötig, das System von der Umgebung abzuschirmen.

Quantenselbstmord

Ein Wissenschaftler sitzt vor einem Geschütz, das abgefeuert wird, wenn ein spezielles radioaktives Atom zerfallen ist. In diesem Fall stirbt der Wissenschaftler.

Quantenunsterblichkeit

Nach der Viele-Welten-Interpretation wird in unterschiedlichen Paralleluniversen das Abfeuern in einer unterschiedlichen Zeit erfolgen, so dass die Möglichkeit, dass der Wissenschaftler überlebt, häufiger erfüllt wird als die seines Sterbens. In der Gesamtheit der Systeme betrachtet, stirbt der Wissenschaftler daher durch das Experiment nicht, da die Wahrscheinlichkeit für das Überleben nie gleich Null ist, und er somit in irgendeinem Universum immer überlebt. So betrachtet, ist der Wissenschaftler unsterblich.

Am nächsten Vormittag kommt ein Handwerker von einer Fensterfirma, um für ein neues Fenster Maß zu nehmen.

Um 2 p.m. wartet Richard, dass es klingelt, aber es klingelt nicht.

Um 2.30 p.m. schaut er auf sein Telefon und sieht, dass er eine Nachricht hat:

I can’t make it today.

Außerdem sieht er noch etwas anderes. Osarobo hat sein Profilbild geändert. Statt eines Fotos von ihm ist da nun ein Aquarell in Hellblau, Rosa und Lindgrün, auf dem sieht man einen segnenden Jesus, neben sich einen knienden Sünder, der den Kopf geneigt hält,

um sich absolutieren zu lassen. Oder ist der Kniende einfach nur jemand, der betet?
I can’t make it today.

Abends um 7 Uhr kommt Andreas, der Hölderlinleser, der endlich von seiner Kur zurück ist, zu Richard zu Besuch. Eigentlich wollten sie zusammen einen Film sehen. Jetzt sitzen sie in der Küche und trinken Bier.
Das Problem ist, man kann nicht wissen, ob er es war, sagt Richard.
So wachsen ja des Waldes Eichen auch / Und keines kennt, so alt sie sind, das andre, gibt Andreas ihm zur Antwort.
Kennst du Schrödingers Katze?
Die, die ins Fegefeuer gesperrt ist?
Ja, genau die. Für ihren Tod gilt eine Wahrscheinlichkeit von 50 zu 50. Meinst du, dass es mein Klavierspieler war?
Ich kann’s dir nicht sagen.
Vor zwei Tagen habe ich noch hier mit ihm gesessen, so wie jetzt mit dir. Wir haben zum ersten Mal Tee zusammen getrunken.
Andreas nickt. Richard nimmt einen Schluck aus seiner Flasche, und auch Andreas nimmt einen Schluck.
Wir haben Tee getrunken, und ich habe gedacht, dass es das erste Mal ist, und er hat vielleicht gedacht, dass es das letzte Mal ist.
Andreas nickt.
Vielleicht, sagt Richard. Aber vielleicht eben auch nicht.
Ich bin gestern zum ersten Mal wieder mit dem Fahrrad gefahren, sagt Andreas. Hab auch nicht gedacht, dass ich das nochmal kann.
Richard nickt: Es geht hin und her, und hin und her, und irgendwann nur noch hin, aber man weiß nie, wann das ist. Jetzt ist mir auch klar, sagt er, warum das *Wellenfunktion* heißt. Und den Tod nennen sie einfach: *Kollaps der Wellenfunktion.*
Kollaps der Wellenfunktion, sagt Andreas, das könnte von Hölderlin sein.
Die Katze, sagt Richard, wird wissen, ob sie tot ist *oder* lebendig.
Sollte man annehmen, sagt Andreas.

Aber Schrödinger sagt, bis man den Kasten aufmacht, ist sie beides: tot *und* lebendig. Kannst du das verstehen?
Andreas nimmt einen Schluck Bier.
Richard fällt die Spieluhr ein, deren hölzernes Gehäuse der Einbrecher, wer auch immer es gewesen sein mag, auf seiner Suche nach Geld zerbrochen hat. Ob er wohl enttäuscht war, als er drinnen nur die blecherne Scheibe mit den umgebogenen Zacken gesehen hat, die, wenn man sie mit der Kurbel in Gang setzt, die Arie des Herzogs aus Rigoletto spielt: *La donna è mobile*?*
Die Dinge, sagt Richard, existieren doch unabhängig davon, ob einer den Kasten aufmacht.
Naja, sagt Andreas, woher willst du das wissen?
Richard sieht jetzt sehr unzufrieden aus.
Verstehe, sagt er und nimmt einen Schluck. Seine Frau hat am Schluss ihres Lebens immer Chantré getrunken, weil das billiger war.
In der Kur, sagt Andreas, bin ich am Meer spazieren gegangen. Da gab's nie einen Kollaps der Wellenfunktion.

Noch zwei Versuche unternimmt Richard, sich mit Osarobo zu treffen.
Einmal schlägt er ihm vor, in den Bäckerladen zu gehen, in dem sie beim ersten Treffen versucht haben, sich zu unterhalten. Osarobo sagt ja, aber dann sitzt Richard allein vor einem Pfefferminztee und liest wieder: Sorry, I can't make it today. Die Verkäuferin schaut von oben auf ihn herab und sagt: Das macht 2,80 Euro.
Am Abend sieht er: Osarobo hat ein neues Profilfoto eingestellt. Ein Gemälde, auf dem Daniel in der Löwengrube** zu sehen ist. Mit gefesselten Händen steht er vor den Löwen, die nicht wagen, ihn aufzufressen. *If God is for us who can be against us?*

* *Rigoletto:* Oper von Guiseppe Verdi (UA 1851). Das Zitat aus einer Arie: »Die Frau ist launisch/unbeständig.«
** Der Prophet Daniel wird in die Löwengrube geworfen, doch Daniel vertraut auf Gott und die Löwen verschonen ihn (Altes Testament, Daniel 6). Der Stoff wurde von Peter Paul Rubens 1615 in einem Ölgemälde dargestellt.

Beim letzten Versuch schreibt Richard:
Wenn du mir etwas sagen willst – ich warte morgen auf dich am Alex. Weltzeituhr 3 p.m.
Okay – see you tomorrow.
Richard fährt mit der S-Bahn in die Stadt und hofft, dass die Mühe, die es ihm macht, Osarobo am Alex zu treffen, irgendetwas bewirkt. Aber um 5 Minuten nach 3 schreibt Osarobo:
Bin ich home now, is snowing.
Ja, es schneit tatsächlich. Richard steht mit dem Mobiltelefon, auf dem er die Entschuldigung liest, unter der Weltzeituhr, an der er sich schon als Jugendlicher oft verabredet hat. Magadan, Dubai, Honolulu. Wie spät mag es jetzt wohl in Niamey sein, der Hauptstadt von Niger?

Bis zu Hause schafft er es noch, sich zusammenzureißen, aber dann sitzt er am Schreibtisch vor dem dunklen Computerbildschirm. Die Seele von Osarobo, das weiß er, fliegt jetzt ins Universum hinaus, irgendwohin, wo es keine Regeln mehr gibt, wo man auf niemanden Rücksicht nehmen muss, aber dafür auch für immer und ganz und gar und unumkehrbar allein ist. Auf der Erde aber bleibt er, Richard, mit solchen Leuten wie Monika und dem schnurrbärtigen Jörg zurück. So wie die Löwen auf Osarobos Profilbild sieht er die schon ihre Zähne fletschen: Das hätten wir dir gleich sagen können! Richard weint, wie er seit dem Tod seiner Frau nie mehr geweint hat.

Oder war Osarobo es doch nicht?

53

Die Geister, sagt Karon, kämen nur bis an Italiens Küste mit. Sie setzten nicht nach Europa über. Unmittelbar nach seiner Ankunft auf Lampedusa habe er noch drei Träume gehabt, und danach nie wieder. Die Geister forderten auch ihren Tribut bei der Überfahrt. Deswegen habe es keinen Sinn, jemanden, der bei der Überfahrt den Verstand verliere, daran zu hindern, sich ins Wasser zu stürzen. Einmal nur, sagt Karon, sei ein Wunder passiert. Da sei ein Mann vom Boot ins Wasser gefallen, der Kapitän habe, um keine Zeit zu verlieren, nicht umkehren wollen, habe aber zumindest für einen Moment den Motor abgestellt. Einige hätten den Namen des Mannes gerufen, alle hätten sie Ausschau gehalten, ob der Mann sich vielleicht noch irgendwo über Wasser halte, aber der sei nicht mehr zu sehen gewesen. Dann sei einen Moment Stille eingetreten, und das Meer sei ganz ruhig geworden und habe ganz spiegelglatt ausgesehen, und plötzlich seien zwei Delphine angeschwommen gekommen, eng nebeneinander, und hätten zwischen sich den Ohnmächtigen getragen und ihn zum Boot zurückgebracht, so dass die anderen Passagiere ihn hätten hinaufziehen können, der Mann sei dann wieder zu sich gekommen. Ein Wunder. Wenig später, als der Motor plötzlich kaputtging, sei genau dieser Mann der Einzige gewesen, der sich mit Booten ausgekannt habe und den Motor habe reparieren können.
Sonst wären wir alle gestorben, sagt Karon.

Karon war plötzlich wie aus dem Nichts im dichtesten Schneegestöber vor Richards Schreibtischfenster erschienen und hatte kurz darauf an die Terrassentür geklopft. Nun sitzen sie, jeder mit einem Glas heißer Zitrone, am Wohnzimmertisch.
Richard sagt: Beinahe hätte ich es vergessen – dein Freund hat mir ein Foto von deiner Familie geschickt.
Auf dem gleichen Weg wie zuvor die Bilder vom Grundstück und vom Kaufvertrag ist just gestern ein Bild von Karons Mutter,

seinen zwei jüngeren Brüdern und der halbwüchsigen Schwester in Richards Telefon angelangt. Die beiden Frauen tragen Kleider in leuchtenden Farben, die Mutter ein dunkel-violettes, das bis zum Boden reicht, sie sieht ernst und schmal aus. Die Schwester schaut nicht in die Kamera – aus Scham? Oder aus Stolz? So eine Schwester, denkt Richard.

Wie heißt sie?, fragt er und zeigt auf die junge Frau.

Salá Matú, sagt Karon.

Verglichen mit den beiden Frauen sehen die Brüder von Karon, die in der Mitte stehen, armselig aus. Sie tragen T-Shirts und zerlöcherte Hosen. Die linke Schulter des größeren Bruders ist höher als die Rechte, vielleicht ist er verwachsen. Auf dem T-Shirt des Jüngeren steht *Kalahari*, und da die Kalahari-Wüste von dem Ort, in dem Karons Familie wohnt, ungefähr so weit entfernt ist wie Barcelona von Minsk, hält Richard es für wenig wahrscheinlich, dass das T-Shirt auf dem Weg quer durch Afrika an den Bruder gekommen ist, wahrscheinlicher ist, dass es aus der Kleidersammlung stammt und den Umweg zum Beispiel über Hannover, Freiburg oder Berlin-Charlottenburg genommen hat. Karons Mutter und seine drei Geschwister stehen da unter dem Vordach eines grauen gemauerten Hauses, das zwei Türen hat, die schief in den Angeln hängen, aber kein Fenster.

Karon sitzt im Wohnzimmer auf dem Sofa, hält Richards Telefon in der Hand und sieht lange, lange das Foto an, während draußen die Schneeflocken fallen. In den Kugeln, die man schütteln muss, um ein Schneegestöber zu erzeugen, ist es genau umgekehrt, denkt Richard, da ist unter der Glasglocke der Winter.

Den Pfosten da, sagt Karon und zeigt auf einen der Pfosten, mit denen das Vordach abgestützt ist, den Pfosten da habe ich selbst repariert. Ich erinnere mich noch daran.

Und es stimmt, Richard sieht es jetzt auch, der Pfosten wird an einer Stelle, an der er gebrochen war, von einer Schiene stabil gehalten. Es ist eine kümmerliche Reparatur, aber sie fand in einer

Gegenwart statt, die für Karons Familie andauert, nur für ihn selbst unerreichbar geworden ist.
Karon zeigt auf die Schwelle, die unter das Vordach führt: In der Regenzeit gibt es so viel Wasser, deswegen stehen die Häuser erhöht. Das Haus hat drei Zimmer, aber in der Regenzeit kann man nur eins bewohnen, die anderen beiden haben kein Dach, die sind dann überschwemmt. Mein Vater hat es vor seinem Tod nicht mehr geschafft hat, das Haus fertig zu bauen.
Wie wurden denn früher die Häuser gebaut?
Aus Lehm. Aber wenn der Lehm Risse bekommt, kriechen die Schlangen herein, das ist gefährlich. Und wenn man die Risse zuschmiert, hält das nicht lange. Und die Dächer waren früher aus Schilf oder Palmblättern, aber da muss nur jemand ein Streichholz dran halten, dann brennt das Haus ab.
Wieso sollte denn jemand ein Streichholz dran halten?
Man weiß nie.
Und jetzt haben die Häuser Dächer aus Ziegeln?
Nein, aus Blech. Aber das ist so leicht, und wenn in der Regenzeit die starken Stürme losgehen, haben wir oft alle in der Stube gestanden und an Seilen von innen das Dach festgehalten. Wir mussten uns alle fünf richtig dranhängen. Wenn die Stürme losgingen, hatten wir immer Angst. Draußen: weil dann alles umherfliegt. Und drinnen: dass das Dach abgehoben wird und uns mitreißt.

54

Anfang Februar treffen für alle Männer der Oranienplatz-Gruppe, die in Deutschland nie einen Asylantrag gestellt haben, aber trotzdem da sind, die Briefe von der Ausländerbehörde ein. Einzelfall für Einzelfall ist nun geprüft und entschieden. Es hat sich herausgestellt, was man auch bei der Räumung des Platzes im

Herbst letzten Jahres schon wusste: dass nur Italien für die Männer, die in Italien angekommen sind, zuständig ist.

Ali aus dem Tschad, der bei Annes Mutter als Pfleger gearbeitet hat, muss gehen.

Khalil, der nicht weiß, wo seine Eltern sind und ob sie noch leben, muss gehen.

Zani, der mit dem kaputten Auge, der die Artikel über das Massaker in seiner Heimatstadt zusammengetragen hat, muss gehen.

Yussuf aus Mali, der Tellerwäscher, der Ingenieur werden will, muss gehen.

Hermes, der mit den goldenen Schuhen, muss gehen.

Abdusalam, der Sänger mit dem Silberblick, muss gehen.

Mohamed, der die Hose aus modischen Gründen bis unter die Pobacken rutschen lässt, muss gehen.

Yaya, der den Klingeldraht durchgeschnitten hat, um den Probealarm zu beenden, muss gehen.

Und auch Rufu, mit seiner Plombe im Zahn.

Gehen muss Apoll, der in der Wüste von Niger zu Haus ist, in der Gegend, wo Frankreich nach Uran schürft.

Gehen muss Tristan.

Und Karon muss gehen, der Dünne.

Gehen muss auch der lange Ithemba, der so gut kocht.

Als man ihn auffordert, sein Zimmer zu verlassen, schneidet er sich vor den Augen der Beamten die Pulsadern auf und wird in die Psychiatrie abtransportiert.

Gehen muss auch Raschid.

An dem Montag, an dem er den Brief erhält, übergießt er sich auf dem Oranienplatz mit Benzin und will sich verbrennen.

Wohin geht ein Mensch, wenn er nicht weiß,
wo er hingehen soll?

Wohin geht ein Mensch, wenn er nicht weiß,
wo er hingehen soll?

7 Männern gibt die Kirche eine Anderthalb-Zimmer-Wohnung im Norden Berlins, die ein Gemeindemitglied für wohltätige Zwecke vererbt hat. Im größeren Raum legen sie ihnen 7 Matratzen auf die Erde, der kleinere Raum ist für Rucksäcke, Taschen und Tüten. Weil die Wohnung im Erdgeschoss ist, sollen sie, so sagen die Kirchenleute, die Rollos besser nicht hochziehen, damit niemand von außen sehen kann, wer da wohnt, denn man weiß nie.

15 Männer vermittelt die Kirche auf ein Schiff, das im Sommer ein Ausflugsdampfer ist, im Winter liegt es am Spreeufer bei Treptow. Einige bekommen dort Zweierkabinen, die anderen können in gespendeten Doppelstockbetten im Gemeinschaftsraum schlafen, in dem auch gekocht und gegessen werden soll. Das Heizen auf so einem Ausflugsdampfer ist allerdings schwierig.

11 Männer dürfen die Notunterkunft einer Stiftung in Berlin-Mitte beziehen: einen großen Raum mit Küche und Esstisch in der Mitte, ringsherum eine Matratze neben der andern.

12 kommen in einen Gemeindesaal in Berlin-Kreuzberg.

16 in einen Gemeindesaal in Berlin-Adlershof, aber höchstens bis März.

14 werden privat bei Pfarrern und Gemeindemitgliedern aufgenommen. Im Internet werden Pfarrer und Helfer als *Pack* und *Schlepper* beschimpft.

27 kommen bei afrikanischen Freunden, die legal in Berlin leben, unter.

1 Mann darf in einem nigerianischen Restaurant in Berlin-Neukölln auf dem Fußboden übernachten.

1 auf dem Sofa einer Versicherungsberaterin.

1 im WG-Zimmer eines Studenten, der ein halbes Semester in Cambridge studiert.

1 in der Wohnung eines Regisseurs, der gerade auf Gastspielreise ist.

Der oder jener sagt, als er um Hilfe gefragt wird: Diese Männer sind doch, hört man, traumatisiert – weiß man da, ob die uns nicht die Einrichtung zerschlagen?

Sagt: Auch wenn wir ihnen helfen – das Problem insgesamt wäre damit ja nicht gelöst.
Sagt: Wir täten den Männern, wenn wir sie aufnehmen würden, sicher keinen Gefallen, denn hier in der Nachbarschaft sind zu viele Nazis.
Sagt: Selbst wenn sie bei uns übernachten könnten, wovon sollten sie leben?
Sagt: Für eine gewisse Zeit würden wir es schon machen, aber es ist ja kein Ende dieses Zustands in Sicht.
Sagt: Einer könnte vielleicht hier wohnen, aber das lohnt sich ja nicht – es gibt doch so viele von denen.
Die Berliner insgesamt, vertreten vom Innensenator, sagen, was sie schon vor zwei Jahren gesagt haben, als die Männer aus Italien nach Deutschland gekommen sind, um in Zelten auf dem Oranienplatz zu wohnen, und was sie auch vor einem halben Jahr gesagt haben, als die Männer den Platz räumten: Wozu gibt es das Gesetz Dublin II, das die Zuständigkeit regelt? Sagen, es steht uns frei, den § 23 anzuwenden, aber eben weil es uns freisteht, wenden wir ihn nicht an.
Nur 12 Ausnahmen von den insgesamt 476 Fällen werden gemacht, darunter sind 3 von Richards Freunden:
Tristan bekommt aufgrund eines Attests seiner Psychologin eine Duldung für sechs Monate und hat damit Anspruch auf einen Heimplatz. Und weil Heimplätze rar sind, kann er froh sein, als einziger schwarzhäutiger Mensch in ein Obdachlosenheim in Berlin-Lichtenberg eingewiesen zu werden, eine ehemalige Schule, wo er das Zimmer mit zwei deutschen Alkoholikern und die Toilette mit dreißig anderen teilt. It's not easy, sagt er, it's not easy. 3 Betten, 1 Tisch, 1 Schrank, 1 Fernseher. Richard sieht die zwei Drittel vom Tisch, die Tristans beiden Zimmergenossen gehören: voll mit Essensresten, Flaschen und Krümeln, und sieht das eine Drittel vom Tisch, das Tristans Parzelle ist: leer und sauber gewischt. Er ist mein Kumpel, sagt der eine Zimmergenosse und haut Tristan auf die Schulter. Yes, yes, sagt Tristan, he's my friend. Nur nachts, sagt er, ist es schwierig. Es gibt viel Geschrei, und die

Leute streiten und kämpfen sogar miteinander. Beim Hinausgehen sieht Richard eine Kiepe mit Berliner Pfannkuchen beim Pförtner stehen. Die Obdachlosen sollen es auch ein bisschen lustig haben zu Faschingsbeginn. Aber Tristan weiß nicht, was ein Berliner Pfannkuchen ist, soviel Zucker!, sagt er und zeigt auf den Zuckerguss. Und dann sagt er zum Abschied, wie immer *take care* zu Richard, und geht zurück in seine ihm aufgrund einer schweren Traumatisierung zugewiesene Unterkunft, die verzweifelte, süchtige, wahnsinnige und sehr arme Deutsche mit ihm teilen.
Der lange Ithemba verbringt einige Tage in der Psychiatrie, wo er immer wieder sagt, man solle ihn umgehend nach Afrika zurückbringen. Er bekommt aufgrund eines Attests seines Psychiaters eine *Duldung* für vier Wochen, die vielleicht, aber das könne man im vorhinein nicht versprechen, noch einige Male verlängert werden wird. Er wird für das Schiff eingeteilt. No good people, sagt er über die, mit denen er dort zusammenleben muss. Und das Klo funktioniert nicht richtig, sagt er. Es stinkt.
Der Blitzeschleuderer bekommt aufgrund seiner Herzkrankheit und seiner schlechten psychischen Konstitution eine *Duldung* für sechs Monate und ein Zimmer in einem Wohnheim der Arbeiterwohlfahrt.

Zusammen mit Sylvia und Detlef hat Richard den großen runden Tisch in der Bibliothek an den Rand geschoben. 4 Männer können jetzt dort auf dem weinroten Perserteppich schlafen. Im Musikzimmer kann einer unter dem Flügel schlafen, einer daneben: 2 Plätze. Zwei Luftmatratzen hat Richard noch im Schuppen gefunden, für die anderen Männer hat er einige Decken übereinander auf den Boden gelegt. 2 Mann kommen über Eck aufs Wohnzimmersofa, 1 anderer auf zwei zusammengeschobene Sessel. Aus dem Schlafzimmer trägt Richard mit Apoll und Ithemba das Bett seiner Frau hinüber ins Gästezimmer: 3 Plätze.
Detlef und Sylvia sagen, ihr Gästehaus habe ja einen kleinen Ofen, also wenn das die Männer nicht störe, dass man das Feuer immer in Gang halten muss? Es stört die 3 Billardspieler nicht im geringsten.

Die Exfrau von Detlef mit dem Teeladen in Potsdam sagt: Nachts ist der Teeladen ja nicht auf, da ist es mir vollkommen egal, wenn im Hinterzimmer einer schläft. Tagsüber darf er halt nicht andauernd raus und rein. Ihr Mann sagt, aber dann verlierst du vielleicht dein Gewerbe. Irgendwann einmal, sagt die Exfrau von Detlef, stand die Todesstrafe darauf, wenn man Menschen versteckte. Der Mann sagt, da hast du auch wieder recht. Also zieht Hermes, der mit den goldenen Schuhen, im Potsdamer Teeladen ein.
Dass Ali zu Anne zieht, versteht sich schon beinahe von selbst: Er fühlt sich bei uns ja zu Haus. Und wenn er seinen Freund Yussuf mitbringt, macht das den Kohl nun auch nicht mehr fett.
Und sogar der Hölderlinleser sagt: Also, ich hab keinen Platz in meinem Zimmer, aber tagsüber kann gern einer kommen und meinen Computer benutzen.
Thomas, der Wirtschaftsprofessor sagt, 3 könnten in unsre Ein-Zimmer-Wohnung im Prenzlauer Berg ziehen, wo wir eh nie übernachten, meiner Frau sag ich's später.
Der Archäologe hat seit Februar eine Gastprofessur in Ägypten, die dauert bis Mai, er sagt zu Richard: Der Schlüssel ist bei den Nachbarn.
Marie, seine zwanzigjährige Freundin, sagt: Ach, wenn bei uns in der WG auf dem Küchensofa so einer schlafen würde, das wär sicher witzig.
Nur – Monika und den schnurrbärtigen Jörg zu fragen, auf diese Idee kommt irgendwie keiner.

Von 476 haben auf diese Weise 147 einen Schlafplatz bekommen.
Wo die übrigen 329 geblieben sind, bringt Richard nicht in Erfahrung.
Die Kirche zahlt den Männern in ihren Quartieren von Spenden 5 Euro pro Tag und pro Mann, aber um zum Beispiel nach Italien zu fahren, wenn der *permesso* abgelaufen ist, reicht das Geld nicht.
Wollte auch Richard den Männern, die bei ihm wohnen, diese 5 Euro pro Tag zum Leben geben, bräuchte er 1800 Euro im Monat.

Einer der Männer kann bei einer Freundin putzen, der andere da oder dort auf dem Bau ein paar Wände anstreichen. Der dritte für eine alte Nachbarin den Schnee aus der Einfahrt wegschaufeln, der vierte Holzhacken helfen. Aber meistens, wenn Richard jemanden fragt, heißt es: Ohne Papiere? Das können wir leider nicht machen. Bei den öffentlichen Filmvorführungen mit anschließendem afrikanischen Essen, die er mit Andreas und Detlefs Exfrau einmal pro Woche im Potsdamer Teeladen veranstaltet, um freiwillige Spenden zu sammeln, geben die Besucher, die 1 Film gesehen, 1 Essen gegessen und dazu Cola, Bier oder Wein getrunken haben, oft nicht mehr als 5 Euro. Bei 15 Besuchern macht das 75 Euro. Rechnet man davon die Kosten für den Einkauf der Getränke und von Reis, Couscous, Gemüse, Rinder- und Lammfleisch ab, bleiben für Ithemba und seinen jeweiligen Gehilfen pro Mann oft nicht mehr als 10 oder 15 Euro.
Thomas hilft Richard schließlich dabei, ein Spendenkonto zu eröffnen, du weißt, das Geldwäsche-Gesetz ist ein Problem, sagt er, wenn du nicht nachweisen kannst, wohin das Geld geht, jaja, sagt Richard, ich weiß. Richard sagt von da an dem oder jenem: Ich habe ein Spendenkonto eröffnet. Die meisten geben zur Antwort: Aha, interessant. Manche fragen: Stellst du eine Spendenquittung aus? Richard sagt, nein. Die allerwenigsten überweisen, ohne die Spende von ihrer Steuer absetzen zu können, Geld auf das Konto. Aber es gibt auch Ausnahmen, und was zusammenkommt, ist besser als gar nichts.

Das einzige, was der Senat für die Männer, die von jetzt an eigentlich überhaupt nicht mehr da sein dürften, noch immer bezahlt, ist der Deutschunterricht. Vor knapp fünf Monaten, als sie im Altersheim untergebracht waren, haben die Männer begonnen:
Gehen, ging, gegangen.
Vor vier Monaten sind sie nach Spandau umgezogen, haben in der Zeit der Einzelfallgespräche etliche Unterrichtsstunden versäumt und dann wieder von vorn begonnen: Gehen, ging, gegangen.

Als ihre Freunde aufs Dach gestiegen sind, vor ungefähr einem Monat, standen sie mit Blick aufs Dach neben der Feuertonne, statt den Deutschunterricht zu besuchen, und haben danach, weil sie fast alles wieder vergessen hatten, noch einmal von vorn anfangen: Gehen, ging, gegangen.

Nun machen sich nur noch wenige von ihnen aus dem jeweiligen Matratzenquartier zweimal pro Woche auf den Weg zur Sprachschule und lernen erneut: Gehen, ging, gegangen.

Rufu sitzt an Richards Biedermeiersekretär* vor seinem aufgeschlagenen Heft und sagt: Ich gehen.

Richard schaut ihm über die Schulter und korrigiert: Das heißt: Ich gehe.

Rufu: Ich gehen.

Richard: Nein, ich gehe!

Rufu: Ich will die deutschen Verben zerbrechen.

Zerbrechen, sagt Richard, ist aber ein sehr schönes Verb.

In der Bibliothek hat Richard Rufu einquartiert und dazu den Sänger Abdusalam, der schon auf der ersten Liste gestanden hat und nun froh ist, aus dem nigerianischen Restaurant zu Richard umziehen zu dürfen. Außerdem Yaya, der hier nicht befürchten muss, dass ein Alarm losgeht, und dessen Freund Moussa mit der blauen Tätowierung im Gesicht.

Khalil, der noch immer nicht weiß, ob seine Eltern noch leben, sein Freund Mohamed, der seine Hose gern tief trägt, und der lange Ithemba, den Richard vom stinkenden Schiffsquartier herübergeholt und als Koch für alle verpflichtet hat, wohnen im Gästezimmer.

Im Musikzimmer schlafen Apoll und Karon, auf dem Sofa im Wohnzimmer Zair, der damals mit Raschid auf einem Boot war und für den Einzug bei Richard wieder sein bestes Hemd angezogen hat, und Tristan – Richard hat in ungefähr 25 Telefonaten mit dem Sozialamt erreicht, dass sein Haus als Heimunterkunft

* Historisches Möbelstück mit Schubfächern und Schreibfläche aus dem 19. Jh.

anerkannt wird, und so konnte Tristan das Obdachlosenheim verlassen und zu ihm übersiedeln. Auf den zwei zusammengeschobenen Sesseln schließlich schläft Zani, der oft in der Mappe mit den Kopien über das Massaker in seiner Heimatstadt blättert.

Wenn es keine Gelegenheitsarbeit gibt und auch kein Meeting, schlafen die Afrikaner lange, und bleiben auch tagsüber, wenn sie schon wach sind, auf ihren Matratzen liegen und dösen, spielen mit ihren Handys oder sehen auf den zwei alten Computern, die Richard ihnen gegeben hat, Videos im Internet an. Manchmal beten sie, manchmal fahren sie in die Stadt, um ihre Freunde zu treffen. Wenn Ithemba gefragt wird, wie es ihm geht, sagt er: A little bit good. Einmal nehmen Khalil und Mohamed Richard in einen Club mit, in dem sechzigjährige Frauen in kurzen Hosen mit zwanzigjährigen schwarzen Männern tanzen. Einmal nimmt Karon Richard zu einer Totenfeier für einen Berliner ghanaischer Abstammung mit. Karon muss als Flüchtling und Nicht-Familienmitglied in der letzten Reihe sitzen.
Es kann sein, sagt er, dass die Leute, die hier aufwachsen, bald nicht mehr wissen, was culture ist. Kultur?
Das gute Benehmen.

Und sonst? Am Abend kommen alle in Richards Küche wieder zusammen, wenn das Essen, das Ithemba gekocht hat, auf dem Tisch steht. Mit 50 Euro für den Einkauf der Lebensmittel komme er für eine Woche über die Runden, hat er gesagt und sich für Richards Kostgeld bedankt. Richard hat anfangs immer als einziger einen Teller und Messer und Gabel bekommen, während die anderen um den Küchentisch herum standen und gemeinsam von einem Kuchenblech aßen. Inzwischen macht er es so wie sie: reißt sich von dem Reismehl- oder Yamteig, der von Ithemba auf dem Kuchenblech angerichtet wird, ein Stück ab und tunkt es in die *soup*, eine Gemüse-Sauce, manchmal mit Fleisch, manchmal mit Fisch, die nicht viel anders schmeckt als das Gulasch seiner Mutter, und vielleicht sogar besser. Wenn von der soup etwas übrig bleibt, kann man auch mit der Hand den letzten Rest schöpfen. Hat er schon jemals mit den Händen Suppe gegessen?

Nach dem Essen setzt sich Abdusalam mit ein paar andern manchmal nach draußen auf die kühle Terrasse und fängt an zu singen. Durch die brandenburgische Nacht klingt dann zum Beispiel das Lied von denen, die ausgewandert sind in die Fremde, es heißt »Abrokyire Abrabo« und geht so:

Mutter, oh Mutter, dein Sohn
hat eine furchtbare Reise gemacht.
Ich bin am anderen Ufer gestrandet.
Dunkel umgibt mich.
Niemand weiß, was ich in der Einsamkeit
aushalten muss.

Eine Mission, die keinen Erfolg hat, ist eine Schande.
Wie soll ich so jemals zurückkehren?
Wenn du versagst, wird kein Kind nach dir benannt.
Dann ist es besser zu sterben,
als sich für immer zu schämen.

Geister unserer Ahnen,
Götter unserer Ahnen,
wacht über unsere Brüder in der Fremde.
Schenkt ihnen eine glückliche Heimkehr.
Wer in Europa lebt, versteht ihre Klagen.

55

Nun kommen die ersten wärmeren Tage, und es wird Zeit, das Bruchholz von den Herbst- und Winterstürmen des letzten Jahres zu verbrennen. Seit dem Tod seiner Frau hat Richard seinen Geburtstag nie mehr gefeiert. Aber nun hat er im afrikanischen Supermarkt Wedding Kalbs- und Lammbratwürste gekauft und macht selbst den Kartoffelsalat – wie man die Zwiebeln am besten klein schneidet, weiß er ja seit einiger Zeit. Auch Ithemba steht mit Tristan und Yaya in der Küche, die anderen haben am Vortag schon Couscous, Fladenbrot und einen großen Sack Reis eingekauft. Raschid ist natürlich geladen, und Andreas, der Hölderlinleser, Thomas, der Wirtschaftsexperte, und Marie, die Freundin von Peter, der selbst leider noch immer in Kairo ist. Eingeladen sind selbstverständlich auch Marion, die Exfrau von Detlef, mit Hermes, Anne mit Ali und Yussuf, Detlef und Sylvia mit ihren drei Billardspielern. Hat irgendwer vielleicht die Nummer der äthiopischen Sprachlehrerin? Richard schämt sich, einen der Männer danach zu fragen. Osarobo hat vor einigen Tagen plötzlich aus heiterem Himmel: *Hi! How are you?* geschrieben, sein Profilbild: ein Küchentisch mit vier leeren Stühlen. Sollte er nach Italien abreisen wollen, ohne dass Richard mit ihm hätte klären können, was nun in Wahrheit passiert war? *Fine – how are you?*, hatte er deshalb schnell zurück geschrieben, aber darauf nur die Antwort erhalten: *Ich bin gut*. Das konnte nun alles mögliche heißen.

Würden sich manche Spuren einfach verlieren?

Erst jetzt fällt Richard auf, dass sein Blick auf den See sich mit der Erinnerung daran, dass in diesem See letzten Sommer ein Mensch gestorben ist, unauflöslich verbunden hat. Der See wird für immer der See bleiben, in dem jemand gestorben ist, und dennoch für immer auch ein sehr schöner See sein: über dem an den Morgen Nebel steht, durch dessen Wasser im Frühling ein Entenpaar mit ein paar Küken seine Bahn zieht, in dem das frische Schilf Jahr für Jahr die braungewordenen Halme verdrängt, ein See, an dessen Ufer Libellen schlüpfen, an dessen sandigem Grund Muscheln liegen, ein See mit Algen, zwischen denen die Fische spazierenschwimmen, als sei das Grünzeug ein Wald, ein in der Sonne gleißender See, in Gewittern schwärzlicher See, und Winter für Winter ein gefrorener, manchmal verschneiter See, der dann so weiß ist wie ein Blatt Papier. Vielleicht wird Richard im Sommer wieder hier schwimmen, auf jeden Fall wird er, so wie in den vergangenen zwanzig Jahren, am Ufer sitzen und glücklich sein, das Wasser zu

sehen. Raschid hat Richard in einem der Gespräche gesagt, nicht einmal die Erinnerung an das schöne Leben mit seiner Familie sei ihm ein Trost, weil diese Erinnerung nur mit dem Schmerz über den Verlust verbunden sei, und nichts außerdem da sei. Am liebsten würde er die Erinnerung von sich abschneiden, hatte Raschid gesagt. Cut. Cut. Ein Leben, in dem eine leere Gegenwart besetzt ist von einer Erinnerung, die man nicht aushält, und dessen Zukunft sich nicht zeigen will, muss sehr anstrengend sein, denkt Richard, denn da ist, wenn man so will, nirgends ein Ufer.
Richard deckt den Kartoffelsalat mit einer Folie ab und bringt ihn nach draußen.

Bevor die Gäste eintreffen, gibt es noch viel zu tun: Moussa mäht Rasen, Mohamed und Khalil rechen Blätter zusammen, Karon fegt die Terrasse, Rufu stellt zusammen mit Abdusalam die schwere Bank auf den Steg, Richard holt, während der fertige Kartoffelsalat kühlgestellt ist, mit Apoll die Gartenmöbel aus der Garage, die Spinnennetze und vertrockneten Blätter des letzten Sommers müssen von den Tischen und Bänken abgefegt, Abdeckfolien ausgeschüttelt und zusammengefaltet werden. Fackeln, die Richard in der hintersten Ecke des Schuppens gefunden hat, steckt er in die Erde, er hat sie noch mit seiner Frau zusammen eingekauft, ist aber nach ihrem Tod nie mehr dazu gekommen, sie zu verwenden. Das Gartenwasser wird zum ersten Mal in diesem Jahr wieder angestellt, damit das Lagerfeuer notfalls gelöscht werden kann, wo sind die Anschlüsse für den Schlauch? Und der Schlauchwagen hat eine Schraube verloren, vom Grill ist mit der Metallbürste der Rost abzuputzen, Geschirr, Besteck, Mülltüten müssen zum Feuerplatz hinuntergebracht werden, die Getränke werden im See, der erst seit einigen Tagen vollkommen eisfrei ist, kaltgestellt. Sind genug Servietten da? Ketchup und Kerzen? Brot, Chips, Salzstangen und Obst? Karon fegt noch den Steg. Richard füllt Spiritus in die Laternen und stellt sie auf die Tische, da kommen die ersten Gäste schon durch den Garten.

Und nun wird das Feuer entzündet und der Grill angeworfen, wie das im Jargon der Vorstadtbewohner heißt, ja, sagt Richard zu dem oder jenem, das Fleisch ist *halal*, denn er weiß inzwischen: *Verboten ist euch das von selbst Verendete, sowie Blut und Schweinefleisch; das Erdrosselte; das zu Tode Geschlagene; das zu Tode Gestürzte oder Gestoßene und das, was reißende Tiere angefressen haben.*
Es wird gegessen und getrunken, es werden Servietten verteilt und Gläser, zwei spielen Federball, einige Boule, hier gibt es ein Gespräch darüber, dass keiner von den afrikanischen Männern Alkohol trinkt, da gibt es ein Gespräch über die Angst vor dem Schwimmen, und dort eins darüber, was man an Ostern eigentlich feiert und was an Pfingsten. Als es zu dämmern beginnt, und Richard die Spirituslaternen anzündet, ruft Raschid: Wie in Afrika! Er nimmt eine Laterne und schwenkt sie begeistert. Ein Gruppenfoto!, ruft daraufhin Anne, die Fotografin. Bevor es ganz dunkel ist! Und nun hockt sich Raschid mit der Laterne in der Hand vor die großen Eiben, alle anderen bilden um ihn einen Kreis, der Blitzeschleuderer hält die Bootslaterne aus dem deutschen Baumarkt in der Hand, beleuchtet damit die schwarzen und weißen Gesichter rings um ihn her und fühlt sich ganz wie zu Hause: im fernen Kaduna. Erst jetzt, während Richard sich kurz umdreht, um das Arrangement für das Gruppenfoto zu überprüfen, fällt ihm auf, dass Sylvia nicht neben Detlef steht. Wo ist sie überhaupt? Er hat sie, merkt er erst jetzt, bei dem Fest hier noch gar nicht gesehen. Und Detlef? Richard sieht, dass es Detlef nicht einmal für das Gruppenfoto gelingt zu lächeln.

Nach dem Foto setzen sich alle noch einmal zum Feuer, das schon beinahe ganz heruntergebrannt ist. Der eine sagt: Nachts wird es doch kühl, der andere: Ich borg dir meine Jacke, der dritte: Gibt es noch Wein? Der vierte: Ich leg noch ein bisschen Holz nach. Richard hat sich nach dem Gruppenfoto zu Detlef gesetzt und fragt ihn leise inmitten des allgemeinen Gemurmels: Was ist denn mit Sylvia? Detlef schaut dem, der gerade Holz nachlegt, dabei zu, wie der das Holz in die Glut schiebt, und antwortet Richard erst, als die Flamme wieder höher auflodert: Sie hatte heute ihre Untersuchung. Und? Sie haben sie gleich dabehalten, sagt er, es sieht nicht gut aus. Und obwohl er das ganz leise gesagt hat und auf Deutsch, tritt plötzlich Stille ein, als wüsste jeder, dass da eben einer der ganz schweren Sätze im Leben eines Menschen gesagt worden ist.

Um Gottes willen, sagt Richard.
Was ist denn?, fragt Raschid.
Seine Frau ist sehr krank, sagt Richard.
I'm very sorry for you, sagt Raschid zu Detlef.
Danke, sagt Detlef und stochert im Feuer.

Ein Mann denkt jetzt daran, wie die Frau ihn immer auf die Augen geküsst hat.
Ein Mann denkt daran, wie die Frau so gut in seine Umarmung gepasst hat.
Ein Mann denkt daran, wie die Frau ihm mit der Hand durchs Haar gefahren ist.
Ein Mann denkt daran, wie gut ihr Atem roch, wenn sie dicht bei ihm war.
Ein Mann denkt daran, wie die Frau ihm ihre Zunge ins Ohr gesteckt hat.
Ein Mann denkt daran, wie der Körper der Frau geglänzt hat, wenn sie sich zu ihm gelegt hat.
Ein Mann denkt daran, wie sich die Lippen der Frau angefühlt haben.
Ein Mann denkt daran, wie die Frau aussah, wenn sie schlief.
Ein Mann denkt daran, wie die Frau seine Hand festgehalten hat.
Ein Mann denkt daran, wie die Frau manchmal gelächelt hat.
Alle miteinander denken einen Moment lang an Frauen, die sie geliebt haben und von denen sie einmal geliebt worden sind.

Von Italien aus habe ich die Frau, die ich in Ghana nicht heiraten durfte, noch zweimal angerufen, sagt Karon, aber dann habe ich ihre Nummer weggeworfen.

Ich hätte so gern noch einmal ein Kind, bevor ich sterben muss, sagt Raschid.

Einmal, sagt Tristan, habe ich in der U-Bahn eine deutsche Frau kennengelernt. Wir haben uns verabredet, sind spazieren gegangen, haben miteinander geredet. Haben uns ein zweites Mal verabredet, sind spazieren gegangen, haben miteinander geredet. Beim dritten Mal hat sie mich gefragt, ob ich nicht mit ihr schlafen wolle. Ich habe ihr gesagt, jetzt noch nicht, vielleicht später. My mind was not there. Zur nächsten Verabredung ist sie nicht mehr gekommen. It's not easy, sagt Tristan. Not easy.

Wenn es ernst wird, sagt Khalil, haben wir hier keine Chance. Ich hab es an meinen Freunden gesehen. Irgendwann haben die Freundinnen immer Schluss gemacht. Die Eltern waren dagegen. Oder es gab dann doch einen deutschen Freund.

Ithemba sagt: Ja, es ist so. Nobody loves a refugee.

Niemand liebt einen Flüchtling? Das glaube ich nicht, sagt Marie.

Doch. Niemand liebt einen Flüchtling.

Detlef sitzt vornübergebeugt da, mit einem Weinglas in der Hand, und hört zu, was die anderen über die Liebe sagen.

Apoll sagt: Ich habe eine Freundin. Aber heiraten würde ich sie nicht.

Marion fragt: Warum nicht?

Wenn ich jetzt eine deutsche Frau heirate, denkt sie, ich heirate nur, um Papiere zu bekommen.

Du würdest wirklich eine Frau, die dich liebt und die du liebst, nicht heiraten, weil es so aussehen könnte, als tätest du es nur, um Papiere zu bekommen?

Ja, sagt Apoll.

An Grenzen verkehren sich manchmal Dinge in ihr Gegenteil, erinnert sich Richard an das, was er bei seinem ersten Besuch auf dem Oranienplatz gedacht hat. Die Bedürftigkeit verschiebt und entstellt sogar das Wenige, das einfach sein könnte. Würde zu bewahren, ist eine Anstrengung, die den Flüchtlingen täglich auferlegt wird und sie bis in ihre Betten hinein verfolgt.

Und wenn du es tätest, um Papiere zu bekommen, was wäre daran so schlimm?, fragt Richard.

Er hat noch im Ohr, was der Anwalt gesagt hat: Ein deutsches Kind! Ein deutsches Kind wäre das einzige, was wirklich hilft!

Schau einmal, sagt Apoll: Es muss eine Ordnung geben. Erst muss ich Arbeit haben, dann eine Wohnung, dann kann ich heiraten und dann Kinder bekommen.

Außerdem, sagt jetzt Tristan, eine Frau kann von irgend jemandem schwanger werden, und auch, wenn der Mann nichts taugt, bleibt das Kind doch bei ihr. Aber wenn du ein Mann bist, musst du eine gute Frau finden. Eine Frau, mit der du, wenn sie ein Kind von dir bekommt, wirklich zusammenbleiben kannst. Aber wo treffe ich eine gute Frau?

Beim Tanzen vielleicht, sagt Richard halbherzig, denn er denkt an seinen Ausflug in die Bar mit den sechzigjährigen Kurzbehosten.

Ich gehe in keine Bar, sagt Tristan.

Niemals?

Niemals.

Raschid, der, als das Gespräch so ruhig dahinging, kurz eingeschlafen ist, hört nun wieder zu und sagt jetzt: In Nigeria suchen die Mütter ihrem Sohn die Frau aus. Sie wissen, welche eine gute Frau ist. Aber hier? Ich weiß gar nicht, wie man eine Frau ansprechen soll. Ich würde das niemals tun.

Denkst du eigentlich noch oft an Christel?, fragt Detlef jetzt plötzlich, fünf Jahre nach Christels Tod, seinen Freund Richard. Noch nie haben sie über diese Dinge gesprochen.

Aber ja, sagt Richard.

Und was denkst du dann genau?

Wie sie dastand, wenn sie geraucht hat. Wie sie, wenn es heiß war, ihre Haare mit einer Haarklammer hochgesteckt hat. Ich denke an ihre Füße.

Vermisst du sie?

Früher habe ich manchmal gedacht, ich würde sie, wenn sie fort wäre, vielleicht gar nicht vermissen.

Richard versucht, sich an die Zeit zu erinnern, als er für möglich gehalten hat, Christel nicht zu vermissen.

Du weißt ja, abends hat sie oft angefangen, mit mir zu streiten, obwohl es gar keinen Grund gab.

Warum hat sie mit dir gestritten?, fragt Tristan.

Sie hat getrunken. Und der Alkohol hat sie, besonders gegen Abend zu, immer vollkommen verändert.

Aber warum hat sie getrunken?, fragt nun Ithemba.

Wahrscheinlich, ja, sagt Richard, wahrscheinlich, weil sie unglücklich war.

Und warum war sie unglücklich?, fragt Ithemba.

Das Orchester, in dem sie gespielt hat, ist aufgelöst worden, sagt Thomas und zieht an seiner Zigarette.

Und Richard hat eine Geliebte gehabt, sagt Anne.

Sie wollte gern Kinder, sagt Marion.

Hat sie dir das erzählt?, fragt Richard.

Ja, sagt Marion.

Aber du hast doch gesagt, ihr habt das gemeinsam so entschieden, fragt nun Zair, der sich offenbar an das schon so lang zurückliegende Gespräch damals in Spandau erinnert.

Sie ist einmal schwanger gewesen, sagt Richard, aber mir war das damals zu früh. Ich war noch nicht einmal fertig mit dem Studium. Ich habe sie überredet, das Kind wegmachen zu lassen.

Verstehe, sagt Zair.

Ich wollte es nur in dem Moment nicht.

Verstehe.

Aber es war damals noch nicht legal. Sie ist zu so einer Frau gegangen. Die hat das auf dem Küchentisch gemacht. Ich hab auf dem Hof unten gewartet.

Richard erinnert sich noch gut an den Hinterhof, in dem er gewartet hat. 30 Grad, der heiße Schatten, in dem er stand, neben sich Mülltonnen aus Blech mit krummen Deckeln.

Als sie rauskam, sagt er, ist sie beinahe hingefallen, ich musste sie halten, und sie war auf einmal so schwer. Es hat gedauert, bis wir bei der S-Bahn-Station ankamen. Und in der S-Bahn erst hab ich gesehen, wie das Blut an ihren Beinen hinunterlief. Ich hab mich damals für sie geschämt. Ich musste mich um sie kümmern, aber es war mir furchtbar peinlich.
Richard schüttelt den Kopf, als könne er selbst nicht glauben, was er da sagt.
Warum hast du dich für deine Frau geschämt?, fragt Ali.
Ich glaube, dass es mir eigentlich Angst gemacht hat.
Angst wovor?
Dass sie stirbt. Ja, sagt Richard, ich habe sie in dem Moment dafür gehasst, dass sie vielleicht stirbt.
Das kann ich verstehen, sagt Detlef.
Damals, glaube ich, sagt Richard, ist mir klargeworden, dass das, was ich aushalte, nur die Oberfläche von all dem ist, was ich nicht aushalte.
So wie auf dem Meer?, fragt Khalil.
Ja, im Prinzip genauso wie auf dem Meer.

Mein großer und tiefempfundener Dank für viele gute Gespräche gilt:
Hassan Abubakar
Hassan Adam
Stephen Amakwa
Malu Austen
Ibrahim Idrissu Babangida
Saleh Bacha
Yaya Fatty
Udu Haruna
Nasir Khalid
Adam Koné
Sani Ashiru Mohammed
Fatao Awudu Yaya
Bashir Zaccharya

Für Unterstützung, Hilfe und Mitarbeit bedanke ich mich von Herzen bei:
Katharina Behling
Ingrid Anna Kade
Cornelia Laufer
Malve Lippmann und Can Sungu
Marion Victor
Wolfgang Wengenroth

Für Zeit und Freiraum zum Schreiben bin ich Prof. Paul-Michael Lützeler zu großem Dank verpflichtet, und auch Kerstin, Nils und Pascal Helbig.

Für Einsichten, Beratung und Informationen bedanke ich mich bei: AKINDA e.V., Taina Gärtner, Liya Siltan-Grüner, Hans Georg Odenthal, Bernward Ostrop.

Für tätige Hilfe danke ich Viola Förster v. d. Lühe, Frauke Gutberlet-König, Bedriye und Felix Hansen, Miriam Kaiser, Dr. Eva Krause, Sandra Missal, Dr. Riesenberg, Rainer Sbrzesny, Tabea Schmelzer, Jule Seidel, René Thiedtke und Rui Wigand.

Für Rat und Inspiration danke ich meinem Vater John Erpenbeck.

Und dafür, dass er mich durch seine Neugier, Kritik, Offenheit und durch sein eigenes Handeln immer darin unterstützt und bestärkt hat, dieses Buch zu schreiben, danke ich meinem Mann und ersten Leser Wolfgang Bozic.

Wer für die Flüchtlinge in Berlin spenden möchte, kann das beispielsweise hier tun:
Kirchenkreis Berlin Stadtmitte
IBAN: DE 98 520 6041 010 0399 55 77
Verwendungszweck: Flüchtlingsunterbringung (Roman)

Nähere Informationen unter:
http://www.kkbs.de/fluechtlingshilfe

Jenny Erpenbeck wurde 1967 in Berlin (DDR) geboren. Nach dem Abitur absolvierte sie eine Ausbildung zur Buchbinderin und studierte Theaterwissenschaft an der Humboldt-Universität zu Berlin und Musiktheaterregie an der Hochschule für Musik »Hanns Eisler« Berlin.

Erpenbeck, die mit einem Dirigenten verheiratet ist und in Berlin lebt, inszenierte zunächst einige Opern, darunter Monteverdis *Orfeo* in Aachen, Händels *Acis und Galathea* an der Staatsoper Berlin und Mozarts *Zaide* in Nürnberg. Ende der 1990er Jahre trat sie auch als Autorin auf. Sie debütierte 1999 mit der Novelle *Geschichte vom alten Kind*, danach folgten Romane, Erzählungen und Theaterstücke, die in viele Sprachen übersetzt wurden. Sie erhielt zahlreiche literarische Auszeichnungen, etwa den Joseph-Breitbach-Preis 2013 für ihren melancholisch gefärbten Roman *Aller Tage Abend.* Sie ist Mitglied der Darmstädter Akademie für Sprache und Dichtung und der Akademie der Künste Berlin.

In dem 2015 erschienenen Roman *Gehen, ging, gegangen* thematisierte sie das Schicksal von Flüchtlingen, die anderthalb Jahre lang, bis zur Räumung im April 2014, auf dem Oranienplatz in Berlin/Kreuzberg ein Protestcamp unterhielten, um auf ihre Situation aufmerksam zu machen. 2016 erhielt sie den Thomas-Mann-Preis der Hansestadt Lübeck und der Bayerischen Akademie der Schönen Künste.